La Maison Windjammer

La perle noire

L'auteur

V.A. Richardson a grandi dans le nord-est de l'Angleterre. Après des études d'art et de littérature en France, il conçoit des maquettes de journaux intimes et de calendriers, avant de trouver sa spécialité : les livres illustrés. *La Maison Windjammer* est son premier roman historique.

V.A. Richardson

La Maison Windjammer

La perle noire

Traduit de l'anglais par Valérie Mouriaux

POCKET
jeunesse

Titre original :
THE HOUSE OF WINDJAMMER

Publié pour la première fois en 2003
par Bloomsbury Publishing Plc, Londres.

Loi n° 49 956 du 16 juillet 1949 sur les publications
destinées à la jeunesse : septembre 2005.

ISBN 2-266-13813-8

En souvenir de mon père, John David Benbow Richardson CBE MC.

Et pour Janie.

« Le plus pur trésor que puisse donner l'existence mortelle, c'est une réputation sans tache ; ôtez cela, et les hommes ne sont plus qu'une fange dorée, une argile peinte. »

William SHAKESPEARE,
Richard II, Acte I, scène I,
trad. François-Victor Hugo.

1

Le naufrage

Ils étaient perdus. À bord du *Sirius*, tous le savaient à présent.

— Saleté de brouillard, nom d'un chien ! jura Lucien Windjammer entre ses dents.

Le *Sirius* naviguait difficilement sur la houle, fendant le brouillard tel un vaisseau fantôme. Pas un souffle n'agitait ses voiles. Son ossature en bois craquait, et le courant tiraillait et malmenait sa quille.

— Ouvrez l'œil, matelots ! cria Lucien Windjammer aux hommes de quart. À partir de maintenant, notre vie en dépend !

Ce n'étaient ni les pirates ni les corsaires qu'ils redoutaient le plus. Mais les nouvelles frayeurs qu'avait apportées le brouillard : l'odeur de roche humide et de varech faisait frémir même les hommes les plus endurcis de l'équipage.

— Au repérage... dix-sept brasses[1] ! cria Hendrick, l'officier qui sondait la profondeur de l'eau sous la quille.

1. Brasse : ancienne mesure de profondeur qui valait 1,66 mètre. *(N.d.T.)*

Lucien écouta le bruit d'éclaboussure du fil à plomb. Hendrick le laissa filer jusqu'à ce qu'il touche le fond. Puis il tendit la ligne parsemée de nœuds, et en compta seize.

— Rochers... à seize brasses.

Il recommença l'opération : « Splatch ! »

— Si ça continue comme ça, on servira de festin aux requins, dit Lucien.

Il fit un signe de la tête à Hobe. Le mousse se tenait prêt au mât d'artimon, les yeux écarquillés, dans son effort pour voir et écouter. Il agita la cloche du navire. Le son, triste et fêlé, parut planer au-dessus d'eux de façon sinistre.

Lucien Windjammer retint sa respiration et entendit la réponse tinter à travers le brouillard.

— Qui êtes-vous ? Un vaisseau fantôme ? demanda-t-il.

La brume froide de l'aurore engloutit ses paroles.

De frustration, il frappa du pied le gaillard. Puis il fit volte-face et arpenta le pont face au mât d'artimon. Trois pas dans un sens. Demi-tour. Trois pas dans l'autre. Jusqu'à ce que le mousse secoue de nouveau la cloche. Le commandant s'immobilisa, l'oreille aux aguets.

Il maudissait la malchance qui les poursuivait. Ils auraient déjà dû atteindre le petit comptoir hollandais à l'embouchure de l'Hudson. En ce moment même, ils auraient dû être en train de se réapprovisionner en nourriture et en eau douce, au comptoir de l'île Manhattan. Mais rien ne s'était passé comme prévu – pirates, corsaires et une tempête redoutable s'en étaient mêlés.

Presque six mois s'étaient écoulés depuis que le *Sirius*, à la tête de la flotte marchande des Windjammer, avait quitté le vieux port d'Amsterdam, pavillon au vent. Sa mission : emprunter les voies marchandes de l'ouest vers les Amériques, pour explorer ce nouveau pays et commercer avec les colonies qui s'y étaient installées.

Le *Sirius*, le *Cygnus*, l'*Orion* et l'*Hesperus*, escortés d'une escadre de petits navires, avaient offert un spectacle magnifique : la plus belle flotte que les Windjammer avaient jamais mise à la mer ! Quatre galions [1] marchands aux jupes rebondies dans le style espagnol, doté chacun de trois mâts, d'un hunier [2] majeur carré et de quarante canons.

Sur les quais, des foules s'étaient assemblées pour les acclamer !

Pourtant, en ce jour de 1636, alors qu'il faisait le relèvement [3] de leur parcours à travers la vaste étendue de l'océan Atlantique, Lucien avait su qu'ils naviguaient avec plus d'espoir que de certitude d'atteindre une terre.

Une tempête, en provenance du sud-est, avait soudain fait rage, dispersant la flotte et brassant l'écume en montagnes d'eau salée. Devant cette furie, le *Sirius* avait été contraint de filer toutes voiles dehors. L'ouragan l'avait chassé au fin fond du monde – à cet

1. Galion : grand navire armé en guerre destiné au commerce avec l'Amérique. *(N.d.T.)*

2. Hunier : voile du mât de hune au-dessus des basses voiles. *(N.d.T.)*

3. Relèvement : détermination de la position d'un point à l'aide du compas. *(N.d.T.)*

endroit encore inexploré en bordure des cartes – et l'avait abandonné à son sort.

— Quinze brasses au repérage !

La voix de Hendrick interrompit ses pensées.

Lucien s'avança à grands pas vers le bastingage et s'agrippa à la lisse[1] de couronnement. Autour d'eux, l'eau était agitée, d'un noir d'encre. De grosses vagues se soulevaient, formant des creux qui tournoyaient en gargouillant, tandis qu'une brise légère, trompant l'œil, animait le brouillard, le peuplant de fantômes. Lucien estima la vitesse du courant et essaya de comprendre la signification de ce son de cloche. Plus d'une fois, il avait cru entendre le fracas du ressac sur le récif, quelque part à tribord. Pourtant, une cloche répondit de nouveau à leur appel – les pressant de venir.

— Du calme, matelots ! Nous ne savons pas de quelle couleur il bat pavillon.

Lucien ne voulait prendre aucun risque. Des hommes se tenaient prêts à côté des canons, sur le pont principal.

Le jeune Hobe agita la cloche et, une fois de plus, la note s'égrena dans le brouillard. Lucien et tous les matelots avec lui écoutèrent la réponse qui retentit à travers la brume.

— Qu'en disent tes jeunes oreilles, Hobe ? demanda-t-il.

— Ça se rapproche, monsieur. Ça se rapproche.

— Rochers, à dix brasses, intervint la voix de Hendrick.

1. Lisse : membrure de la coque d'un navire. *(N.d.T.)*

— S'il y a un bateau devant nous, raisonna Lucien, alors il doit y avoir un chenal, par Dieu ! On doit pouvoir passer à travers ces récifs.

Mais tandis qu'il formulait sa pensée à voix haute, son instinct nourri d'années de mer le dissuada de se fier à son ouïe. En deux enjambées, il rejoignit le bastingage. Une fraction de seconde, il eut la vision fugitive de quelque chose devant lui. Une légère ombre dans la blancheur, vague et indistincte. Puis plus rien.

Ça allait mal, il en était sûr. Ça allait même *très* mal. Ses mains se crispèrent sur la lisse quand soudain la situation lui apparut avec clarté.

Il bondit vers le mât d'artimon, poussa Hobe et saisit la cordelette de la cloche.

— Silence, pour l'amour de Dieu ! gronda-t-il. Taisez-vous tous !

L'équipage, inquiet, obéit.

Une note aiguë s'éleva dans les airs. Elle sembla planer, tremblotante comme un oiseau frêle, avant d'être engloutie par la brume.

Lucien se tenait immobile, calculant la durée au moyen des battements puissants et réguliers de son cœur. Il n'eut pas besoin d'attendre longtemps avant que le tintement leur parvienne.

D'une main tremblante, il frappa de nouveau : deux notes brèves et rapides, un message aisément reconnaissable. Il tendit l'oreille. La réponse arriva : *deux notes*.

— Un écho ! cria-t-il. Ce n'est qu'un *écho* !

On aurait dit qu'une vague de cette eau noire l'avait submergé, le drainant de son énergie, l'anéantissant.

En comprenant ce que cela signifiait, il chancela. Ce n'était pas un signal d'appel. Il n'y avait ni bateau, ni chenal à l'horizon. Rien que des rochers et la paroi d'une falaise qui renvoyaient l'écho de leur propre cloche.

— À bâbord toute ! hurla-t-il à travers l'écoutille aux deux timoniers qui se démenaient avec l'énorme barre franche sur le pont principal, en dessous.

Trop tard.

— Récif ! Droit devant ! Des rochers !

Des cris stridents fusèrent tandis qu'une longue forme sombre se profilait à travers la blancheur.

Lucien sonna l'alarme dans un entrechoquement de notes. Des pieds martelèrent les ponts en bois. Les hommes couraient à leurs postes. Ce ne furent que vacarme et confusion jusqu'à ce que, les uns après les autres, les matelots se figent.

En se déchirant partiellement, le brouillard révéla la paroi édentée d'une falaise qui jaillissait vers le ciel. Abrupte et solide. Anguleuse. Les marins, à bord du *Sirius*, comprirent aussitôt que cet imposant monument serait leur tombeau.

L'impact, quand il se produisit, envoya rouler Lucien à travers le pont. Le commandant heurta de plein fouet le mât d'artimon et, pendant un instant, il crut que le brouillard flottait dans sa tête. Le *Sirius* fit une embardée. Sa quille avait heurté le récif. Les rochers raclèrent la jupe arrondie, mordant et entamant la charpente en bois. Le galion laissa échapper un terrible grondement, et les eaux d'encre s'engouffrèrent à l'intérieur.

— Commandant ! Commandant ! Réveillez-vous !

Lucien Windjammer ouvrit les yeux : le jeune mousse était en train de le secouer par le revers de son manteau. Il se rassit, encore étourdi par le choc, et essuya le sang qui coulait de sa blessure au front. Puis il regarda autour de lui. Le *Sirius* avait percuté le récif de plein fouet.

L'avant pointait à présent au-dessus d'eux, le beaupré disparaissant dans la brume. Les ponts s'inclinaient à pic vers l'arrière, et le galion prenait de la gîte à bâbord. Lucien bondit sur ses pieds :

— Abandonnez le navire !

Déjà, sur le pont principal, des hommes tentaient de lancer le canot de sauvetage à la mer. La panique s'emparait de l'équipage. Certains, perdant tout espoir, sautaient. Lucien entendait le bruit d'éclaboussure des corps plongeant dans l'eau écumante. Partout retentissaient des cris et des appels au secours.

— Viens, moussaillon ! Reste près de moi !

Mais le *Sirius* coulait, et vite. Avec un craquement semblable à un coup de canon, le grand mât céda. Loin au-dessus, le gréement se tendit. Le mât d'artimon oscilla violemment, et les cordes se rompirent en fouettant l'air. Les hommes hurlèrent. Puis les immenses voiles carrées s'effondrèrent comme des ailes cassées, et le mât s'écrasa sur le pont.

— Commandant ! À l'aide !

Lucien entendit le cri de Hobe et fit volte-face. Le garçon glissait, impuissant, sur le pont incliné vers le trou que le mât avait creusé à travers le bastingage. Il vit le mousse se retenir à la rambarde brisée et stopper net sa course, agitant les jambes en tous sens.

— Tiens bon, moussaillon !

Le commandant se précipita à sa rescousse. Il se laissa filer le long du parapet et s'agrippa à la rampe, là où elle était encore intacte.

— Ta main, moussaillon ! cria-t-il. Ta main !

L'enfant, les yeux écarquillés de terreur, lançait des coups de pied dans le brouillard, tandis que l'eau au-dessous bouillonnait. Le commandant se suspendit à la rambarde et descendit tant qu'il put, le bras tendu. Du bout des doigts, il toucha la nuque du garçon. Il se pencha un peu plus et l'attrapa.

— Je te tiens, moussaillon !

Une seconde durant, il se dit qu'il le sauverait. Puis ce qui restait du parapet céda.

Quand il entendit le craquement, il comprit qu'il devait trouver une autre prise. Pourtant, il refusait encore de lâcher le mousse. Il s'élança désespérément vers des cordes du gréement, tout près, mais le poids du garçon l'entraîna vers le bas. Dans un dernier sursaut, il aspira quelques bouffées d'oxygène, puis la mer et le navire furent aspirés dans un abîme tournoyant. L'eau les submergea, arrachant l'enfant à la main de Lucien, et tous deux chutèrent dans un courant effroyable.

Un peu plus tard, un jeune garçon épuisé rampait sur le sable, au pied d'une immense falaise. Hobe s'étendit, tremblant, sur le rivage. Il ne releva la tête qu'en entendant le *Sirius* chavirer sur la pointe rocheuse. Dans un ultime gémissement, le galion échoua sur le récif, semblable à la carcasse d'une énorme baleine. De l'air, prisonnier de la coque, s'échappa. Le soupir d'agonie troubla le brouillard, et des remous fantomatiques dansèrent sur l'eau sombre. Puis le rideau de brume se referma, formant un pâle linceul au-dessus de Lucien Windjammer et du reste de l'équipage.

2

Amsterdam, 1636

Un vent froid commença à souffler en provenance de la mer. Il ébouriffa les fourrures des marchands sur le quai, qui se mirent à taper du pied. Puis la rafale s'engouffra dans les rues de la ville. Elle agita les branches des limettiers, déversant leurs feuilles sur les canaux comme autant de larmes, et fouetta les fenêtres à petits carreaux des imposantes maisons bordant le Herengracht.

Quelque part au fond de sa vieille demeure, Hercule Windjammer perçut le changement. Il leva la tête des livres de comptes posés sur son bureau.

— Et nous attendons davantage de goudron et de chêne sec pour l'achèvement du *Draco*, poursuivit son clerc, sans se rendre compte qu'il avait perdu l'attention de son maître. J'ai effectué la dernière commande auprès du capitaine du *Alkmaar*...

Les pensées de Hercule allèrent à son frère Lucien, le regard attiré de façon irrésistible par la fenêtre. De lourds nuages gris obscurcissaient les tourbillons d'eau sur la vitre, recouvrant bientôt le motif coloré au centre du panneau en losange – un globe posé sur un immense W –, l'emblème de la Maison Windjammer.

— Mais nos banquiers ont manifesté leur préoccupation concernant le coût de l'achèvement du *Draco*, poursuivit Gerrit. Bien entendu, je leur ai assuré que la Compagnie de commerce Windjammer les rembourserait intégralement dès le retour de sa Flotte Étoile...

Hercule acquiesça, distrait. Il était absorbé par le brouhaha au-dehors : le fracas des chariots qui roulaient dans la rue le long du canal, les sons lourds des tonneaux qu'on chargeait sur une péniche, les cris des dockers et des vendeurs de harengs. Des bruits qu'il connaissait bien. Ceux de la ville. *Sa* ville. Amsterdam. Aussi familiers pour lui que les canaux, les ponts et les grands voiliers dans le port. Toute sa vie durant, ils avaient fait partie de son quotidien. Pourtant, ce matin-là, il lui semblait percevoir quelque chose de différent. Comme une menace.

La cloche d'une église, non loin, sonna l'heure. Un son discordant et triste, qui plana, sinistre, au-dessus de la maison.

— Seul le prêteur sur gages Hugo van Helsen exige des taux d'intérêt plus élevés que les autres, poursuivit le clerc en plissant le nez, comme si le nom de l'usurier évoquait une odeur désagréable. Vous trouverez tout cela inscrit dans les livres de comptes, maître...

— Où est Adam ? l'interrompit soudain Hercule Windjammer.

— Le jeune maître ?

La question prit Gerrit au dépourvu. Il réfléchit en essuyant ses mains pleines de taches d'encre.

— Il doit être en train d'étudier avec son précepteur, maître Bloem. Oui, c'est ça, dit-il en hochant la tête d'un air convaincu. Il est certainement dans la salle d'étude, là-haut.

Mais il se trompait.

3

Adam Windjammer

Adam Windjammer se tenait immobile sur la berge boueuse, le nez en l'air, contemplant la proue du navire au-dessus de lui. La courbe gracieuse de sa coque s'élevait dans le ciel comme une splendide cathédrale inachevée. Le galion, construit aux trois quarts, reposait sur un ber légèrement incliné. Une centaine de troncs coupés le supportaient comme autant de piliers et de colonnes. Bien plus haut, perchés sur les plates-formes branlantes rendues insignifiantes par l'imposante taille du bateau, des hommes s'affairaient autour des grues en bois et des cordes.

— Le *Draco !* lâcha Adam dans un souffle.

À la pointe de l'étrave, un dragon tournoyait. Adam la regarda s'agiter dans les airs, s'émerveillant de sa beauté et de sa grâce.

La créature avait déployé ses ailes peintes et pris son envol pour la première fois sous ses yeux. La luminosité du soleil, chargée de pluie, se reflétait de façon fugitive sur ses serpentins dorés. Le dragon renversa la tête en arrière, le bec grand ouvert, comme s'il rugissait sa liberté neuve au ciel.

— Tirez !

La voix du maître charpentier claqua dans les airs comme un fouet.

— Plus fort !

Une douzaine d'hommes tirèrent tant qu'ils purent sur la corde qui retenait le monstre. En chantant, ils hissèrent la figure en bois, avant de la redescendre, là où des manœuvres attendaient de la fixer sur la proue incurvée du *Draco*.

C'était le plus beau galion que les Windjammer avaient jamais construit. Fuselé et rapide, dans le style britannique. Un galion marchand doté d'un gaillard et d'une poupe élevée, prévu pour les longs voyages – jusqu'au bout de la terre –, une nouvelle étoile qui rejoindrait la Flotte Windjammer dès son retour.

Le Draco. Le Dragon. Une constellation d'étoiles dans le ciel nocturne du Nord lui avait donné son nom.

Sur la berge occidentale de la ville, les chantiers navals grouillaient d'animation. Des artisans habiles s'activaient sur les carcasses d'une demi-douzaine de bateaux, coupant, façonnant, clouant les planches en bois. Les odeurs mélangées de sciure et de goudron bouillant venaient adoucir celle de la transpiration des hommes et la puanteur des égouts des quais. Mais Adam ne semblait pas s'en rendre compte, perdu dans sa contemplation à la fois craintive et respectueuse du *Draco*.

Tout en haut, le dragon pivota et vint se poser sur la proue. Une cloche sonna au loin. Un son discordant et triste, qui sembla planer, sinistre, au-dessus du galion. Adam se retourna, mal à l'aise, et observa la ville. Ce ne fut que lorsque le onzième coup se fut tu qu'il se souvint de sa leçon.

— Maître Bloem ! s'écria-t-il avec un sursaut.

Il partit en courant, ses pieds s'enfonçant dans la boue. Il atteignit une des nombreuses échelles appuyées contre le mur et grimpa deux barreaux à la fois. Il jeta un dernier regard au galion, puis sauta sur le ponton en bois longeant le front de mer. Il obliqua vers les entrepôts et la rangée de navires amarrés aux bittes du quai.

Les docks étaient bondés de marchands, de navigateurs et de négociants. Il décida donc de couper par les bâtiments et de remonter vers le cœur de la cité. Les ruelles serpentaient entre les hautes demeures cossues qui semblaient fléchir sous le poids des étages et des toits. À chaque virage, d'autres venelles s'ouvraient sur sa gauche et sur sa droite, envahies par la fumée des fabriques d'étain et des cheminées. Il se fraya un chemin dans cet enchevêtrement d'odeurs, de maisons et de rues, et, sans le savoir, fonça tête la première dans les ennuis.

On les appelait les tire-laine[1]. Ou rats des rues, voleurs, brigands... Les surnoms ne manquaient pas ! À deux pas dans une venelle latérale, visiblement plus grands et plus âgés que lui. Il s'arrêta net en dérapant. Il hésita une seconde, puis fit volte-face pour s'enfuir. Mais un adolescent, jaillissant de sous un porche, fit aussitôt barrage.

— R'gardez q-qui vient là, les a-amis ? le toisa l'adolescent au regard affamé, en bégayant légèrement.

1. Tire-laine : voleur qui détroussait les passants. *(N.d.T.)*

— L'a tout l'air d'un gamin d'riches, Wolfie, répondit un autre.

— Ferme-la, t-toi ! tempêta le chef de la bande en foudroyant son acolyte du regard. C-combien d'fois faudra t'rép-péter d'pas m'ap-ppeler p-par mon nom q-quand on vole ?

— *Voler ?* s'exclama Adam. Mais je n'ai pas d'argent !

— C'est v-vrai, ça ? gronda Wolfie. C'est c'q-qu'on va v-voir !

— Je suis déjà en retard ! supplia Adam, essoufflé. Je n'ai pas le temps de...

— P-pas un liard dans les p-poches et p-pas l'temps d'p-parler non plus, hein, g-gamin d'riches ?

Le tire-laine secoua la tête et prit un air triste.

— Alors q-qu'nous les p-pauvres on demande rien q-qu'un p-peu d'charité !

— Mais nous on n'est pas pauvres, Wolfie, hein ? intervint l'autre adolescent. Oh... s'cuse-moi, Wolfie, j'voulais dire que...

Le chef de la bande lui lança un regard noir, avant de reporter son attention sur Adam. Ses yeux s'étrécirent.

— J't'ai d'jà vu q-què'que part, toi. T'es un Wind... Wind... Wind...

— Windjammer, termina Adam avec politesse.

Wolfie renifla avec dédain :

— C'est b-bien c'q-que j'd-disais !

— Not' chef aime pas qu'on lui r'tire les mots d'la bouche ! prévint le troisième de la bande.

— Le diable lui a collé la langue à la naissance, intervint le deuxième. Pas vrai, Wolfie ?

— Fermez-la avant q-que j'vous c-coupe la vôtre et q-que j'vous la fasse avaler !

Leur chef était de mauvaise humeur, à présent.

— J'suis p-pas différent p-pac'que ma langue elle ac-croche les mots !

Comprenant l'allusion, les autres se turent.

Wolfie leur lança un regard qui signifiait : *Ça vaut mieux comme ça.*

— B-bon, j'en étais où, alors ? dit-il, songeur.

Et il reprit un air menaçant, mettant les autres au défi de parler à sa place.

— Ah oui...

Avec de grands gestes, il retourna les poches de son manteau élimé pour montrer qu'elles étaient vides.

— Mais je vous ai déjà expliqué, insista Adam avec sincérité. Je n'ai pas un sou !

— Tu crois p't-êt' que j'suis né d'la d-dernière pluie, g-gamin d'riches ? Les p-pièces en or, j'les sens. C'est un d-don du bon Dieu. Et même q-qu'un jour, j'serai très riche. Alors file ton argent ou j'te fais les p-poches, nom d'un chien !

Il attrapa Adam par l'encolure de sa veste. Mais ce dernier était prêt. Il s'accroupit, se dégagea brutalement et s'élança de tout son poids en avant.

— *Héé !*

Wolfie ouvrit grands les yeux de surprise. Il recula, bouche bée, tandis qu'Adam, l'écartant d'un coup d'épaule, s'enfuyait dans la ruelle.

— Rat-tr..., rat-tr..., rattrap-p..., souffla l'adolescent.

Prenant soin de ne pas parler à sa place, les autres restèrent immobiles.

— Rat-t-trap-pez-le, bande d'abrutis !

Les derniers mots avaient jailli d'une seule traite.

En entendant le bruit des pas derrière lui, Adam prit ses jambes à son cou. En vain. Les tire-laine connaissaient tous les raccourcis et eurent vite fait de le rattraper. Adam perçut bientôt leur respiration haletante dans son dos. Il était presque à leur merci quand un homme, tirant une charrette remplie de têtes de cochons, s'engagea dans la ruelle en face d'eux. D'un bond, Adam jaillit devant la carriole avant qu'elle bloque entièrement le passage.

— Hé !

L'homme poussa un cri. Puis le martèlement des pas cessa, et la venelle résonna de jurons, de coups étouffés et de gémissements de douleur.

Adam stoppa sa course et reprit haleine. Wolfie et ses acolytes, en se ruant sur la charrette, l'avaient renversée. Ils avaient atterri au beau milieu de la viande et des déchets, et tentaient à présent d'échapper à l'assaut sans pitié du propriétaire de la carriole, qui maniait une tête de cochon comme un gourdin.

Adam éclata de rire, fit un signe à Wolfie et prit la poudre d'escampette.

— Tu m'le rev-vaudras, Wind-d-jammer ! s'écria celui-ci d'un ton rageur. J't'le jure !

Adam entra en trombe dans la salle d'étude.

— Vous êtes en retard, pour changer ! l'accueillit son précepteur.

— Oui, maître Bloem, désolé, maître Bloem, s'excusa-t-il, à bout de souffle.

Il alla se glisser derrière son bureau, à côté de la fenêtre.

— J'étais...

— *Tsst, tsst, tsst !*

Le vieux professeur claqua de la langue avec impatience.

— *Qui plura loquitur, is ineptus esse dicitur !* le sermonna-t-il en latin. Vous devez apprendre à réfléchir avant de parler, maître Adam.

Il s'arrêta, jeta un coup d'œil par la fenêtre, puis enroula sa grande cape autour de lui, comme s'il avait senti un courant d'air.

— Il semble qu'en dépit de tous mes efforts et des sommes considérables dépensées par votre père et votre mère, vous ayez atteint l'âge de quinze ans sans avoir rien appris, si ce n'est la passion des voiliers et un intérêt malsain pour la vulgaire animation des rues.

— C'est faux, maître ! protesta Adam.

— Qu'en est-il du latin et du grec ? De Virgile, d'Homère et d'Hérodote ? Et des classiques ? demanda son précepteur avec condescendance. Qu'en avez-vous retenu, maître Adam ?

— Mais nous sommes en 1636, maître ! Les temps ont changé ! Il y a tout un monde nouveau au-dehors. Un monde vivant. Pas un monde mort.

— *Tsst, tsst, tsst !*

Maître Bloem secoua la tête avec impatience et ses bajoues tremblotèrent.

— Vous voudrez bientôt me faire croire que la Terre et les planètes dans le ciel tournent autour du Soleil !

Il ajouta, grommelant à voix basse :

— Qu'en sait-il, cet hérétique de Galilée ? Qu'en savent ces penseurs soi-disant modernes ?

Puis, s'adressant de nouveau à Adam :

— Quant à ce *Nouveau Monde* dont vous me parlez, maître Adam, je n'ai pour l'instant rien entendu qui me persuade qu'il est mieux que notre *vieux* monde ! Souvenez-vous de cela : *personne* n'ira jamais vivre en *Amérique*, personne !

Il secoua la tête, légèrement haletant, puis, soudain, fronça ses sourcils épais.

— Quel est ce brouhaha ? demanda-t-il.

Adam recula sa chaise et bondit vers la fenêtre.

En bas, de chaque côté du canal, les gens s'étaient arrêtés. Les domestiques et les servantes des riches demeures longeant le Herengracht avaient ouvert les fenêtres et sortaient sur le seuil, alertés par le bruit. Tous avaient les yeux tournés vers le pont, un peu plus loin.

— Il s'est passé quelque chose, maître Bloem, annonça Adam.

— *Ita fit ut omnino nemo esse possit beatus*, déclama le précepteur en levant les yeux au ciel.

Et il marmona quelque chose à propos des gens qui ne sont jamais heureux avec ce qu'ils ont.

La demeure des Windjammer se situait à l'angle de la rue Deer et de celle qui longeait le canal. C'était la plus haute du quartier, et de sa fenêtre, Adam voyait par-dessus les toits à pignons la berge opposée. Mais il ne distinguait pas les canaux au pied de sa maison, ni les venelles et les ponts qui menaient au quartier pauvre des artisans, le Jordaan.

Son regard fut attiré plus loin, vers la droite, là où les navires étaient amarrés dans le port. Les voiles étaient affalées, et les mâts s'élevaient, nus et grêles, comme une forêt d'arbres morts. D'instinct, Adam sut que les problèmes venaient de là.

Déjà, ce qui avait paru lointain et indistinct se rapprochait. Le tohu-bohu et le martèlement des pieds sur les pavés parvenaient jusqu'à eux, clairement identifiables.

— Une émeute a encore dû éclater dans le Jordaan, maître Adam, dit son précepteur en respirant avec difficulté, soudain alarmé. Nous devons terminer notre leçon. Fermez les volets ! Barrez les portes !

Mais c'était trop tard.

Un messager apparut dans la rue longeant la berge. Il portait un long manteau bleu et un sac en cuir glissé à l'épaule, et il courait, son chapeau à la main. Il traversa le pont et tourna un peu plus bas dans la rue étroite bordée d'arbres, entre les maisons et le canal. Chacun de ses pas semblait sonner l'alarme sur les pavés.

Il n'était qu'à mi-chemin de la maison des Windjammer, quand une foule – qui de toute évidence le suivait depuis un certain temps – surgit sur le pont. L'instant d'après, elle se déversa dans le quartier du Herengracht, entraînant dans son flux les domestiques et les riches résidents.

Le messager s'arrêta en haut du perron, sous la fenêtre d'Adam. L'écho de ses coups répétés sur la porte en bois massif retentit dans toute la maison.

Après un bref silence, le battant s'ouvrit, et il se précipita à l'intérieur. La porte fut aussitôt refermée derrière lui.

Au fur et à mesure qu'elle approchait, la foule se taisait, intimidée par les splendides demeures aux façades à pignons alignées de chaque côté du canal.

L'opulence du quartier du Herengracht semblait mettre mal à l'aise les hommes et les femmes. Ils s'écartèrent pour laisser passer leurs chefs. Puis, doucement d'abord, de plus en plus fort ensuite, ils se mirent à appeler Hercule Windjammer pour qu'il sorte.

Adam blêmit.

— Ils sont venus pour mon père, dit-il.

4

La malédiction des Windjammer

— Maître Adam ! Attendez ! Revenez immédiatement !

Maître Bloem poursuivit Adam de ses cris. En vain. Le jeune maître descendit les marches quatre à quatre, franchissant d'un bond chaque palier. Le martèlement de ses pas. Les battements de son cœur. Cinq étages plus bas, il atteignit l'endroit où les marches s'élargissaient pour se diviser en deux escaliers, chacun dessinant une courbe qui aboutissait dans le hall.

Il fit une halte pour reprendre son souffle et s'agrippa aux balustres sculptées comme au parapet d'un navire tanguant sur une mer houleuse. En un clin d'œil, il comprit la gravité de la situation.

La massive porte d'entrée était fermée, faisant barrage à la foule au-dehors. Hercule Windjammer était sorti de la bibliothèque pour recevoir la lettre du messager. Derrière lui, Adam aperçut Gerrit, debout à côté du bureau, un livre de comptes encore dans les mains.

— Hercule, que se passe-t-il ?

C'était la voix de sa mère. Elle sortait à pas précipités du vaste salon situé en façade. Rose et Viola se tenaient derrière elle. Une servante effarouchée hésitait dans l'ombre, prête à rejoindre la cuisine. À présent, sur le sol dallé noir et blanc, tout semblait figé, comme les pièces d'un immense jeu d'échecs, dans l'attente du mouvement suivant.

Hercule Windjammer lut la lettre en silence. Aux yeux d'Adam, c'était un géant. Une statue monumentale, barbue. Il mesurait une bonne tête de plus que le messager, et sa haute taille lui donnait l'air invincible. Pourtant, quand il eut terminé sa lecture, il pencha le menton sur la poitrine. Et, pour la première fois de sa vie, Adam vit son père fléchir.

Le colosse chancela sur ses talons, comme s'il avait reçu un coup.

Mary Windjammer s'adressa d'une voix calme à la servante.

— Emmenez Rose et Viola dans leur chambre, et restez avec elles.

Puis elle leva les yeux vers son fils.

— Retourne à tes leçons, et restes-y jusqu'à ce que je t'appelle.

La jeune servante poussa les jumelles vers l'escalier. Avec leurs cheveux blonds et leurs robes blanches identiques, les fillettes avaient l'air aussi pâles que des fantômes. Elles levèrent des yeux inquiets vers leur frère, mais ce dernier ne leur parla ni ne les suivit.

Dans un froissement de soie, la mère d'Adam rejoignit son mari. Ils demeurèrent l'un à côté de l'autre, semblables à un roi et une reine.

— *Hercule ? Que se passe-t-il ?*

Elle parla en anglais, sachant que les servantes écoutaient.

— Des nouvelles de notre flotte.

Il lui tendit le parchemin.

— Perdue. Dispersée par une terrible tempête. Échouée.

Elle prit la lettre qu'elle lut rapidement, puis leva les yeux.

— Tous naufragés ? Mais... et Lucien ?

Hercule Windjammer secoua la tête.

— Ce que je craignais de pire est arrivé. Nos navires avaient déjà échoué quand notre homme de la Nouvelle-Amsterdam a rédigé cette missive. Il n'y a plus aucun espoir maintenant.

On aurait dit qu'un immense poids était tombé sur lui.

— C'est mon *orgueil* qui a provoqué la mort et la ruine de la Maison Windjammer.

— Non, Hercule !

Mary Windjammer haussa le ton.

— Tu as envoyé la flotte vers les Amériques sans aucun orgueil !

Il reprit la lettre comme si elle était de plomb.

— Alors, pourquoi Dieu nous a-t-il punis ainsi ?

Le brouhaha de la foule au-dehors s'amplifia et vint meubler le silence qui s'ensuivit. Peu à peu, Hercule sembla recouvrer ses esprits. Il inspira à fond, reprit contenance et esquissa un pas vers la porte d'entrée.

Mary Windjammer lui barra la route.

— Hercule ! Attends ! Tu ne peux pas affronter cette foule seul ! Envoie Gerrit chercher la garde. Il peut sortir par la porte donnant sur la ruelle, et...

Hercule l'arrêta en posant un doigt sur ses lèvres :

— Ce sont nos gens, Mary. Ils avaient des êtres chers et des amis sur ces navires. Ils ont le droit de savoir ce qui s'est passé.

— Alors je t'accompagne !

Il sourit.

— Je n'en attendais pas moins de toi, Mary. N'ai-je pas toujours dit que tu étais ma force, ma merveilleuse rose anglaise ?

Son sourire s'estompa.

— Mais en tant que dirigeant de la Maison Windjammer, je dois agir seul.

La mère d'Adam refoula ses larmes et fit mine de brosser une poussière invisible sur la redingote noire de son époux. Puis elle arrangea la dentelle de sa collerette. Hercule, quant à lui, écarta avec douceur une boucle de cheveux de son visage. Un message silencieux passa entre eux, et, sans un mot, Hercule Windjammer se dirigea vers la porte.

Le silence tomba quand il apparut sur le seuil. Par la porte ouverte, Adam vit son père en haut des marches, sa silhouette se détachant contre la lumière du jour, et la foule qui se pressait au bas du perron, le visage levé vers le maître.

Adam les observa qui regardaient la maison. La scène paraissait étrangement irréelle. Comme un tableau de lumières et d'ombres – instant unique capturé par le pinceau d'un artiste –, instant où la vie elle-même paraît figée.

Son père prit la parole.

— Faites sonner le glas pour nos morts !

Il lut la lettre à voix haute pour que chacun entende.

Un immense gémissement de désespoir parcourut la foule. Ces hommes et ces femmes étaient venus en s'attendant au pire. Pourtant, la nouvelle de la disparition du *Sirius*, du *Cygnus*, de l'*Orion*, de l'*Hesperus* et de l'ensemble de la Flotte Étoile des Windjammer les choquait profondément.

— Parmi les disparus, mon cher frère, ajouta Hercule.

— Qu'allons-nous devenir ! se lamenta une femme.

— J'ignore si aucun d'entre eux a survécu, dit le maître. Mais je vous promets d'envoyer le *Draco* à leur recherche dès que je le pourrai. S'il y a des survivants, nous les ramènerons. La Maison Windjammer n'aura pas l'âme en paix tant que nous n'aurons pas accompli notre devoir.

Il fit une pause pour que ses mots se gravent en chacun.

— Hélas, je ne peux pas ressusciter les morts, reprit-il. Je peux seulement vous promettre que vos enfants n'auront pas faim cet hiver. Si vous êtes dans le besoin, venez aux entrepôts sur les quais. Gerrit veillera à ce que vous ayez assez d'argent pour vivre. Je vous donne ma parole, celle de Hercule Windjammer, et par ma parole, j'engage la Maison Windjammer.

— Tout cela n'est qu'*orgueil* et *vanité* ! cria une voix. Oui, je dis bien que c'est l'orgueil et la vanité qui ont provoqué la malédiction sur cette maison ! Il n'en sortira rien de bon, maintenant !

Hercule Windjammer se figea, l'air bouleversé. Un homme de haute taille – entièrement vêtu de noir, à l'exception d'un col blanc – s'avança. Il portait un chapeau aux larges bords avec un fond arrondi, et une grande croix en fer suspendue à une chaîne autour du cou.

Le maître le reconnut.

— Si vous voulez prêcher, Abner Heems, alors faites-le pour ces braves gens qui ont pris la mer.

— C'est vrai que ceux qui ont pris la mer sont de braves gens, répondit le prédicateur. Seuls des imbéciles les envoient naviguer à l'autre bout de la terre en quête de richesses !

La foule s'agita, mal à l'aise. Les uns et les autres se regardaient en murmurant.

Abner Heems brandit la croix au-dessus de la foule.

— La Bible ne dit-elle pas : « Et le Seigneur dit à Satan : "D'où viens-tu ?" Alors Satan répondit au Seigneur : "Je vais et je viens sur la Terre, et je la parcours en tout sens". » ?

— Mais n'a-t-il pas dit aussi, rétorqua Hercule : « Ceux qui prendront la mer, et traverseront les mers, verront l'œuvre du Seigneur, et ses merveilles en profondeur. » ?

— La folie vous aveugle, Hercule Windjammer ! s'exclama Abner Heems. Repentissez-vous, ou votre cupidité vous perdra !

— Je m'engage à terminer le *Draco*, puis à reconstruire notre flotte entière, déclara le maître d'un ton grave. La Maison Windjammer reprendra son cap et redeviendra forte ! Parce qu'elle le doit. Sinon, tous ceux qui sont morts seront morts pour rien. Et *cela*, je ne le supporterai pas.

— Vous osez défier la volonté de Dieu ! s'écria le prédicateur.

Un murmure inquiet parcourut la foule.

— Dieu a parlé, reprit Abner Heems. La voix du Seigneur s'est fait entendre dans la tempête qui a détruit la flotte de cet homme arrogant.

Il secoua la tête.

— Quelle meilleure preuve voulez-vous ? La Maison Windjammer est *maudite* ! Qui, parmi vous, voudra mettre le pied dans une maison maudite ? Qui voudra embarquer sur un navire maudit ?

— Pas moi ! s'exclama une voix.

— Moi non plus ! cria une autre.

Hercule leva les mains pour demander le calme.

— Je n'obligerai aucun homme à prendre la mer contre son gré. Et si vous voulez savoir qui naviguera sur le prochain navire des Windjammer, je vais vous le dire : moi !

— Alors vous naviguerez vers la damnation éternelle, tout comme votre frère et les autres ! prophétisa Abner Heems. Souvenez-vous de mes paroles : telle est la volonté de Dieu !

L'assistance laissa échapper une exclamation. Le prédicateur fit volte-face. On s'écartait sur son passage. Un homme lui emboîta le pas. Puis un autre. Soudain, les rangs se rompirent, et la foule repartit d'où elle venait.

— Ce ne sont que des balivernes ! tenta de les rassurer Hercule Windjammer. Nous sommes des marchands, rien de plus ! Des marins, comme vous-mêmes, et fiers de l'être ! Nous tous, ici, savons de quoi la mer est capable. Elle donne et elle prend, sans se soucier des désirs des simples mortels.

Mais rares étaient ceux qui l'écoutaient à présent. Même les plus loyaux avaient fait demi-tour. Hercule les regarda s'en aller. Quand il n'y eut plus personne, il grimpa les marches du perron et referma la porte derrière lui. Adam eut l'impression que son père avait vieilli de cent ans.

Quelque part, au loin, une cloche sonna.

— Gerrit ! appela Hercule.

Le petit homme arriva à pas précipités.

— Payez le messager et préparez la Longue Table pour une assemblée.

Puis il fit volte-face et se dirigea vers la bibliothèque. C'est alors qu'il aperçut Adam, debout dans l'escalier.

— C'est fini, Père ?

Le maître secoua lentement la tête.

— Non, mon fils. Cela ne fait que commencer.

5

La Longue Table

— Qui sont-ils ? demanda Adam à son père. Ces hommes qui viennent chez nous ?

— Des négociants et des hommes d'affaires, comme nous. Ils ont mis de l'argent dans notre expédition, en espérant en tirer un bon bénéfice.

Hercule Windjammer ajusta le col de son fils et repoussa les boucles noires de ses cheveux.

— Certains réagiront bien à la nouvelle. D'autres...

Il s'interrompit un instant, puis ajouta simplement :

— D'autres, non.

Adam se sentait emprunté dans ses habits du dimanche. Il avait l'impression que son col neuf l'étranglait.

— Mais nous sommes des *Windjammer* ! Pourquoi avons-nous besoin d'eux ?

— Parce que, pour l'heure, la Maison Windjammer a besoin de soutien. C'est pour cette raison que je veux que tu sois présent. Plus tard, tu sauras qui nous a aidés dans l'adversité.

— Que voulez-vous dire ?

— Je n'ai pas le temps de t'en expliquer davantage. Alors, souviens-toi de ceci : un jour, quand je ne serai plus là, tu prendras la tête de la Maison Windjammer. Et cet anneau que tu vois te reviendra, tout comme je l'ai reçu de mon père, qui l'a reçu du sien.

Il leva la main et fit scintiller l'anneau à la lueur de la bougie.

— Il porte notre sceau et représente tout ce en quoi nous croyons. Aussi, quoi qu'il arrive aujourd'hui, n'oublie jamais de faire ce qui te semble juste et d'agir avec honneur, comme un vrai Windjammer.

— Comptez sur moi, Père, promit Adam.

Son père fit un pas en arrière pour le regarder. Il sembla satisfait de ce qu'il vit. C'est néanmoins avec un sourire triste qu'il alla accueillir leurs hôtes.

Adam resta à côté de la Longue Table et écouta les voix dans le hall. Il savait que les saluts et les remarques polies des invités sur le temps froid de septembre masquaient la vraie raison de leur venue. Quelque chose d'important allait se produire, et il ignorait quoi exactement. Cela l'oppressait.

La lueur tremblotante du feu ondoyait autour de lui. Il connaissait bien cette pièce – ils y dînaient chaque jour en famille. Pourtant, elle lui paraissait étrange et insolite.

À l'exception des candélabres aux bougies allumées, la table était nue. Elle s'étendait devant lui jusqu'au milieu de la pièce, avec de chaque côté des chaises à haut dossier placées à intervalles réguliers. De lourdes tapisseries étaient suspendues aux murs, représentant des scènes de chasse et de festin. Devant les fenêtres, les rideaux étaient tirés. L'immense globe – le symbole de la Maison Windjammer –, rond et imposant sur ses pieds en acier, trônait dans un coin, depuis toujours semblait-il.

Adam le contempla. La terre, telle qu'on la connaissait, était indiquée par des taches irrégulières. La mer, sombre et large, se profilait autour des lignes de côtes de continents tout juste découverts. Du bout du doigt, Adam suivit le tracé d'une route maritime vers l'ouest, jusqu'au dessin représentant une créature marine hideuse, supposée dévorer les navires à la lisière du monde. Il observa ses tentacules, puis, pris d'une impulsion soudaine, il fit pivoter le globe. Le monstre disparut.

— Par ici, messieurs, je vous en prie.

Il sursauta en entendant la voix de Gerrit.

Le clerc s'effaça pour laisser entrer les hôtes, s'inclinant avec respect à leur passage. Il s'empressa ensuite d'offrir un siège à chacun autour de la Longue Table, avec force courbettes.

Adam, en retrait dans la pénombre, étudia les invités. La plupart portaient leurs habits des jours d'affaires : des collerettes en dentelle blanches, de longues redingotes noires arrivant presque aux chausses grises qui s'arrêtaient sous le genou. Les plus âgés portaient des tuniques courtes passées de mode. Leurs têtes semblaient étrangement séparées de leurs corps à cause de leurs fraises immaculées. Ils arboraient presque tous une moustache et une barbe, et certains avaient la bedaine des hommes autrefois athlétiques devenus gros. Ils semblaient à l'aise en compagnie des uns et des autres. Tous, sauf un.

— Monsieur Hugo van Helsen, voulez-vous prendre place ? proposa Gerrit.

Adam avait remarqué dès son entrée cet homme plus grand, plus mince, et plus jeune que les autres. Il émanait quelque chose de lui – une sorte de dureté et de politesse froide, peut-être – qui obligeait les hôtes présents à se tenir à une distance respectueuse. Il s'assit. Son regard pâle balaya la pièce, considérant la scène qui se déployait sous ses yeux. Scrutant. Calculant la valeur de chaque objet.

— Vous connaissez mon frère Auguste, annonça Hercule, ouvrant ainsi la séance.

Auguste se leva, serrant dans sa main un mouchoir parfumé. Il marmonna quelques paroles incompréhensibles, puis se rassit.

— ... et mon fidèle clerc, Gerrit, poursuivit Hercule.

Gerrit s'inclina, mais resta debout.

Hercule fit signe à Adam de s'approcher dans le cercle de lumière.

— Mais peu d'entre vous connaissent mon fils, Adam. Le fils qui me succédera un jour, si telle est la volonté de Dieu.

Tous tournèrent le regard vers lui. Tous, sauf l'homme aux yeux pâles. Celui-ci fixa rapidement Auguste. Adam surprit l'expression de son oncle. Le visage livide, épuisé, froid, on eût cru un homme qui avait eu un aperçu fugitif de l'avenir, et qui n'avait pas aimé ce qu'il y avait vu.

Auguste se rendit compte qu'Adam l'observait et se détourna aussitôt. Il demanda du vin à une servante. Un pichet fut apporté, et du vin versé dans les coupes en argent. Quand l'assistance fut servie, Gerrit congédia la domestique et referma la porte. Auguste se tourna de nouveau vers eux, l'air impassible.

Hercule Windjammer se leva pour prendre la parole, de sa place, au bout de la Longue Table.

— Messieurs, je vous remercie d'être venus aussi vite, dit-il. Vous connaissez la terrible nouvelle de la disparition de mon cher frère Lucien et de notre Flotte Étoile.

L'assemblée bredouilla quelques paroles de condoléances, puis redevint silencieuse.

— Comme vous le savez, je ne suis pas homme à tourner autour du pot, poursuivit Hercule. Je vous parlerai donc sans fard. La Maison Windjammer a perdu un fils et quatre de ses meilleurs navires. Des navires que Lucien menait vers l'ouest dans l'espoir d'entreprendre un commerce fructeux avec les Amériques.

Il marqua une pause pour laisser cette dernière phrase se graver dans les esprits.

— Vous avez investi de l'argent dans notre expédition. De l'argent que nous avons partiellement utilisé pour armer les navires et financer le voyage. En échange, nous vous avions promis une partie des bénéfices, l'essentiel devant revenir à la Compagnie hollandaise des Indes orientales.

Un vieil homme acquiesça.

Hercule prit une profonde inspiration et annonça la mauvaise nouvelle.

— Compte tenu de ce qui vient de se produire, la Compagnie de commerce Windjammer ne peut plus respecter les engagements qu'elle a passés de bonne foi avec vous.

Les hommes l'écoutaient en silence.

— Elle n'est pas non plus en mesure de rembourser ses emprunts à ses banquiers, poursuivit Hercule d'une voix sombre. La vérité est que la Maison Windjammer se trouve elle-même à court d'argent. Tant que le *Draco* ne sera pas achevé et que nous n'aurons pas repris notre honnête commerce, nous ne pourrons pas rembourser nos dettes.

Silence.

— En bref, messieurs, sans votre soutien, la Maison Windjammer sera ruinée.

Un bloc de tourbe s'effondra dans l'âtre, provoquant un nuage de fumée ; des étincelles jaillirent.

— Je vous ai parlé en toute franchise, messieurs, parce que tel est mon tempérament, reprit Hercule. Je n'ai pas besoin de vous rappeler que ma famille fait du négoce honorable dans cette ville depuis plus d'un siècle. Nous ne sommes pas des spéculateurs écervelés misant sur des oignons de tulipe, comme tant d'autres aujourd'hui.

Il secoua la tête.

— Non, nous sommes des négociants, et vous pouvez être certains que la Maison Windjammer remerciera plus que généreusement ceux qui la soutiendront dans cette période difficile.

Il se rassit.

Un long silence s'ensuivit. Les hommes autour de la table se consultèrent d'un simple regard. Le plus âgé d'entre eux se leva pour prendre la parole. Il se présenta : Barthélemy de Leiden, de la Compagnie hollandaise des Indes occidentales.

— Au nom de tous ceux ici présents, je remercie Hercule pour son honnêteté sur l'état de ses affaires, dit le vieil homme, non sans avoir d'abord exprimé ses condoléances à la Maison pour la perte d'un de ses fils. J'ai connu son père et son grand-père. Il y a environ trente ans, la Maison Windjammer a apporté son soutien financier au Conseil des Dix-sept, pour aider la Compagnie des Indes orientales.

Autour de la table, les hommes murmurèrent pour approuver l'importance d'un tel geste.

Le vieil homme attendit que le silence revienne.

— Et il y a treize ans, presque jour pour jour, Hercule Windjammer a prêté argent et navires à la Compagnie des Indes occidentales pour fonder un comptoir commercial sur l'Hudson.

Il regarda l'assemblée.

— La Maison Windjammer nous a soutenus dans l'adversité, et je crois qu'il est juste qu'à notre tour nous la soutenions.

— Je partage cet avis ! acquiesça un autre. Nous avons tous affronté des pertes dues à la mer à un moment ou à un autre.

Les hommes hochèrent la tête.

— Je pense donc parler au nom de tous, messieurs, poursuivit Barthélemy de Leiden, quand je dis que Hercule Windjammer est un homme d'honneur, et que sa promesse de nous payer quand il le pourra nous suffit.

De nouveau, les hommes approuvèrent.

— Avant de quitter la Maison Windjammer pour aller pleurer nos morts, scellons notre accord en gentlemen, selon la tradition, déclara Barthélemy de Leiden en levant sa coupe.

Tous l'imitèrent. Sauf un.

Un silence embarrassé s'installa.

— Vous ne buvez pas avec nous, van Helsen ? demanda Barthélemy de Leiden.

L'hôte aux yeux pâles resta assis, l'air songeur. Il caressait le pied de sa coupe comme s'il en estimait le prix.

Puis il battit des paupières et observa la rangée de visages en face de lui. Les marchands s'agitèrent, gênés, et trouvèrent vite des prétextes pour regarder ailleurs. Les yeux pâles passèrent devant Adam, puis revinrent le scruter. Le temps qu'il faut au feu pour s'embraser puis se stabiliser, Hugo van Helsen sembla jauger le jeune maître.

Adam sentit l'intensité du regard de l'homme, mais il ne cilla pas. Un sourire étira à peine les lèvres fines du banquier, comme s'il décelait une certaine valeur chez cet adolescent. Puis il se tourna vers Hercule Windjammer, qui se tenait immobile, sa coupe à la main, au haut bout de la Longue Table.

— Depuis des années, la prudence m'a beaucoup servi, messieurs, déclara-t-il en choisissant ses mots avec soin.

— La prudence ! Eh ! Voilà une parole de banquier ! s'exclama le vieil homme. Tant que le soleil brille sur nos affaires, vous êtes toujours prêts à nous offrir une bonne redingote épaisse. Mais au moindre changement de temps, dès qu'un vent du nord souffle, on peut être sûrs que vous serez assez *prudents* pour la reprendre !

Il regarda l'assemblée, l'air content de lui. Certains eurent un rire poli, mais peu osèrent exprimer leur accord. Adam se surprit à souhaiter que le vieil homme se taise.

— Si Hugo van Helsen désire parler, déclara Hercule Windjammer, alors je crois que nous devrions nous rasseoir pour l'écouter.

Les hôtes obéirent, mal à l'aise. Le banquier inclina la tête dans un salut courtois et se leva. Il marcha lentement autour de la table, obligeant les hommes à se retourner sur son passage.

— Comme vous, Hercule Windjammer, je laisse aux autres le soin de spéculer sur les tulipes.

Il s'arrêta et lança un coup d'œil à Gerrit.

— Je suis certain que votre fidèle comptable sera le premier à m'approuver. En termes d'argent, il ne sert à rien de prendre des risques inutiles.

— Venez-en au fait, van Helsen ! intervint Barthélemy de Leiden. Nous n'avons pas la nuit devant nous !

Une lueur d'irritation traversa les yeux pâles de Hugo van Helsen. Le vieil homme se recroquevilla aussitôt sur sa chaise. Un mince sourire passa sur le visage du prêteur.

— Bien entendu, répliqua-t-il d'un ton glacial. Ainsi que je le disais, je suis un homme prudent, et je garde les yeux et les oreilles grands ouverts.

Il se tourna vers l'assemblée.

— Mais je ne suis pas superstitieux. Non, je ne crois pas ceux qui prétendent que la Maison est maudite !

— *Maudite !*

Le mot fit le tour de la table. Certains lancèrent même un regard alentour, comme s'ils s'attendaient à lire un avertissement sur les murs.

— Je n'y crois pas, reprit van Helsen après avoir semé le doute dans leur esprit. Et je ne crois pas non plus que l'infortune se soit abattue sur cette maison comme un fléau. Non, ce qui m'inquiète, ce sont les promesses que, paraît-il, Hercule Windjammer a faites aujourd'hui ici même.

Tous l'écoutaient avec attention.

— Oui, messieurs, poursuivit-il, d'après les rumeurs, Hercule Windjammer a promis d'envoyer le *Draco* à la recherche de sa flotte disparue dès que cela sera possible. Et, dans l'intervalle, il s'est engagé à subvenir aux besoins des veuves et des orphelins de ses hommes d'équipage.

— Ce sont mes gens, dit simplement Hercule. Je dois les aider.

Van Helsen esquissa un sourire moqueur.

— Un beau sentiment, peut-être, mais une promesse coûteuse !

— Ce que vous appelez sentiment, précisa Hercule d'un ton égal, je l'appelle responsabilité.

— Et qu'en est-il de votre responsabilité vis-à-vis de vos associés ? répliqua van Helsen. Nous sommes vos partenaires en affaires, et pourtant vous vous engagez à payer la populace avant *nous* ? Il va de soi qu'une fois terminé, le *Draco* devra être utilisé pour le négoce, et non pour rechercher des morts !

— J'ai donné ma parole !

— Vous comptez donc nous emprunter encore de l'argent uniquement pour la tenir ?

Pris au piège, Hercule resta silencieux.

Les hommes autour de la table s'agitèrent sur leur chaise et échangèrent de rapides coups d'œil. Van Helsen avait marqué un point.

— Les signes des gloires passées de votre famille sont évidents, ajouta Hugo van Helsen en lançant un regard aux magnifiques tapisseries derrière lui. Mais la Maison Windjammer ne peut pas vivre sur sa réputation à jamais !

Il s'anima soudain, comme si l'homme d'affaires en lui se réveillait.

— Les temps ont changé. La mort de votre frère prouve que l'époque de l'aventure est terminée. En envoyant sa flotte aux Amériques, la Maison Windjammer a pris un risque, et le pari n'a pas été payant. Cette Maison doit changer ses méthodes sous peine de disparaître. Vous devez réduire les coûts. Envisager des affaires à plus petite échelle. Gérer la Compagnie de commerce de façon à réaliser des bénéfices.

— Êtes-vous en train d'insinuer que ma parole ne vous suffit pas ? demanda Hercule d'un ton dangereusement calme.

Adam se rendit compte que son père était en colère. Très en colère.

— Je regrette d'avoir à souligner que vous n'êtes peut-être pas la personne qui convient pour mener cette tâche à bien, répondit van Helsen. Vous n'êtes plus tout jeune ! Vos façons de faire appartiennent à un temps révolu. Plus que jamais, la Compagnie de commerce Windjammer a besoin de quelqu'un qui comprenne le fonctionnement de notre monde moderne. Un homme d'affaires. D'argent. Un homme...

— Un homme comme vous, par exemple ? l'interrompit Hercule Windjammer.

Hugo van Helsen acquiesça d'une légère inclination de la tête.

Un silence stupéfait s'ensuivit, tandis que chacun autour de la table prenait conscience que le prêteur voulait remplacer Hercule Windjammer. Puis tous se mirent à parler en même temps.

Hercule Windjammer bondit :

— Pour l'amour de Dieu ! s'écria-t-il. On est en 1636, pas au Moyen Âge ! Nous avons eu le courage de combattre les Espagnols pour conquérir notre indépendance. Nous avons uni les provinces du Nord et rendu la Hollande forte ! Bâti des villes comme Amsterdam sur le commerce et le négoce ! Nous sommes devenus opulents, nous avons enrichi notre culture et entamé l'âge d'or. Croyez-vous que cela se serait produit si tout le monde était resté *prudent* ?

Hercule se dirigea à grandes enjambées vers le globe et le fit pivoter.

— Grâce à des aventuriers comme nous, il y a des hommes et des femmes hollandais partout dans le monde !

Il indiqua les lieux du doigt.

— À la Nouvelle-Amsterdam, sur l'île qu'ils appellent Manhattan. En Afrique aussi ! Au cap des Tempêtes[1] où tant de navires ont sombré. Dans les Indes orientales ! À Batavia ! Et, qui sait, un jour, dans cet immense pays du Sud... *Terra Australis*.

Hugo van Helsen prit l'assemblée à témoin.

— Hercule Windjammer deviendrait-il un colporteur de mythes et de légendes ? Comment peut-il, au lieu de nous montrer ses bénéfices, se gargariser de mots grandiloquents et parler d'honneur ! Moi, je dis que seul *l'or* compte en ce monde !

Hercule, livide, avait la mâchoire serrée.

1. Ancien nom du cap de Bonne-Espérance, au sud de l'Afrique. *(N.d.T.)*

— C'est le moment d'évoluer pour la Compagnie de commerce Windjammer ! poursuivit van Helsen. Le *Draco* doit être utilisé pour le commerce, ou vendu dès maintenant pour nous rembourser l'argent qui nous est dû. Après, la Maison Windjammer pourra reprendre ses activités en faisant du commerce de céréales dans la Baltique. Les bénéfices y sont plus stables, et les risques moindres.

— Non !

Hercule Windjammer regarda les hommes autour de lui.

— Tant que j'en aurai la force, je ne resterai pas là à regarder les Anglais, les Espagnols et les Portugais s'emparer de notre commerce. Ne voyez-vous pas que, sinon, ce pour quoi nous avons travaillé sera à jamais perdu ? Lucien, et tous ceux qui ont donné leur vie pour faire de la Hollande une magnifique nation commerçante l'auront fait pour rien. Comprenez-vous ? *Pour rien !*

— Est-ce à la grandeur de la Hollande que vous songez ? l'interrompit Hugo van Helsen d'une voix cassante, ou à celle de votre nom ?

Les yeux de Hercule Windjammer s'étrécirent.

— Vous avez le front de me le demander ? *Vous !* Hugo van Helsen ! Vous qui n'êtes rien de plus que l'ombre d'un homme qui s'assoit devant ses registres pour tirer profit de notre labeur ? Un simple prêteur sur gages qui se contente de vivre sur le dos d'autrui ? Un opportuniste qui n'a d'autre ambition que de prendre le pouvoir ? *Vous !* Vous osez me dire cela, *à moi ?*

Le banquier haussa les épaules et se tourna vers l'assemblée.

— Je ne soutiendrai pas un jour de plus la Maison Windjammer, tant qu'aucun changement n'aura été effectué. Qui me suit ? Je propose que l'on vote.

— Voter ? s'exclama Hercule.

Il chercha du regard le soutien de son frère Auguste. Mais ce dernier se contenta de serrer plus fort son mouchoir dans sa main.

— Le commerce du grain est stable, en effet, bafouilla-t-il, les joues tremblotantes.

Hercule se détourna pour affronter seul son adversaire – vieux lion défié par un plus jeune. Autour de la table, tous attendaient.

Quand son père parla, Adam comprit qu'il avait perdu la partie.

— C'était donc ça, votre plan ?

Puis il ajouta, d'une voix tonitruante :

— Vous voulez la Maison Windjammer ? Eh bien, prenez-la-moi, si vous êtes un homme !

Avec une vigueur stupéfiante, il souleva le globe avec son support en acier et le brandit au-dessus de sa tête, faisant face aux hommes attablés, tel un colosse. Il se tenait comme Atlas, le poids du monde reposant sur ses épaules, quand, soudain, quelque chose sembla lâcher à l'intérieur de sa formidable poitrine. Un éclair de stupéfaction traversa son regard. Puis Adam le vit chanceler et osciller sous le poids du globe.

— *Père !* cria-t-il en se précipitant pour l'aider.

Recouvrant sa lucidité, Hercule secoua sa tête majestueuse comme pour dire que c'était inutile. Le globe bascula et tomba avec un fracas épouvantable. L'écho se répercuta à travers les profondeurs de la maison. Le maître resta ainsi un moment encore – maintenu par la seule force de sa volonté, peut-être –, puis ses mains étreignirent son cœur et il s'effondra par terre, tel un mât brisé.

Après le bruit, ce fut le silence.

6

Plus pourpres que noirs

Adam était pieds nus dans le hall, vêtu d'une simple chemise de nuit. Il avait froid.

Immobile sur le carreau noir où son père s'était tenu la veille, il regardait les portes autour de lui. Une seule était ouverte. Elle donnait sur une petite pièce en façade. La lumière à l'intérieur l'attirait comme cette force invisible qui l'avait fait sortir de son lit et descendre l'escalier dans l'obscurité.

La grande demeure était calme. Silencieuse. Enfermée dans son armure de volets. Les tableaux avaient été retournés contre les murs, selon la tradition du deuil. Seuls les souvenirs et les fantômes veillaient dans une maison morte.

— Je n'ai rien pu faire.

La voix du docteur semblait rebondir sur les murs.

— Son formidable cœur l'a lâché.

« l'a lâché... l'a lâché... l'a lâché... »

Il se souvint des sanglots torturés de ses sœurs, et de la façon dont leur mère s'était figée, sans un mot.

Adam avait l'impression que son corps se mouvait comme un automate. Happé par cette lumière, malgré sa peur et son refus d'avancer. Il tendit la main, jusqu'à ce que ses doigts touchent le battant en bois de la porte. Il le poussa, et la lumière s'intensifia.

Le cercueil avait été posé sur une table. On aurait dit qu'il remplissait la pièce. Autour, des bougies brûlaient dans des candélabres. Des volutes de fumée odorantes s'échappaient, formant un brouillard opaque. La pièce avait un aspect étrange et mystérieux.

Adam regarda le cercueil. Il était resté ouvert toute la journée. Ceux qui l'avaient désiré avaient ainsi pu présenter leurs derniers hommages à Hercule Windjammer.

Adam prit conscience des battements de son cœur. Il lui sembla que son pouls n'était pas régulier ; il avait le souffle court. Un léger relent de décomposition altérait la douceur de l'encens, lui irritant la gorge. Il se sentit pris de vertige.

Il aurait souhaité venir plus tôt. Il aurait aimé être seul avec son père, mais Gerrit n'avait pas quitté la pièce de la journée, y tissant une toile invisible faite de traditions et de coutumes, telle une araignée. À présent, au milieu de la nuit, Adam se sentait libéré. Il fit un pas. Puis un autre. Et, malgré lui, se retrouva près du cercueil.

Son père était allongé sur le dos, les mains croisées sur sa poitrine. Ses cheveux et sa barbe avaient été peignés avec soin. Un léger sourire s'attardait sur ses lèvres, comme si, enfin, il connaissait les réponses aux grands secrets de la vie. On avait l'impression qu'il suffisait de le toucher pour le réveiller.

Adam se pencha et effleura sa joue. La peau, dure et froide, semblait s'être transformée en pierre.

— Je ne t'ai pas abandonné, Père.

Les lèvres d'Adam s'efforçaient d'articuler les mots.

— Je ne t'ai pas abandonné en face de ces hommes.

— Maître Adam ? Que faites-vous ici ?

Adam pivota sur ses talons. Gerrit se tenait dans l'encadrement de la porte. Les ombres noires qui cernaient ses yeux lui donnaient un air sinistre.

— Je... je...

Adam essaya de trouver des mots – n'importe lesquels – pour expliquer qu'il voulait rester seul avec son père.

— Le maître ne doit pas être dérangé durant la nuit. C'est la tradition de la Maison, dit le clerc.

Ils entendirent des pas légers, et la silhouette de la mère d'Adam se détacha contre l'obscurité du hall.

Gerrit s'inclina.

— J'ai trouvé maître Adam ici, maîtresse. C'est contre la tradition de la Maison, comprenez-vous ? Le cercueil ne doit pas être dérangé après que l'obscurité du second jour est tombée. Il en a toujours été ainsi.

Adam sentit des larmes lui brûler les yeux. Il tenta de les refouler, en vain. Elles jaillirent et roulèrent le long de ses joues. Il les essuya avec colère.

— Merci, Gerrit, répondit Mary Windjammer. Je connais les traditions et je les expliquerai moi-même à Adam.

Gerrit salua et disparut dans le hall. Dès qu'il fut parti, Adam se précipita vers sa mère. Il enfouit son visage dans sa chemise de nuit, respirant sa vie et sa chaleur. Alors seulement, la terreur qui emplissait son cœur se libéra en gros sanglots.

Le lendemain, les Windjammer se rendirent à Nieuwe Kerk, la Nouvelle Église de Dam Square, pour honorer leur défunt.

Une carriole tirée par quatre chevaux noirs transporta le cercueil de Hercule Windjammer sur la courte distance. Adam et ses sœurs marchaient derrière, avec leur mère, suivis d'Auguste, puis des autres membres de la famille et de Gerrit.

Adam suivait le cortège avec un étrange sentiment d'indifférence. C'était presque comme si son esprit s'était détaché de son corps, et il s'observa lui-même en train de s'asseoir sur le banc de l'église devant l'imposante chaire sculptée. Autour de lui, il reconnut quelques-uns des hommes qui avaient assisté à la dernière réunion à la Longue Table. Il n'avait aucun ressentiment à leur égard. Il se contenta de regarder ce qui se passait, à peine conscient qu'on parlait de son père et de son oncle Lucien, et de la beauté triste des cantiques chantés par le chœur.

Après le service religieux, on emporta le cercueil au cimetière, au-delà des remparts de la vieille ville. Là, dans un caveau gardé par des anges en pierre et entouré d'un haut muret, ils étendirent Hercule pour qu'il repose en paix, à côté d'une dalle au nom de Lucien.

Puis ce fut terminé.

Adam se sentit coupable d'éprouver du soulagement. Sur le chemin du retour, il marcha à côté de sa mère et de ses sœurs. Un flot continu de gens venait leur présenter leurs condoléances.

— C'est terrible, terrible, marmonnait Auguste à travers son mouchoir parfumé en s'éloignant avec

Willem et Angelica, les cousins d'Adam. Mes deux chers frères ont disparu, me voilà seul maintenant...

— S'il y a quelque chose que je peux faire pour vous... dit Barthélemy de Leiden à Mary Windjammer.

Adam entendit sa mère répondre à chacun. Mais peu à peu, sa voix lui parut distante, tandis que ses pensées s'envolaient. Il avait envie d'être ailleurs. Loin d'ici.

Au bout d'un moment, il sentit que ses sœurs le tiraient par la manche de façon pressante.

— Il y a quelqu'un, déclara Rose.

— Quelqu'un te parle, expliqua Viola.

— Nous sommes sortis faire une promenade, déclara Hugo van Helsen comme s'il répétait ce qu'il venait de dire. J'ai pensé que ce serait l'occasion de présenter mes condoléances à votre mère.

Adam eut l'impression de heurter un mur de pierre. Il dévisagea le banquier, et la douleur au fond de lui se transforma en pure haine. Mais Hugo van Helsen n'était pas seul.

Elle était grande – presque de la taille d'Adam –, avec de longs cheveux noirs attachés dans le dos. Elle se tenait un peu en retrait. Il l'observa sans savoir à quel point les fils de leurs existences étaient déjà étroitement mêlés. Elle avait relevé le capuchon de son manteau pour s'en couvrir les cheveux, geste qu'il prit pour une marque de respect envers le mort. Il la regarda, et elle lui rendit son regard sans ciller. C'est alors qu'il vit toute la force et toute la défiance indomptées qu'il allait être amené à connaître capturées, cristallisées, polies dans un iris vert vif.

— Je vous présente ma fille, Jade, dit en hâte le banquier.

Adam détourna les yeux. Un instant plus tard, il les reposa sur elle, irrésistiblement attiré.

— Votre père était un homme bon, reprit van Helsen d'un ton pressé. Je suis certain que vous saurez honorer sa mémoire, et que vous ne le décevrez pas.

Adam se mordit les lèvres, sans répondre. S'il se reconnaissait un devoir, alors c'était de ne pas montrer à cet homme qu'il avait fait couler le sang. Il sentit l'intensité du regard du banquier – les yeux pâles s'étrécissant fugacement comme s'ils voyaient quelque chose qu'il lui faudrait se rappeler.

— J'ai le sentiment que nous nous reverrons, jeune maître Windjammer. Bientôt. *Très* bientôt.

Il inclina la tête dans un léger salut et se tourna vers Mary Windjammer.

Jade van Helsen resta plantée devant Adam, l'observant avec l'air de comprendre la confusion de ses pensées.

— Je sais ce que tu ressens, dit-elle enfin. Je me souviens de la mort de ma mère.

Adam la foudroya du regard. Comment elle, une *van Helsen*, pouvait-elle savoir ce qu'il ressentait ?

— Sachez, madame, entendit-il déclarer Hugo van Helsen, que cela n'avait rien de personnel. Ce n'étaient juste que des affaires...

Il insista sur le mot, comme si cela excusait tout.

— Alors je n'aime pas votre sens des affaires, monsieur, répliqua Mary Windjammer d'un ton froid. Pas plus que vos méthodes.

— Peut-être, madame, répondit doucement le banquier. Mais n'oubliez pas qu'il s'agit d'un monde d'hommes. Le monde des affaires est dur. Une veuve n'y a pas sa place.

— Les Windjammer se sont toujours comportés avec honneur. Rien ne changera, Gerrit y veillera.

Hugo van Helsen s'inclina.

— C'est ce que nous verrons, madame. Et bientôt.

Il appela sa fille.

Jade resta quelques secondes encore, puis s'éloigna sans un mot. Adam se tint immobile, le regard fixe. Il voulut courir, crier. Il voulut se perdre dans les rues. Il refréna cette impulsion jusqu'à ce qu'il ait l'impression qu'il allait exploser. Alors il se retourna et chercha la jeune fille des yeux. Elle s'éloignait en se frayant un chemin parmi la petite foule qui les entourait.

Ce soir-là, la famille se réunit autour de la Longue Table. Adam s'assit en face des jumelles qui écarquillaient les yeux devant cette étrange scène. Leur mère était flanquée de l'oncle Auguste et de la tante Felicia. Leurs cousins Willem et Angelica étaient là aussi, ainsi que d'autres cousins éloignés de Hoorn et d'Édam. Chacun était conscient du vide immense de la chaise en chêne massif à l'autre extrémité de la table.

Le tonnerre gronda, roulement lointain qui se rapprocha à mesure que les éclairs déchiraient le ciel. Il se mit à pleuvoir.

Ils dînèrent. Leur humeur était aussi sombre que la pièce faiblement éclairée par les bougies. Le feu était bas dans la cheminée, les tapisseries et les tableaux restaient tournés contre le mur et le globe avait été recouvert d'un tissu noir. Seul Auguste Windjammer parlait de choses et d'autres.

— Les panaches des chevaux étaient plus pourpres que noirs. Oui, oui, j'en suis certain, affirma-t-il en secouant sa serviette.

— Pourpres ? Vous croyez ? Vous avez peut-être raison, répondit tante Felicia comme si le détail importait.

Dans la pénombre de la salle à manger, Gerrit bougea. Il s'approcha de la table et parla doucement à la mère d'Adam.

— Il se fait tard, madame.

Un éclair fusa.

— Je préfère les couleurs vives, elles sont tellement plus chaleureuses ! Oui, oui, c'est pour ça que j'aime les tulipes...

Les propos d'Auguste se perdirent dans un coup de tonnerre.

Mary Windjammer attendit que le fracas s'estompe pour mobiliser leur attention.

— Nous ne nous sommes pas réunis ici pour parler de futilités, Auguste, dit-elle d'un ton vif.

L'oncle d'Adam allait répliquer. Mais en voyant l'expression de sa belle-sœur, il ne pipa mot.

— Ainsi que vous le savez, poursuivit Mary Windjammer, j'ai toujours nourri l'espoir qu'Adam finisse ses études avant de prendre en main les affaires de la Maison Windjammer. Mais compte tenu de la situation actuelle, et puisque, en tant qu'aîné, il est l'héritier, la charge de la Maison Windjammer lui revient dès à présent.

Comme pour le prouver, un éclair illumina la pièce, réduisant la clarté des bougies et soulignant, une nouvelle fois, l'immense vide au bout de la table. Mary Windjammer se leva et prit son fils par la main.

Il n'avait d'autre choix que de la suivre. Gerrit s'avança pour tirer la chaise, et elle la lui désigna pour qu'il s'y assoie.

— Mais c'est la place de Père, protesta Adam.

— C'est la place du dirigeant de la Maison Windjammer, insista Gerrit. Telle est la coutume de la Maison.

Adam lança un coup d'œil à sa mère, qui l'encouragea d'un signe de tête.

— Gerrit a raison. C'était la chaise de ton père, et de son père avant lui.

Il s'assit à contrecœur. Le bois était lisse et usé, comme poli et façonné par le poids de son père au fil des années. Il se sentit minuscule face à la Longue Table qui s'étendait jusqu'à la fenêtre.

Tous avaient les yeux fixés sur lui. Adam reconnut l'expression qu'il avait déjà remarquée sur le visage de son oncle. Auguste vida d'un trait son gobelet et s'essuya la bouche du revers de la main.

— Te voilà à la tête de la Maison Windjammer, reprit sa mère d'une voix qui lui sembla soudain très lasse. Pourtant, tu es encore jeune.

— Un enfant !

La voix de son beau-frère se fit l'écho de sa pensée. Elle l'ignora.

— On ne peut pas te demander d'assumer seul la responsabilité de cette Maison. Surtout en cette période, la pire de toutes. Gerrit t'instruira sur le fonctionnement de la Compagnie, et pendant ce temps, je ne vois aucune raison pour ne pas assurer personnellement le suivi des affaires.

Ses mots eurent un effet stupéfiant. Tous se tournèrent vers elle, ahuris.

— Vous, chère belle sœur ? lâcha Auguste.

— Et pourquoi pas ? rétorqua la mère d'Adam. N'ai-je pas soutenu mon mari durant toutes ces années ? Je connais bien mieux les affaires que la plupart d'entre vous.

— Mais, madame...

Gerrit se mordit la langue.

— Une telle chose est sans précédent. Jamais une femme ne s'est mêlée des affaires de la Compagnie de commerce Windjammer. Nombre de marchands n'accepteront jamais de traiter avec vous.

— C'est juste, approuva Auguste. La seule pensée de négocier avec une femme me refroidit déjà ! Et le nom des Windjammer sera la risée de la ville. Oui, oui, nous serons ridiculisés !

— Avez-vous une meilleure idée, Auguste ? demanda Mary Windjammer. Seriez-vous capable de faire fonctionner cette Compagnie comme Hercule ? De travailler chaque heure de la journée afin de la consolider pour Adam ?

Auguste saisit sa chance.

— Je suis un vrai Windjammer !

Un éclair zébra le ciel et le tonnerre gronda, menaçant.

Gerrit se pencha en avant et murmura son opinion à l'oreille de Mary Windjammer :

— Ce serait plus fidèle à la coutume, madame. Et vous pourriez le guider.

— Et je suppose que la coutume doit être conservée coûte que coûte ? répliqua-t-elle d'un ton pince-sans-rire.

— Nous n'avons pas vraiment le choix, maîtresse, répondit le clerc. La tradition est la règle de la

Maison. Nous devons être attentifs à la maintenir, aujourd'hui plus que jamais. Sans elle, les gens diront que nous n'avons pas d'ordre. Et sans ordre, qu'avons-nous ? Rien !

Mary Windjammer réfléchit un moment.

— Très bien, accepta-t-elle enfin. Dans l'intérêt de cette Maison, je respecterai la tradition.

Elle se tourna vers son beau-frère.

— Vous vous chargerez du suivi des affaires avec l'aide de Gerrit, mais je désire être consultée pour les décisions importantes, est-ce entendu ?

— Oui, oui, bien sûr ! s'écria Auguste soudain revigoré.

— Comme vous êtes raisonnable, ma chère, la félicita tante Felicia. Au fond, nous ne sommes que des femmes, et Adam n'est qu'un enfant.

— Oui, oui, la place d'une femme est à la maison, s'empressa d'approuver son époux.

— Mais mon oncle n'a jamais pris la mer ! se récria Adam.

— C'est vrai, mon neveu, reconnut celui-ci. J'ai toujours préféré la paix et la tranquillité de ma maison sur le Prinsengracht. Elle est plus petite que la vôtre, mais plus grande que la cabine d'un navire. Néanmoins, rassurez-vous, Dieu en personne m'a façonné du même bois que mes chers frères ! Je suis de la même trempe !

Il baissa les yeux vers Adam.

— Et je dis qu'il est actuellement plus important de savoir conclure des alliances que de savoir naviguer sur des navires dont nous ne disposons pas. Oui, tout à fait ! Nous devons parler à ce banquier – à ce Hugo van Helsen – et le mettre de notre côté.

— Non !

Adam bondit sur ses pieds, prenant son oncle au dépourvu.

— Tu n'imagines tout de même pas, mon neveu, pouvoir relever le défi de Hugo van Helsen et gagner ? Nous n'avons pas de flotte !

— Nous avons le *Draco*.

— Et pas d'argent pour le terminer. Ce banquier tient les cordons de notre bourse. C'est un homme dangereux. Un loup, rien de moins ! Et à présent, il montre les dents !

— Nous devons trouver un moyen, s'obstina Adam. Nous devons mettre à flot le *Draco* et l'envoyer aux Amériques. Pour honorer la promesse de mon père !

— Il faut être prudents ! protesta Auguste.

Son avertissement retentit comme un son de cloche.

— Essaie de comprendre, Adam, intervint sa mère en voyant l'expression menaçante de son fils. Tout cela te dépasse pour l'instant.

Elle s'adressa à Gerrit.

— Montrez-lui l'anneau.

Le tonnerre gronda.

Gerrit s'inclina et alla chercher une boîte posée près du globe. Avec vénération, il la posa sur la table à côté d'Adam.

— Ouvre-la ! ordonna Mary Windjammer à son fils.

Adam s'exécuta et trouva à l'intérieur l'anneau de son père. Il le prit entre le pouce et l'index. L'éclat froid d'un éclair scintilla sur le symbole du globe gravé dans l'or.

— L'anneau de la Maison Windjammer, déclara sa mère calmement. Celui de ton père et de son père avant lui. À présent, c'est le tien. Enfile-le !

Adam hésita. Sa mère l'encouragea d'un signe de tête. Il glissa l'anneau à son annulaire et se rendit compte qu'il était trop grand.

— Tu vois, dit-elle doucement. Il est fait pour un homme, et comme la Maison Windjammer, il est trop grand pour un enfant. Tu dois être patient, et t'instruire d'abord auprès de Gerrit. Le temps viendra où tu seras prêt pour le porter et prendre ta place.

— Mais, maîtresse... intervint Gerrit. Le chef de la Maison Windjammer doit porter l'anneau. C'est la coutume.

Auguste toussota poliment.

— Puisque c'est moi qui vais assumer cette responsabilité, peut-être devrais-je...

— Ce ne sera pas nécessaire, l'interrompit Mary Windjammer.

Elle ôta la chaîne autour de son cou et en retira le pendentif. Puis elle y mit l'anneau et pencha légèrement la tête d'Adam pour lui passer la chaîne.

— Comment pourrait-il être plus près de ton cœur qu'en cet endroit ? murmura-t-elle en dissimulant le symbole Windjammer sous sa chemise.

Adam sentit tomber l'anneau contre sa poitrine. Comme un poids mort, froid, étranger.

Il ignorait encore combien le fardeau de la Maison Windjammer serait lourd.

7

La Maison des ombres

Au cours des journées et des semaines qui suivirent les funérailles, une atmosphère inquiète s'installa dans la grande demeure sur le Herengracht. On aurait dit que la maison elle-même avait pris une profonde inspiration et retenait son souffle, laissant à quiconque qui s'approchait le sentiment désagréable qu'elle s'attendait à une catastrophe.

Selon la tradition des Windjammer, un mois de deuil commença, durant lequel les volets furent fermés. Les membres de la famille masquaient leur chagrin dans l'obscurité et s'habillaient de noir, ils se déplaçaient dans la maison telles des ombres, seuls vestiges d'une époque plus heureuse. Pendant ce temps, la bâtisse semblait veiller.

Comme il en avait été décidé autour de la Longue Table, Auguste Windjammer prit la Compagnie en main. Gerrit, de son côté, attendait la fin de cette période pour instruire Adam. Au début, Auguste vint chaque jour discuter des différentes affaires avec Mary Windjammer. Bientôt, on le vit de moins en moins à la maison du Herengracht, mais de plus en plus en train de déjeuner et de dîner avec les marchands et les banquiers de la ville. Travaillant dur, insistait-il, se faisant des amis pour la Compagnie de commerce Windjammer.

La comptabilité était laissée à Gerrit. Le clerc travaillait tard la nuit à la clarté de la chandelle, penché des heures durant sur ses livres. Seul le grattement de sa plume qui résonnait dans les coins obscurs de la petite pièce, derrière la bibliothèque, lui tenait compagnie. Et peut-être qu'Adam aurait dressé l'oreille, s'il avait entendu à plusieurs reprises Gerrit s'exclamer : « Ce ne devrait pas être ainsi ! » ou « Jamais mon vieux maître ne l'aurait permis ! »

Les longues journées de deuil s'achevèrent enfin. Les volets furent rouverts, les tableaux et les tapisseries retournés face à la lumière, et progressivement, la vie revint dans la vieille demeure sur le Herengracht. On percevait dans ce nouveau départ à la fois un soulagement et une fin.

Adam se dépouilla des ombres comme on quitte de vieux vêtements. Son instruction allait bientôt commencer, et cette perspective lui redonnait courage. Cependant, ses doutes se confirmèrent : la Maison Windjammer allait au plus mal.

— Nous devons faire des économies, maîtresse, annonça Gerrit autour de la Longue Table.

— Oui, oui, grommela Auguste. Vous devez réduire vos dépenses domestiques, chère belle-sœur. C'est sans aucun doute un petit sacrifice.

Il restait très peu d'argent à présent. Il fallait congédier le personnel. Et l'un des premiers employés concernés fut le précepteur d'Adam.

— Vous savez que je ne vous quitterais pour rien au monde. Pas comme *ça*, maître Adam, déclara maître Bloem à la fin de leur dernière leçon. J'ai même proposé de venir pour rien, jusqu'à ce que les temps soient meilleurs pour votre famille.

Il secoua la tête tristement.

— Mais qui a encore besoin de connaître le latin et le grec aujourd'hui ? Tout le monde est trop occupé à gagner de l'argent pour se soucier des extraordinaires richesses de l'enseignement.

Adam prit sur lui pour faire bonne figure au moment des adieux.

— Et si jamais vous allez aux Amériques, ajouta maître Bloem, écrivez-moi et racontez-moi à quoi ça ressemble. J'ai cru comprendre que les gens là-bas sont grands comme des géants, et n'ont pas de têtes, à l'instar du peuple de la terre perdue de Gaora !

Adam le lui promit. Il regarda par la fenêtre son vieux précepteur s'éloigner vers le bas de la rue et quitter sa vie pour toujours. Il se rendait à peine compte que, à quinze ans, son enfance venait de se terminer.

Maître Bloem n'était cependant que le premier à s'en aller. Mary Windjammer fut contrainte de renvoyer les domestiques les uns après les autres. Ils libérèrent les chambres dans les combles et partirent. Bientôt, il ne resta plus que la vieille cuisinière, Cook.

— Jamais le vieux maître ne l'aurait permis ! grommelait-elle en s'affairant à ses fourneaux. Quelqu'un est en train de gâcher notre ragoût, ou c'est moi qui ne sais plus distinguer la noix de muscade du poivre !

Adam, pendant ce temps, avait remarqué que le moindre changement ajoutait une nouvelle ride sur le visage de sa mère. Elle avait l'air plus vieille que dans son souvenir, et lorsque le soleil caressait ses cheveux, il remarquait des mèches grises. Si leurs amis se faisaient plus rares qu'autrefois, Mary Windjammer ne montrait pas qu'elle en était blessée. Elle continuait de vivre comme toujours, tandis que la maison semblait se refermer sur eux comme une immense forteresse. Oubliée et triste.

Ce fut à l'occasion d'un incident avec les jumelles qu'Adam se rendit compte que la situation allait de mal en pis.

Adam était allongé sur son lit dans sa chambre. Il balançait doucement l'anneau de son père au bout de sa chaîne, s'amusant à le faire scintiller dans la lumière, quand des pleurs l'interrompirent.

Il tendit l'oreille et se releva d'un bond. D'un geste vif, il attrapa l'anneau qu'il glissa sous sa chemise, puis ouvrit la porte. Les sanglots semblaient émaner des ombres.

Il longea le corridor, passa devant l'escalier et jeta un rapide coup d'œil par la fenêtre de la façade à pignons. En entendant les pleurs s'intensifier, il avança jusqu'à la chambre de ses sœurs. La pièce était vide.

Une fenêtre s'ouvrait sur le jardinet, à l'arrière de la maison. En se penchant, Adam aperçut Rose et Viola devant un parterre de fleurs fanées entourant le prunier noueux qui se dressait contre le haut muret. Les jumelles avaient l'air pathétique. Leurs sanglots grimpaient le long de la bâtisse comme d'invisibles plantes.

Adam les appela. Rose leva la tête.

— On voulait les faire pousser, dit-elle.
— Elle veut parler des fleurs, expliqua Viola.
— Mais elles sont mortes.
— Comme Père.

Adam sentit l'anneau peser sur sa poitrine.

— Vous ne savez donc pas que les fleurs poussent au printemps ?

Il chercha une façon de leur expliquer ce miracle de la renaissance après la mort, mais en vain.

— Il y en aura plein, je vous le promets.

Elles réfléchirent un moment, l'air très sérieux, puis acquiescèrent sans poser d'autres questions.

— À présent, séchez vos larmes ! reprit-il. Vous n'avez donc pas d'amis avec qui jouer ?

Rose lança un coup d'œil à Viola. Puis toutes deux secouèrent la tête en même temps. Adam perdait patience.

— Ils ne veulent plus jouer, dit Rose.
— Elle veut dire plus maintenant, expliqua Viola.
— Ils disent qu'ils n'ont pas le droit.
— De venir ici.
— Parce que nous sommes *maudits*, ajoutèrent-elles en chœur d'un air solennel, comme si elles lisaient une inscription gravée sur une dalle de marbre.

Adam avançait dans la pénombre du hall. Les carreaux défilaient sous ses pieds, noir, blanc, noir, blanc. Il avait l'impression qu'une main invisible le déplaçait sur un échiquier.

En face de lui, la double porte était entrouverte. Il percevait les lueurs tremblotantes des bougies et le murmure des voix.

Il posa la main sur le battant en bois qui s'ouvrit. La Longue Table croulait sous les plateaux de victuailles et les coupes en argent remplies de vin. Sa mère occupait sa place habituelle au bout, sous la fenêtre. Les jumelles, l'oncle Auguste, sa tante et ses cousins étaient là, eux aussi. Gerrit se tenait debout, comme son statut l'exigeait, à côté de la grande chaise en chêne à l'autre extrémité.

— ... Scellons donc cet accord, monsieur, disait Auguste Windjammer. Oui ! Oui ! Et de manière traditionnelle !

Il prit sa coupe pour porter un toast.

Adam se rendit compte que quelqu'un était assis sur le siège de son père.

— Que se passe-t-il, Mère ? demanda-t-il. C'est la place du maître de la Maison.

Ce fut comme si sa question avait rompu le charme. Sa mère se leva d'un bond. Le sourire sur les lèvres d'Auguste s'évanouit. Les jumelles écarquillèrent les yeux comme des soucoupes. L'homme se pencha et le regarda par-delà le haut dossier.

Adam vit les yeux pâles et poussa un cri.

— Non ! Que fait-il ici, Mère ?

— Il faut que tu comprennes, Adam, dit sa mère. Nous n'avions pas le choix.

— Oui, oui, mon neveu, approuva Auguste. Nous devons être *prudents*, désormais...

Un sourire flotta sur les lèvres de Hugo van Helsen. Adam battit en retraite. Les portes se refermèrent sur lui en claquant. Il pivota sur ses talons. Les carreaux noirs et blancs du hall se fondirent en un damier gris tandis qu'il s'élançait vers l'escalier. Il grimpa, grimpa parmi les ombres de la maison. Et tout ce temps, il entendait la voix de sa mère l'appeler :

— Adam ! Attends ! Adam !

Puis la voix changea.

— ... Adam, réveille-toi !

Il ouvrit les yeux en sursaut, et se redressa brusquement. En sueur. Le souffle court. Entortillé dans ses draps et ses couvertures. Sa mère, assise au bord du lit, se penchait vers lui.

— Ne t'approche pas de moi ! cria-t-il en hoquetant.

— Tu as fait un cauchemar, Adam, murmura-t-elle avec douceur. Tu criais, tu hurlais dans ton sommeil.

— Mais il était assis sur la chaise de Père !

Elle repoussa ses cheveux emmêlés ; sa main était fraîche sur son front. Peu à peu, le cauchemar d'Adam se dissipa, et les battements de son cœur s'apaisèrent. Il s'adossa contre les oreillers, pour se redresser aussitôt. Les mots se bousculèrent.

— Je n'ai pas confiance en oncle Auguste, Mère ! Il est différent de père et d'oncle Lucien. Il va nous vendre à ce banquier ! Il le fera, je le sais !

— C'est ton rêve qui te fait dire une chose pareille, l'apaisa sa mère. Ne t'inquiète pas pour ton oncle. Je connais trop bien ses faiblesses.

— Mais...

Sa mère lui mit un doigt sur les lèvres, lui signifiant qu'elle ne voulait plus entendre un mot à ce sujet.

— Demain, tu vas découvrir les traditions et les affaires de cette Maison. Je suis sûre que Gerrit saura répondre à toutes tes questions. Mais il n'appréciera certes pas que tu t'endormes sur les livres de comptes.

Elle l'embrassa sur le front. Elle reprit sa bougie et, protégeant la flamme avec sa main, se glissa tel un fantôme vers la porte. Un bref instant, la lueur éclaira son visage, accentuant davantage le léger creux de ses joues. Elle avait les traits tirés. Elle s'arrêta.

— Ne t'inquiète pas, Adam, nous honorerons la parole de ton père, et nous achèverons le *Draco*, je te le promets. Nous l'enverrons à la recherche de notre flotte perdue, et les fantômes du passé reposeront en paix. Puis, tous ensemble, nous rebâtirons la Maison Windjammer et lui rendrons sa grandeur.

Elle sortit, emportant la lumière avec elle.

Tandis que les ténèbres cernaient son lit, Adam sentit ses peurs et ses doutes l'assaillir de nouveau. Il n'avait pas oublié la façon dont Auguste l'avait regardé. Il chercha l'anneau sur la chaîne autour de son cou – le symbole de la Maison Windjammer –, mais celui-ci lui apporta peu de réconfort. Il lui parut même plus lourd que d'habitude. Pour la première fois de sa vie, Adam comprit ce qu'était vraiment la solitude.

8

Les quais

Adam émergea d'un sommeil agité. Il battit des paupières face à la pâle clarté de l'aube. Sa chambre baignait dans cet instant délicat entre la fin de la nuit et la naissance du jour.

Il se leva et se soulagea dans le pot en porcelaine, à côté du lit. Il n'y avait plus que des cendres dans l'âtre, et la pièce était humide et froide. Il se brossa rapidement les dents avec un bâtonnet de saule, puis versa l'eau du broc dans la cuvette sur la table devant la fenêtre. Il y plongea le visage et se réveilla tout à fait. Aussitôt, ses peurs et ses doutes revinrent. Il agrippa les bords du récipient et scruta son reflet trouble dans l'eau. Le garçon qui le regardait lui parut plus âgé que dans son souvenir.

— À toi de jouer, Adam.

Il observa le mouvement de ses lèvres comme si elles appartenaient à quelqu'un d'autre.

— Tu dois découvrir ce qui se passe.

Ses pensées se concentrèrent sur le *Draco.*

— Tu dois aller voir par toi-même.

Il puisa de l'eau dans ses mains en coupe. Son double disparut.

Il était encore tôt, mais la maison s'animait déjà. Dans les combles, il entendit une porte s'ouvrir et se refermer. Adam comprit que Gerrit viendrait bientôt le chercher. Il n'était pas question de perdre sa journée avec le clerc et ses livres de comptes !

Il revêtit à la hâte une chemise blanche, un pantalon et un pourpoint en cuir. Il attacha ses cheveux sur sa nuque avec un ruban, enfila ses bottes et vérifia que le corridor était désert. Il descendait l'escalier quand il entendit le clerc frapper à la porte de sa chambre.

— Maître Adam ?

Il atteignait le hall.

Les appels, là-haut, se firent plus pressants.

— Maître Adam ! Réveillez-vous !

Il se faufila au-dehors et referma la porte. Puis il dévala le perron et se précipita dans la rue. Quel bonheur de se sentir enfin libéré de la maison !

L'aube avait balayé l'horizon, à l'est, révélant de gros nuages, et les rayons cramoisis du soleil naissant ensanglantaient les toits et les pignons des bâtisses qui bordaient le Herengracht. Adam contracta les épaules pour affronter la fraîcheur de l'automne, et, sans un regard derrière lui, obliqua vers le pont.

Les lanternes n'éclairaient guère. Le canal dessinait un miroir sombre, reflétant des points lumineux, tandis qu'une brume de plus en plus épaisse se levait.

Adam avançait d'un pas rapide, guidé par son désir de revoir le *Draco* et d'échapper à la pression de Gerrit et des siens. Dans cette ville de canaux, il franchit le Keizergracht, puis le Prinsengracht. Évitant la demeure de son oncle, il obliqua à droite du Jordaan, en direction du marché et des entrepôts.

L'obscurité envahissait encore les ruelles sur sa gauche. La nuit semblait tapie dans les coins sombres, recroquevillée sous les ponts. La cité se réveillait peu à peu. La fumée des cheminées se mêlait au brouillard, et l'odeur douceâtre de la tourbe masquait la puanteur des égouts. De temps à autre, Adam percevait un murmure de voix derrière les volets ; l'écho caverneux des sabots des chevaux sur les pavés ; le bruit d'éclaboussures d'un pot de chambre vidé dans la rue. Au loin, quelqu'un toussa et cracha.

Il suivit une charrette bringuebalante vers la place du marché. Les marchands des quatre-saisons disposaient encore leurs marchandises sur leurs petites voitures. Certains s'étaient regroupés autour d'un brasero en fer pour réchauffer leurs mains au-dessus des étincelles. De sous le rebord de leurs chapeaux, le visage déformé et orangé par les flammes, ils fixaient les harengs qui grésillaient.

Adam ne s'arrêta qu'une fois, contraint d'attendre qu'un des ponts soit levé sur sa charpente en bois pour laisser passer une embarcation. Il entendit le battement des rames dans la pénombre, puis le pont fut rabaissé.

Les entrepôts étaient proches, à présent. Les mâts des navires se dressaient au-dessus des toits. Les tavernes et les maisons semblaient s'affaisser les unes sur les autres, comme autant de lutteurs épuisés. Le vacarme alentour s'amplifia jusqu'à ce que, soudain, l'enchevêtrement des rues cesse, et qu'Adam se trouve happé par le tumulte des quais.

« Poisson frais ! » « Eau potable ! » « Chambre à louer ! » « Alors, jeune mousse, on a envie de voir des filles ? » Les rires des hommes et les cris des mouettes fusaient dans l'air salé.

Les bruits fouettaient Adam comme une vague, le submergeant puis refluant, l'entraînant dans la foule. Partout, il y avait du mouvement et de l'agitation. Plusieurs caraques[1] marchands et un galion étaient arrivés avec la marée du matin. Des hommes escaladaient le gréement à la force des bras, tandis que d'autres, agrippés à la vergue, affalaient le hunier. La foule venue les accueillir ne cessait d'affluer et de refluer comme une véritable marée humaine. Adam fut saisi par l'excitation fiévreuse de l'endroit.

— Quels sont ces navires ? demanda-t-il à une femme qui vendait des poulets enfermés dans une cage en bois.

— Des marchands venus du pays de Turquie, jeune homme, et un galion de retour des Indes orientales.

Quand elle se rendit compte qu'il n'avait aucune intention de lui acheter ses marchandises, elle se désintéressa de lui.

La couche d'algues et de barnacles sur la coque du galion trahissait ses années de mer. Ses voiles étaient rapiécées et usées, son mât de misaine cassé et épissé. Des hommes, réunis sur le ponton, regardaient le quai. Ils avaient l'air décharné, tous marqués par le scorbut qui les avait tourmentés durant le voyage.

Partout, les marins quittaient les navires. On les voyait dévaler à grandes enjambées les passerelles

1. Caraque : ancien navire de fort tonnage, très haut sur l'eau. *(N.d.T.)*

pour se jeter dans les bras de leur famille. Parents et êtres chers se pressaient autour d'eux, remerciant Dieu de les leur avoir rendus sains et saufs. Des femmes patientaient encore, pleines d'espoir, pendant que leurs enfants, lassés d'attendre des pères qu'ils connaissaient à peine, s'amusaient à lancer des cailloux sur le corps gonflé d'un chien mort flottant dans l'eau.

Adam se fraya un chemin parmi la cohue. Il prit garde d'éviter le lent oscillement des cordes et des grues en bois qui hissaient les marchandises hors des ventres des bateaux. Au fur et à mesure que des filets pleins de barriques s'amoncelaient par terre avec des sacs de grains, des ballots de tissus, et d'autres produits encore, les marchands de la ville s'assemblaient sur le quai.

Adam reconnut ceux qui s'étaient assis à la Longue Table, ce fameux soir. Un instant, le spectacle autour de lui se dissipa, et il imagina son père, là. Avec sa haute silhouette. Concluant des marchés d'un seul mot et d'une poignée de main. Hélas, les navires devant lui n'étaient que les fantômes du *Sirius*, du *Cygnus*, de l'*Orion* et de l'*Hesperus*, tout comme les marins qui en débarquaient.

Perdu dans ses pensées, Adam ne remarqua pas qu'on l'observait.

— Attention, gamin !

Il s'écarta juste à temps. Une cage en bois en provenance de la cale d'un navire atterrit derrière lui, sous les yeux attentifs des marchands.

À peine posée, elle oscilla dangereusement. Un grondement terrifiant emplit l'air et un énorme ours brun se jeta sur les barreaux, soufflant avec bruit. Aussitôt, les badauds s'approchèrent. Ils regardèrent avec le même étonnement l'ours et l'individu enturbanné débarqués de l'immense Empire ottoman.

Le propriétaire de l'ours – un homme aussi trapu qu'un singe – s'avança. Il ouvrit la cage et tira sur la chaîne attachée à un anneau en fer au museau de l'animal. Celui-ci sortit et se mit à danser. Les gens rirent en le montrant du doigt. Personne ne semblait se rendre compte de la cruauté de la scène, parce que, pour eux, elle ne l'était pas.

Adam, qui voyait cela avec des yeux neufs, prit l'animal en pitié. Un spectateur s'avança et agaça l'ours de la pointe de sa canne. La bête arrondit le dos et rugit de souffrance. La foule, captivée, rit de plus belle.

L'enchantement qui avait saisi Adam à son arrivée sur les quais cessa aussitôt. C'était comme si on venait de lui dérober quelque chose de précieux. Soudain, il remarqua les rats et la puanteur de l'eau de cale. Tout lui sembla sale et laid. L'individu leva de nouveau sa canne et l'ours gronda en se dressant sur ses pattes arrière. Sans réfléchir, Adam s'avança et donna une tape sur le bras de l'agresseur, déviant ainsi son coup. Les gens le huèrent. L'homme à la canne jura et l'écarta.

— Laissez-le tranquille ! cria Adam, comme si, en mettant fin à cette scène, il espérait faire revenir la magie du charme qui l'avait séduit.

Des visages en colère le fixèrent avec méchanceté. Des bouches se tordirent, laissant voir des dents pourries. Les rires ressemblaient aux cris des oiseaux de mer. Adam chancela lorsqu'on l'écarta d'une bourrade. Il tomba et se protégea la tête en se recroquevillant. La foule s'éloigna en suivant l'ours le long du quai.

Le brouhaha s'atténua peu à peu. Avec précaution, Adam se remit sur ses genoux et cracha de dégoût en direction de l'homme à la canne. Il repéra une auge en pierre devant une auberge et alla nettoyer la boue qui lui couvrait les mains. Il se tenait ainsi, penché au-dessus de l'auge, quand il aperçut le prédicateur.

D'un geste vif, Abner Heems rabattit son chapeau et sortit en se baissant sous le linteau de la porte de la taverne. Adam vit son reflet glisser sur l'eau. Il se demandait encore ce qu'un homme de Dieu pouvait bien faire dans un lieu aussi malfamé – la taverne s'appelait Les Vents du négoce –, quand il se rendit compte qu'il n'était pas seul à l'observer.

À première vue, elle ressemblait à n'importe quelle fille sur les quais. Elle était vêtue d'une longue robe marron, d'un tablier blanc sale, et avait recouvert ses cheveux d'une coiffe en coton blanc étroitement ajustée et d'un châle. Avec son plateau chargé de petits pains, il l'aurait confondue avec la servante d'un boulanger, s'il n'avait pas remarqué la façon dont elle avait caché son visage au passage du prédicateur.

Jade van Helsen risqua un regard, et leurs yeux se croisèrent. Elle comprit qu'il l'avait repérée, et s'enfuit aussi vite que son plateau le lui permettait.

Adam lui emboîta le pas.

— Attends !

— Laisse-moi !

Ses prunelles étincelaient comme des éclats de silex émeraude. Elle regarda autour d'elle, visiblement effrayée à l'idée qu'on la reconnaisse.

Il la rattrapa et lui saisit le bras. Dans la courte lutte qui s'ensuivit, le plateau glissa, et les pains se dispersèrent dans la boue.

— Je suis désolé... je ne voulais pas... bredouilla Adam.

Il se pencha pour l'aider à les ramasser.

— Laisse-les ! Ils sont fichus !

— Que fais-tu ici ? demanda-t-il. Pourquoi es-tu habillée comme ça ?

La transformation de Jade était spectaculaire. Adam avait peine à croire qu'il s'agissait de la fille de Hugo van Helsen.

— Ça ne te regarde pas, Adam Windjammer ! siffla-t-elle en reprenant le plateau et en s'éloignant.

Adam tenta de la suivre, mais elle eut tôt fait de le semer. Seul et désorienté dans la foule, il renonça à la retrouver.

C'est ce moment-là que choisit la bande de tire-laine pour l'attaquer par surprise.

Wolfie se tenait au coin de la taverne des Vents du négoce. Appuyé avec désinvolture contre le mur, les mains enfoncées dans les poches de son manteau élimé, il regardait autour de lui d'un air affamé. Ses deux acolytes, assis sur les pavés, jouaient aux dés. Ils avaient repéré Adam à la seconde où il avait mis le pied sur le quai.

Tout se passa très vite. En un éclair, Adam se retrouva prisonnier, les bras maintenus de chaque côté, et traîné dans la ruelle la plus proche.

Il essaya de se débattre.

— Wolfie veut te parler, expliqua l'un.

— Wolfie ? s'exclama Adam.

On le frappa par-derrière. Il trébucha et tomba. Quand il releva la tête, il aperçut le chef de la bande penché sur lui.

— Fais g-gaffe ! s'esclaffa Wolfie. T'aurais pu t-t'faire mal en t-tombant c-comme ça !

Ils rirent et lui donnèrent des coups avec leurs chaussures trouées, le repoussant dans la boue chaque fois qu'il essayait de se relever.

— J'ai entendu d-dire q-qu'les W-windjammer étaient tous des c-cochons, poursuivit Wolfie en riant. C'est p't-êt' pour ça qu'il aime ramper dans la fange !

Les autres trouvèrent la remarque très drôle.

— Pourtant tu as l'air de la connaître mieux que moi, la fange ! rétorqua Adam sans réfléchir.

Le sourire s'évanouit sur le visage de Wolfie. Il se baissa et attrapa Adam par le col de sa veste.

— Tu r'c-commences à m'em-b-bêter, Windjammer.

Il fouilla les poches d'Adam de ses mains expertes. Ne trouvant rien qui valait la peine d'être volé, il prit un air dégoûté.

— Q-quand est-c'q-qu'tu vas c-comprendre, Windjammer ? lança-t-il d'un ton hargneux. Si t'as envie de t'b-balader sur mon quai, faut ap-porter de q-quoi m'payer.

— Te payer ? s'écria Adam. Et pourquoi ?

— P-pa'ce q-que j'te l'd-demande !

Wolfie s'interrompit, le regard fixe.

— Eh, c'est q-quoi ça ?

D'un doigt, il tira promptement la chaîne autour du cou d'Adam. L'anneau bondit de dessous la chemise du jeune maître et oscilla sous ses yeux.

Wolfie se passa la langue sur ses dents jaunies.

— J'sens l'or, j'le savais ! J'ai du f-flair !

— Ôte tes sales pattes de là !

Adam essaya de reprendre ce qui lui appartenait.

Wolfie ricana, cassa net la chaîne et fit glisser l'anneau dans son poing. Il était plus âgé et plus fort qu'Adam, aussi para-t-il sans peine le coup du jeune maître. Il balança l'anneau sous son nez, juste hors de sa portée.

— Tu vas p't-êt' finir par c-comprendre pourquoi l'vieux Wolfie lâche pas c-comme ça ! Et maintenant, p-p't-êt' q-qu'tu m'écouteras, comme les autres. Parc'que j'vais être riche. Et y aura plus personne q-qu'osera dire q-qu'j'ai la langue collée...

— Laisse-le tranquille !

Une voix résonna dans l'ombre.

Wolfie se figea. « Cogner et décamper au moindre problème », telle était sa devise. Il recula aussitôt, prêt à prendre la fuite, cherchant des yeux qui avait parlé.

Adam saisit sa chance. D'un geste vif, il reprit l'anneau et tenta de se dégager. Wolfie le plaqua contre le mur.

— À l'aide ! cria Adam. Il va me...

La lame froide d'un couteau effleura sa gorge, le réduisant au silence.

— Laisse-le tranquille ! répéta la voix.

Adam écarquilla les yeux pour voir qui avait parlé. Mais son soulagement fut de courte durée quand il reconnut Jade van Helsen. Le chef de la bande la vit, lui aussi. Il comprit qu'elle était seule, et ses yeux s'étrécirent en deux petites fentes avides.

— Te mêle pas d'ça, t-toi, la fille !

Elle demeura impassible.

— Je n'attendrai pas plus longtemps.

— Ssssss...

Un sifflement furieux s'échappa des lèvres de Wolfie. Il la fusilla du regard.

— C'est moi q-qu'tu viens voir, ma b-belle ?

Ses compagnons rirent.

— Je ne viens voir personne, répliqua-t-elle d'une voix posée, et je ne suis pas ta belle. À présent, fais ce que je te dis ou tu le regretteras.

C'en était trop pour Wolfie. Il repoussa Adam vers les autres, leur ordonnant de le tenir, et s'avança au milieu de la venelle, face à Jade.

— Sauve-toi ! s'exclama Adam. Va chercher de l'aide !

Si Wolfie escomptait qu'elle agirait ainsi, il en fut pour ses frais. Elle ne bougea pas d'un pouce. Wolfie hésita, les sourcils froncés. La fille refusait de jouer le jeu, semblait-il. Soudain, il fut pris d'un doute. Il lança un regard par-dessus son épaule, comme s'il s'attendait à voir une troupe de gardes de la ville à ses trousses. Mais elle était seule. Les autres observaient leur chef. Ce dernier était conscient qu'il risquait de perdre la face.

— Alors c-comme ça, on sort ses g-griffes ? se moqua-t-il.

Ses lèvres se retroussèrent en une moue, et il se passa la langue sur les dents.

— J'aime les filles q-qu'ont un p-peu d'c-cran. Qu'est-c'tu d-dirais de m'embrasser...

Elle leva légèrement le menton, défiant Wolfie de s'approcher.

— Si tu me touches, tu auras à faire à Abner Heems, répondit-elle calmement.

— Le p-prédic-cateur ? s'exclama l'adolescent, décontenancé. Qu'est-ce q-qu'il v-vient faire là ?

— Tu le sauras bientôt.

Wolfie se trémoussa, mal à l'aise. Il toisa la jeune fille des pieds à la tête.

— Tu bluffes ! Tu c-connais même pas l'p-prédicateur.

— Tu préfères peut-être vérifier par toi-même ?

Wolfie lança un regard à ses acolytes.

— Nous, on veut pas d'histoires avec le prédicateur ! dit l'un.

— Il nous tranchera la gorge, à coup sûr, acquiesça l'autre.

Leur chef hésita. Et soudain, avec une rapidité déconcertante, il changea d'attitude.

— On s'amusait, q-quoi, c'est tout. On f-fait rien d'mal ! s'écria-t-il.

Le couteau disparut dans sa ceinture, et il leva les mains.

— V'voyez, j'ai fait d'mal à p-personne, p-pas vrai ?

Il se tourna vers ses complices avec un grognement.

— Lâchez-le !

Ils libérèrent leur prisonnier, comme s'il leur avait brûlé les doigts. Aussitôt, Adam s'élança vers la ruelle. Wolfie ne le quittait pas des yeux. Pendant un instant, le jeune maître crut qu'il allait se raviser. Mais à sa grande surprise, le tire-laine fit un pas de côté et le laissa passer.

— Continue de marcher, déclara Jade quand il fut assez près pour l'entendre. Ne t'arrête pas. Ne regarde pas derrière toi. Et ne cours pas tant que je ne te l'aurai pas demandé.

Il acquiesça.

La jeune fille adressa un dernier avertissement à Wolfie.

— Si tu parles de cela à qui que ce soit, je dirai au prédicateur que tu m'as menacée et insultée, et tu regretteras de ne pas être un chien. Compris ?

Wolfie hocha la tête. Il comprenait très bien. La peur se lisait dans ses yeux.

Jade rejoignit Adam et ils marchèrent côte à côte jusqu'au bout de la venelle, à proximité des quais.

— Cours, maintenant ! siffla-t-elle.

Et tous deux se mirent à courir. La fille d'un pas léger, sa robe retroussée et ses longs cheveux bruns flottant derrière elle. Adam la suivait de près. Esquivant la foule, ils s'enfoncèrent dans les ruelles qui menaient au Jordaan.

9

Le *Draco*

— J'étais... j'étais en train d'avoir le dessus... haleta Adam.

— J'ai vu ça, dit Jade van Helsen sans même un sourire.

Elle l'avait entraîné à travers un dédale de ruelles jusqu'à une forge de maréchal-ferrant. Là, ils s'étaient accroupis derrière une charrette à foin, le temps de reprendre leur souffle et de s'assurer que Wolfie ne les suivait pas.

Adam regarda l'anneau et la chaîne brisée. Jade s'en saisit.

— Tu as de la chance qu'il ne t'ait rien cassé d'autre ! Je les ai vus venir, contrairement à toi, Adam Windjammer...

Elle redressa les maillons tordus avec ses dents.

— Tu dois apprendre à être plus prudent, par ici. Tu pourrais te faire détrousser.

Elle tendit la main.

— Donne-moi l'anneau !

Adam hésita.

— Comment as-tu fait pour obtenir ça de lui ? demanda-t-il. Je veux dire, de me laisser partir ?

Elle ne répondit pas et attrapa l'anneau. Elle lança un rapide coup d'œil sur le sceau, puis le lui rendit. Adam, étonné de voir qu'elle avait séparé la chaîne, la passa en hâte autour de son cou.

— Il t'a écoutée, insista-t-il. Ils t'ont *tous* écoutée.

— Wolfie est un minable, affirma-t-elle comme si cela avait peu d'importance. Il y en a de bien pires que lui sur le quai.

— Le prédicateur, par exemple ?

Elle haussa les épaules, puis acquiesça.

— D'où le connais-tu ? s'étonna-t-il.

— Tu finis toujours par apprendre des choses en gardant les oreilles et les yeux grands ouverts, répliqua-t-elle. Tu devrais essayer, de temps en temps. Et alors, tu les aurais peut-être vus venir...

— Je m'en souviendrai la prochaine fois, promit Adam.

Elle le regarda, une mèche de cheveux collée sur ses lèvres et sa joue. Pendant un moment, il crut qu'elle allait ajouter une remarque, mais elle tourna les talons. Il fallut un moment à Adam pour comprendre ce qui se passait.

— Hé ! Attends ! Tu vas où, comme ça ?

— J'ai perdu un plateau de petits pains, lança-t-elle par-dessus son épaule, et je suis en retard à cause de toi, Adam Windjammer !

Le jeune maître la suivit jusqu'à une place de marché. Quelle ne fut pas sa surprise d'apercevoir une petite femme grassouillette qui attendait Jade avec impatience. Elle portait un panier et une cape sur le bras.

— Mademoiselle Jade ! Où étiez-vous ?

La servante paraissait à la fois mécontente et soulagée. Elle jeta vivement la cape sur les épaules de sa maîtresse et rabattit le capuchon sur ses cheveux. Soudain, elle remarqua Adam.

— Ah ! Je le savais ! s'écria-t-elle en tordant l'anse de son panier en osier. Ne vous ai-je pas prévenue que cette folie ne vous apporterait que des ennuis, maîtresse ?

— Calme-toi, Mimi, l'apaisa Jade avec affection. Je suis en retard, rien de plus.

— Il faut rentrer à la maison immédiatement, gémit la servante. Sinon votre père apprendra ce que vous avez fait et il me fera jeter au cachot. « Saskia, dira-t-il, tu as trahi ma confiance, tu vas me le payer ! »

À cette pensée, ses yeux s'emplirent de larmes.

— Vous ne recommencerez plus, d'accord ? À partir de maintenant, je vous interdirai d'aller sur les quais.

— Tu me laisseras y aller, Mimi.

Jade prononça le surnom de la servante avec douceur et fermeté.

— Tu me laisseras y aller, parce que tu m'aimes.

La servante fit mine d'être fâchée et se tint raide quelques instants encore. Elle lança un regard à Adam, puis à Jade, et s'adoucit.

— Dépêchez-vous, alors, faites vos adieux et venez. Je dois acheter des légumes. Je vous attends à l'étal de Baberon.

Jade se tourna vers Adam.

— Traverse le marché, prends la rue en face, et tu verras le pont sur le Prisengracht. Tourne à droite et longe la berge. Même un Windjammer devrait être capable de trouver son chemin jusqu'au Herengracht, non ?

Adam croisa les bras sur sa poitrine, l'air buté.

— Je peux savoir pourquoi Jade van Helsen, fille d'un riche prêteur sur gages, s'habille comme une pauvre servante pour aller fouiner sur les quais ?

— Ce ne sont pas tes affaires, rétorqua Jade. Je dois y aller, Saskia m'attend.

— Dans ce cas, j'interrogerai ton père la prochaine fois que je le verrai. Je lui raconterai les marins sur les quais et les petits pains que tu vends !

Il avait dit la première chose qui lui était venue à l'esprit, et sa menace lui parut bien dérisoire. Pourtant Jade pivota sur ses talons. Elle revint vers lui, le regard étincelant.

— Si tu dis quoi que ce soit à mon père, tu le regretteras ! siffla-t-elle.

C'est alors qu'il comprit. C'était inscrit sur son visage, gravé au fond du magnifique iris de ses yeux verts. Avec un sursaut, il se rendit compte que cette fille – celle-là même qui venait d'affronter Wolfie et sa bande – avait peur.

— Pourquoi ?

La question ne nécessitait aucune explication.

— Tu m'as aidé, je pourrais peut-être t'aider à mon tour.

— C'est impossible, Adam Windjammer. Personne ne peut m'aider, à moins d'avoir un navire.

— Un navire ? Pourquoi as-tu besoin d'un navire ?

— Par quel autre moyen pourrais-je quitter cet endroit ? Tu n'as pas de problèmes, toi. Tu es un garçon. Tu peux faire ce que bon te semble. Les filles sont traitées différemment. Nous sommes surveillées par des servantes et gardées derrière des portes fermées, jusqu'à ce qu'on décide de nous marier.

Elle secoua la tête.

— Eh bien, moi, je refuse ! Je rêve d'autre chose qu'élever des enfants. Voir le monde. Naviguer jusqu'aux Amériques et jusqu'aux îles d'Indonésie. Partir à l'aventure et être libre. Je veux vivre avant de mourir !

Elle le regarda.

— Voilà pourquoi je cherche un navire !

— Mais nous en avons un ! s'exclama Adam après un moment de réflexion.

— Tu veux parler du *Draco* ? À quoi me servirait un bateau enfoncé dans la boue comme une baleine échouée ?

— Plus pour longtemps ! Le *Draco* est presque achevé. Nous allons le mettre à l'eau, exactement comme mon père l'a promis, et ce sera le plus beau galion à quitter ce port. Je le jure !

Elle le dévisagea et, comme si la dernière pièce d'un puzzle venait de se mettre en place, révélant enfin l'image entière. Elle sembla comprendre.

— Tu y crois vraiment, n'est-ce pas ? Tu crois vraiment que le *Draco* naviguera sous le pavillon Windjammer ?

— Bien sûr ? Pourquoi pas ?

— Pourquoi pas ? répéta-t-elle, stupéfaite. Tu as vu ton splendide navire, récemment ? Tu sais ce qui se passe, là-bas ?

Un silence embarrassé s'ensuivit.

— Non, reconnut-il. J'y allais justement quand je t'ai vue et...

— Alors avant de faire des promesses que tu ne peux pas tenir, Adam Windjammer, suis-moi. Je vais te montrer quelque chose.

— Les hommes ont cessé le travail il y a deux semaines, expliqua Jade. Je le sais parce que j'ai entendu mon père en parler.

— Mensonge !

— Va voir par toi-même ! Tu croiras peut-être tes propres yeux.

Le *Draco* gisait abandonné sur son ber en bois. Le dragon, au sommet de la proue, piquait du nez lamentablement. Là où autrefois cinquante hommes s'affairaient, à présent seul un chien errait dans la bise glaciale.

Ils avaient évité le quai et coupé entre les entrepôts, restant sur le qui-vive au cas où Wolfie et sa bande auraient rôdé dans les parages. Ils avaient emprunté la passerelle en bois qui menait aux chantiers navals des docks de l'ouest. Adam descendit une échelle vers la berge. Il était à mi-chemin quand il se rendit compte que Jade ne le suivait pas.

— Saskia m'attend, dit-elle en lançant un œil à la servante qui, l'air maussade, serrait contre elle son panier plein de légumes. Je lui en ai trop demandé pour aujourd'hui. Je dois y aller, maintenant. Il ne faut pas qu'on me voie ici avec toi.

Elle disparut derrière la rambarde, avant de réapparaître un peu plus loin.

— Prends garde au prédicateur, ajouta-t-elle. Il n'est pas ce que l'on croit.

Sur ce dernier avertissement, elle s'enfuit. Les pieds d'Adam s'enfoncèrent dans la boue. Il recula et leva la tête. La jeune fille et sa servante reprenaient d'un pas alerte le chemin par lequel elles étaient venues. Maintenant que Jade était partie, toute la méfiance d'Adam vis-à-vis des van Helsen refaisait surface. Il regarda autour de lui, vérifiant qu'elle ne l'avait pas entraîné dans un piège. Mais il ne vit que des mouettes et le chien errant.

Au-dessus de lui, l'avant du *Draco* dessinait une courbe vers le ciel grisâtre. Le dragon fixé sur la proue paraissait terne dans le soleil. Les lignes du galion étaient toujours aussi graciles et fières, mais très peu de travail avait été effectué depuis la dernière fois qu'il l'avait contemplé.

Les plates-formes en bois, les ponts roulants et les passages couverts étaient déserts. Partout, des cordes pendaient mollement ou, à peine attachées à leurs poulies, oscillaient au gré du vent. Désormais, la froideur de la mort semblait envelopper le bateau. L'agitation des quais, à proximité, renforçait son immobilité pesante, et mit Adam mal à l'aise.

Il frissonna et jeta un œil inquiet alentour. Une échelle grimpait vers un échafaudage. Il suivit du regard l'arrondi de la coque jusqu'à la rangée de sabords de batterie, observa devant lui les barreaux inégaux taillés à la main, puis leva de nouveau les yeux vers la rambarde, sur le pont supérieur.

Il posa un pied sur l'échelle. La plate-forme au-dessus paraissait minuscule, juste assez grande pour supporter son poids. Il prit une profonde inspiration et commença à escalader.

Une main après l'autre, barreau après barreau, il arriva au sommet. Mais l'échafaudage n'était pas fixé. Quand il sentit qu'il s'écartait au-dessus du vide, son cœur fit un bond dans sa poitrine. Heureusement, la plate-forme revint se coller au navire, et Adam soupira de soulagement. Il s'adossa à la coque.

Au loin, il distinguait le bras de l'anse qui s'éloignait du quai en formant une courbe, s'élargissant à l'embouchure du Zuiderzee[1]. Des nuages s'amoncelaient à l'horizon. Un vent d'est se levait. L'hiver était proche.

L'échelle suivante menait au bastingage. Il vérifia qu'elle était bien attachée, mais elle ne cessa dc bouger lorsqu'il l'emprunta. Il passa devant les sabords de batterie, puis les dalots, et sauta par-dessus le bastingage.

Le pont principal du *Draco* était vide. Pourtant, en tendant l'oreille, Adam perçut le raclement sec d'une herminette. Un homme, quelque part, taillait du bois.

— Il y a quelqu'un ? appela-t-il.

Pas de réponse.

Il inspecta les lieux. Le pontage n'était qu'à moitié terminé – par endroits, des zones entières étaient dépourvues de plancher –, et en longeant le passage couvert des ouvriers, il vit l'antre obscur du navire. Les tins et les baleines, qui constituaient l'ossature en bois du galion, étaient posés, ainsi que les cloisons des passerelles menant aux ponts inférieurs. Le pied et la chape étaient prêts à recevoir le mât principal, qui – comme le mât de misaine, le gréement et les voiles – serait levé une fois la coque mise à l'eau.

— Assez parlé, Jacob, montre-nous un peu ton jeu !

1. Zuiderzee : ancien golfe des Pays-Bas, fermé par une digue et constituant aujourd'hui un lac intérieur. *(N.d.T.)*

Les voix provenaient de la poupe. En grimpant les marches en bois conduisant au gaillard, Adam vit qu'une voile avait été coupée et tendue pour former un taud au-dessus d'une table, où trois hommes jouaient aux cartes.

L'un d'eux leva la tête à son approche.

— Ça fait trente-six fois que je le dis, gronda un autre. Y a plus d'travail ici !

Celui qui avait parlé portait un tablier en cuir sur un vieux pourpoint tellement usé qu'on n'en distinguait plus la couleur. Ses cheveux rebelles jaillissaient telles des algues grises de sous sa casquette, et un marteau et des outils de charpentier étaient accrochés à sa ceinture.

— Donne les cartes, Jacob ! commanda-t-il.

Les cartes furent distribuées sur la table de fortune.

— Oh ! là là ! s'écria le charpentier, une fois qu'il les eut ramassées et regardées.

Puis il les rejeta, l'air dégoûté. L'homme qui avait donné les cartes rit et tira vers lui la pile de jetons en bois.

— Regarde un peu c'que tu m'as fait faire, gamin ! s'écria le charpentier.

Adam perçut le raclement régulier de l'herminette. Un individu plus costaud que les autres, torse nu, s'acharnait sur une planche en bois.

— C'est vous le responsable, ici ? lui demanda-t-il.

Le colosse fit comme s'il n'avait pas entendu et continua son travail. Adam se tourna vers les joueurs.

— Pourquoi ne travaillez-vous pas ?

Les hommes rirent, moqueurs. Puis d'autres cartes furent distribuées.

— T'étais où, ces derniers temps, gamin ? Dans

l'Nouveau Monde ? jeta le charpentier tout en rangeant ses cartes écornées dans un semblant d'ordre.

Puis il les lança sur la table, visiblement écœuré, et reporta sa frustration sur Adam.

— Tu me fais perdre de l'argent, gamin ! Retourne d'où tu viens et fiche-nous la paix !

— Je vous ai posé une question, insista l'adolescent. Je veux savoir où sont passés les autres. Je veux savoir pourquoi vous ne travaillez pas.

Le charpentier l'observa avec un regain d'intérêt.

— Tiens donc ! Et qui es-tu, dis-moi, pour poser toutes ces questions ?

L'adolescent répondit. En entendant le nom de Windjammer, le colosse interrompit son travail. Il releva la tête, et Adam aperçut la cicatrice qui lui barrait le front jusqu'à l'œil, d'un blanc laiteux, puis descendait en boucle sur sa joue, avant d'étirer sa bouche en un petit sourire en coin.

— Windjammer, ben voyons ! ricana le charpentier. Droit sorti de ta tour d'ivoire sur le Herengracht, hein ? Regarde-moi ça, Jacob ! Les Windjammer envoient leurs gamins faire le travail des hommes, à présent !

— Personne ne m'a envoyé, rétorqua Adam.

— Alors tu es fou de venir seul ici ! s'écria le charpentier.

Il lança un rapide coup d'œil au colosse, puis fixa Adam d'un regard glacial.

— File, gamin ! Pendant qu'il est encore temps. On veut pas de problèmes, nous.

Le colosse agrippa son herminette et prit un air menaçant. Sa balafre avait viré au pourpre. Adam dut faire appel à tout son sang-froid pour ne pas décamper.

— J't'aurai prévenu, gamin, ajouta le charpentier. Y a des types comme Jacob (il désigna du menton l'homme assis près de lui) qui te respecteront à cause de ton père. Mais Hobe, lui, non. C'est fini.

Adam examina Hobe d'un air circonspect.

— Qu'est-ce que je vous ai fait ? demanda-t-il avec une assurance feinte.

— On veut pas d'problèmes, Hobe, répéta le charpentier. C'est qu'un gamin !

— J'ai des yeux pour voir, non ? riposta Hobe. Moi aussi, Jan Wolks, j'ai eu un gamin, autrefois, ne l'oublie pas.

— Je ne comprends pas ! s'exclama Adam. Que se passe-t-il ?

— Regarde autour de toi, dit le charpentier. Décris-moi ce que tu vois.

— Je vois... le *Draco*.

L'homme secoua la tête.

— Non, ce que tu vois, ce n'est pas seulement la charpente d'un navire. C'est beaucoup plus. C'est une promesse. Une parole donnée et non tenue. Celle de ton père.

— Personne ici ne soutiendra le contraire, intervint Jacob. On l'a tous entendue. Ce jour-là, on était devant votre belle demeure sur le Herengracht.

Jan Wolks hocha le menton.

— Eh ! Ton père a promis de terminer ce bateau et de l'envoyer à la recherche des pauvres naufragés. Il a donné sa parole, et avec, il a dit qu'il engageait celle de la Maison Windjammer.

Adam approuva.

— Je l'ai entendu, moi aussi.

— Écoutez-moi ça ! s'écria le charpentier. Même un Windjammer le reconnaît !

L'œil valide de Hobe scruta le visage d'Adam. Son œil aveugle semblait voir à travers lui.

— Et cette promesse, qu'est-elle devenue ? demanda Jan Wolks. Qu'ont fait les Windjammer, à part enterrer le vieux maître avec sa parole et laisser pourrir le *Draco* ?

— C'est faux ! protesta Adam. Demandez à Gerrit ! Demandez à mon oncle !

— Gerrit ? Tu veux rire ! Un clerc ne sert jamais qu'à tenir des livres de comptes ! s'indigna le charpentier. Nous savons tous qui est le véritable maître. Ton abruti d'oncle – Auguste Windjammer !

— Il n'a même plus le cran de se montrer devant nous, ajouta Jacob.

Jan Wolks secoua la tête.

— Il ne mettra plus jamais les pieds ici. Maintenant que la rumeur court que le *Draco* est à vendre...

— À vendre ? s'écria Adam. Non ! C'est faux ! Jamais nous ne ferons cela !

— Regarde donc autour de toi, gamin ! La vérité crève les yeux ! ricana le charpentier.

Jacob acquiesça.

— Et nous, comme preuve, on n'avait qu'une promesse, celle de nous payer ce qu'on nous devait !

Soudain, Adam comprit ce que signifiait être un Windjammer. Il faisait partie d'un univers beaucoup plus vaste qu'il ne l'avait imaginé : il sentit qu'il appartenait à ce qu'il voyait autour de lui, et à ce qu'il avait vu en bas, sur le quai, comme s'il avait été choisi pour cette tâche, dès le début.

— Eh ! On dirait que tu piges enfin, gamin, conclut Jan Wolks en revenant à ses cartes.

Après une longue pause, Hobe cracha dans ses mains immenses. Il leva son herminette et recommença à tailler le bois en silence. Adam regarda la lame incurvée se lever et retomber. Son cerveau fonctionnait au ralenti ; mais peu à peu, cependant, il recouvra ses esprits. Il chercha quelque chose à dire, et ses pensées se concentrèrent sur une seule personne, Auguste Windjammer.

— Je parlerai à mon oncle, déclara-t-il enfin. Je le ferai venir ici, et je l'obligerai à vous parler. Les Windjammer ne vendront jamais le *Draco*. Jamais. Je le jure !

— Désolés, mais on te croit pas, rétorqua le charpentier en ramassant ses cartes. On en a par-dessus la tête des Windjammer et de leurs promesses.

Adam l'observa qui étalait les cartes en éventail dans sa main, puis qui les plaçaient selon un certain ordre.

— Hobe, lui, c'est différent, poursuivit l'homme sans lever les yeux. Il a juré qu'il finirait le travail, quoi qu'il arrive. En pure perte, il le sait, mais que peut-il faire d'autre ? Son fils naviguait sur le *Sirius*.

Il abattit ses cartes une par une sur la table.

— Un gamin de ton âge, expliqua-t-il. La seule famille qui lui restait. Mais c'est pas ça qui va t'empêcher de dormir, hein ? Pourquoi les Windjammer se feraient du mauvais sang pour un simple mousse ?

10

Une partie de cache-cache

— Ils te cherchent partout.

— Elle veut parler de Mère et de Gerrit.

Les jumelles accueillirent leur frère dans la pénombre de la maison sur le Herengracht. La pluie tombait à verse, et Adam était trempé.

— Et maintenant, il est là, dit Rose.

— L'oncle Auguste, expliqua Viola.

— Et il y a un problème, ajoutèrent-elles en chœur.

Les fillettes se tenaient côte à côte dans le hall, près de la porte d'entrée, l'une sur un carreau blanc, l'autre sur un noir. Deux paires d'yeux qui observaient Adam en train de refermer la porte.

— Où est Mère ? demanda-t-il.

L'air fasciné de ses sœurs, comme s'il était un condamné à mort, commençait à l'agacer.

En un éclair, deux mains se levèrent et indiquèrent la double porte dans le panneau en bois.

— À la Longue Table ?

Adam était surpris.

Il s'approcha avec précaution. En entendant la voix de son oncle, il tendit l'oreille.

— ... Le prêteur sur gages nous presse, chère belle-sœur, disait Auguste Windjammer. Ne vous ai-je pas prévenue que c'était un homme dangereux ? Oui, oui. Un loup sur le seuil de cette maison, et il commence à mordre.

Adam tenta de chasser les jumelles, mais à peine fut-il entré qu'elles revinrent à pas feutrés pour écouter derrière la porte.

Il vit sa mère assise à sa place, au bout de la Longue Table. Auguste Windjammer faisait les cent pas, en agitant son mouchoir.

— Je crains que nous ne soyons obligés de consentir encore des sacrifices. Il y a eu des dépenses, tant de dépenses...

Il s'arrêta en voyant Adam sur le seuil.

— Te voilà enfin, mon neveu !

— Adam ! Où étais-tu ?

La voix de sa mère retentit comme un coup de tonnerre.

— Nous t'avons cherché partout ! Gerrit est encore dehors.

— Je suis allé sur les quais, expliqua-t-il.

— Pourquoi ne m'as-tu pas mise au courant ?

— Vous ne m'auriez pas laissé partir.

— Et à juste titre ! intervint Auguste d'une voix cinglante. Tu ignores donc qu'il y a des voyous qui traînent là-bas ?

Adam ne l'ignorait plus, à présent.

— Le quai est un endroit dangereux, reprit son oncle. Il grouille de racaille.

— Il faut que je vous parle, Mère.

Adam jeta un regard à la dérobée à son oncle.

— Seul à seul. C'est important.

— Cela attendra, répliqua-t-elle avec colère. Tu nous as fait perdre assez de temps aujourd'hui, et ton oncle est venu discuter d'affaires très sérieuses.

— Vous a-t-il informée, pour le *Draco*, Mère ?

— Le *Draco* ? répéta Auguste avec un hoquet de surprise. Le *Draco* ?

Il pressa son mouchoir contre sa bouche et recula dans l'ombre.

— Que veux-tu dire, Adam ? lui demanda sa mère après un moment.

— Les hommes ont cessé le travail. Notre navire est en train de pourrir dans la boue.

— C'est tout ? s'exclama Auguste qui s'avança en se tamponnant les sourcils, visiblement soulagé. J'ai déjà expliqué ce retard à ta chère mère. Ce n'est qu'une mesure temporaire.

— Il ment, Mère ! Il s'apprête à vendre le *Draco*.

— Comment oses-tu ? bredouilla Auguste Windjammer, les bajoues tremblotantes.

— Demandez-lui, Mère ! insista Adam. Je veux l'entendre dire que ce n'est pas vrai !

— Je ne supporterai pas plus longtemps cette impertinence ! s'écria son oncle en se dirigeant à grands pas vers la porte.

Adam lui bloqua le passage. Auguste le foudroya du regard.

— Je vous suggère, chère belle-sœur, de dresser ce garçon à la baguette avant qu'il devienne trop rétif à toute éducation...

— Est-ce vrai, Auguste ? l'interrompit Mary Windjammer.

— Vous le croyez ? s'indigna celui-ci.

— J'exige la vérité !

La mère d'Adam tapa sur la table avec la paume de sa main.

— J'allais justement vous en parler ! bredouilla Auguste, choqué.

Il serra son mouchoir contre sa poitrine et s'éloigna un peu.

— Oui, oui, aujourd'hui même...

Il reprit contenance.

— Je n'en ai pas encore touché mot à Gerrit, mais je m'en suis bien tiré. Je pense pouvoir obtenir un bon prix, vu l'état du navire. Avec cet argent, nous pourrons payer ce satané prêteur sur gages.

Adam vit sa mère prendre une expression menaçante, mais elle s'exprima d'un ton calme :

— N'ai-je pas demandé à être consultée pour les affaires importantes ?

— Je ne voulais pas vous importuner tant que je n'avais pas de nouvelles sûres, chère belle-sœur. Il ne convient pas au sexe faible... de prendre des décisions et de négocier...

— Ça suffit !

Mary Windjammer se leva soudain, en proie à la colère.

— Je ne suis pas une jeune fille que l'on peut brimer et garder sous tutelle, Auguste !

— Vous... vous ne comprenez pas ! haleta celui-ci en tamponnant la sueur au-dessus de sa lèvre. Hugo van Helsen n'attendra pas. Il est en train de nous saigner à blanc avec ses taux d'intérêt. J'ai décidé qu'il fallait faire quelque chose pour nous en débarrasser.

Oui, oui, je n'ai eu à cœur que la sauvegarde de la Maison Windjammer !

— Je commence à me demander si ce n'est pas l'estomac que vous avez à la place du cœur ! Si vous aviez passé moins de temps à boire et à manger, et plus de temps à travailler ces dernières semaines, nous n'en serions peut-être pas là !

Mary Windjammer se tourna vers son fils.

— Préviens-moi quand Gerrit sera de retour. Demande-lui de venir à la Longue Table et d'apporter les livres de comptes du mois.

Auguste tressaillit.

— Les livres de comptes ?

Mary Windjammer fit une pause et observa son beau-frère avec attention.

— Il y a autre chose, Auguste, n'est-ce pas ? affirma-t-elle enfin. Quelque chose que vous nous cachez, et qui se trouve dans les livres de comptes.

Auguste Windjammer sentit qu'il avait besoin de se donner du courage et se servit un verre de cognac. Il le but d'un trait, s'en versa un autre et regarda Adam, comme si tout cela était sa faute. Il avala l'alcool cul sec, reposa d'un geste brusque le verre sur la table, puis se tourna vers la mère et le fils.

— C'est exact. J'aurais peut-être dû écouter Gerrit et ne pas commander autant de ballots de damas noir et de dentelle flamande, reconnut-il. Ce sont des produits de luxe, je vous l'accorde. Mais comment aurais-je pu prévoir que les gens dépenseraient leur argent dans les tulipes, cette année ? Ces fleurs sont à la mode, et il n'y a plus d'argent pour quoi que ce soit d'autre. Il paraît que la couleur recherchée est le noir ! Avez-vous déjà entendu chose plus ridicule ?

— Oui, je crois, à l'instant même, murmura Mary Windjammer en se rasseyant.

Elle secoua la tête et ajouta à voix haute :

— Comment ai-je pu lui faire confiance !

Mais d'autres mauvaises nouvelles étaient à venir, que Gerrit apporta. Il revint au pas de course du Nouveau Marché, où il était parti à la recherche d'Adam. Il était passé à la Maison commmunale de pesée, le *Waag*. Son irritation à l'encontre du jeune maître fut vite oubliée quand il présenta le parchemin qui lui avait été remis.

— J'ai été arrêté par un attroupement de marchands, maîtresse, annonça-t-il. Ils m'ont donné cette lettre.

Mary Windjammer la lut, puis la tendit à Auguste sans un mot. La lettre fut ensuite passée à Adam qui la parcourut sans comprendre entièrement la portée des termes calligraphiés avec soin. En bas de la page, se trouvait un sceau couleur sang.

— C'est une mise en demeure du Conseil des Marchands, précisa Gerrit quand Adam lui demanda des explications. Ils exigent que la Maison Windjammer rembourse l'argent qu'elle a emprunté. Il semble que Hugo van Helsen ait formé une demande, au motif que la Compagnie de commerce Windjammer n'est plus solvable. À présent, la rumeur selon laquelle notre Maison est proche de la ruine s'est répandue comme une traînée de poudre.

— Nous devons y mettre un terme ! s'exclama Mary Windjammer. Nous avons des amis au Conseil, n'est-ce pas ? Barthélemy de Leiden nous soutiendra sûrement ?

— Même nos plus vieux amis craignent le banquier, répondit Gerrit. Hugo van Helsen est de plus en plus puissant, et l'argent qu'il prête est vital pour nombre de ces marchands. J'ai même entendu dire...

Il fit une pause, comme si cela était trop pénible à révéler.

— Continuez ! le pressa Mary Windjammer.

Il soupira et secoua la tête.

— J'ai même entendu dire que la Maison Windjammer n'était rien d'autre qu'un château de cartes. D'autres claironnent que nous sommes un équipage de fous sans même un bateau pour naviguer ! Tous semblent d'accord pour affirmer que nous courons à la ruine.

Il y eut un autre long silence.

— Il nous faut trouver de l'argent rapidement, conclut enfin la mère d'Adam.

On aurait dit qu'un immense poids s'était abattu sur elle.

— Nous pourrions vendre cette maison. Elle nous rapporterait au moins dix mille florins d'or.

— Mais nous avons besoin de plus, de beaucoup plus ! s'écria Auguste. C'est pourquoi nous devons vendre le *Draco* !

— Non !

Adam fit un pas en avant.

— Nous ne pouvons pas vendre le *Draco*. Nous devons tenir la promesse de mon père.

— Mon frère était bien insensé de nous lier par des promesses que nous ne pouvons pas tenir, répliqua son oncle.

Adam fit un autre pas dans sa direction, les poings serrés.

Auguste recula, alarmé, agitant son mouchoir comme pour se défendre.

— Il y a un autre moyen, glapit-il. Un moyen de garder le *Draco*, cette maison, et d'honorer les folles promesses de mon frère.

Il se tourna Mary Windjammer.

— Je crois que vous savez ce dont il s'agit, chère belle-sœur. Est-ce que je me trompe ?

Il y eut un long silence avant qu'elle acquiesce enfin.

Mais de quoi il s'agissait au juste, personne n'en souffla mot.

— Pauvre Adam ! s'exclama sa cousine Angelica.

Elle le répéta encore une fois, en insistant bien sur le « pauvre », pour qu'il comprenne à quel point elle était navrée pour lui.

— Oui, pauvre Adam ! approuva Willem.

Angelica tourna sur elle-même dans un bruissement de jupons de soie. Elle regarda l'ourlet de sa robe, et fut exaspérée de le voir si sale. Puis elle plissa le nez devant les couches de poussière dans le hall.

— Je posais une question, c'est tout ! s'écria Adam d'un ton irrité. Je voulais juste savoir si vous aviez entendu parler de quelque chose !

Il détestait de plus en plus les visites dominicales de ses cousins. Non seulement parce que Angelica et Willem étaient chichiteux et bêtes, mais aussi parce que Adam avait l'impression qu'ils ne venaient que par pitié.

Trois jours s'étaient écoulés depuis qu'Auguste Windjammer avait laissé entendre qu'il y avait peut-être une solution. Trois jours mortels pour Adam, qui avait eu pour unique occupation les leçons de Gerrit sur les bonnes et mauvaises façons de tenir les livres de comptes. Il désespérait de découvrir ce qui se tramait. Et il était prêt à tout pour le savoir – même à se montrer gentil avec Angelica et Willem un après-midi entier.

— C'est un secret de Polichinelle, déclara Willem, qui se mettait à parler comme son père. Oui, oui, un secret de Polichinelle !

— Quoi donc ? demanda Adam.

— Votre pauvreté. Vous n'avez même plus de domestiques !

Angelica approuva.

— Notre maison n'est peut-être pas aussi grande que la vôtre, fit-elle observer d'un ton acerbe, mais nous, au moins, nous avons des domestiques.

Adam se mordit les lèvres.

— Pauvre Adam ! reprit Willem.

— Oui, pauvre Adam ! renchérit sa sœur. Maman dit que papa a dit que vous n'aurez bientôt plus rien... pas même cette vieille maison crasseuse.

— Je me fiche pas mal de ce que ton « papa » peut bien raconter ! s'exclama Adam à bout de patience.

— Alors tu te moques aussi de ce qu'il a ajouté, conclut Angelica avec un air de sainte-nitouche.

Elle s'approcha et baissa la voix comme si elle allait révéler un grand secret.

— Maman dit que papa a dit qu'il y avait un moyen de sauver la Maison Windjammer.

Adam serra les dents.

— Lequel ?

Angelica jeta un œil autour d'elle, comme si elle s'attendait à voir sa tante surgir d'un instant à l'autre.

— Une alliance par le mariage, bien sûr.

Adam battit des paupières.

— Qu'est-ce que ça signifie ?

— Épouser quelqu'un pour son argent... tenta d'expliquer Willem.

— Arrêtez de parler par énigmes ! ordonna Adam. Si vous savez quelque chose, dites-le-moi !

Angelica s'approcha encore.

— Maman dit que papa a dit à ta mère qu'elle n'avait pas le choix.

Et elle soupira en prenant un air dramatique, comme si elle seule pouvait comprendre l'importance d'une telle affaire.

— Ta mère devra sans doute se remarier un jour ou l'autre, ajouta-t-elle.

— Ma mère ? Se remarier ? Pourquoi ? Et avec qui ?

Adam était autant choqué que surpris par cette idée.

— C'est évident, non ? s'esclaffa Angelica.

— Oui, oui, c'est évident ! approuva Willem.

Cela ne l'était pas pour Adam.

Angelica roula les yeux devant pareille stupidité.

— Le prêteur sur gages, bien entendu ! Papa a dit à maman qu'entrer dans une famille de banquiers était une bonne façon de devenir très riche.

Adam la fixa, abasourdi.

— Tu veux dire que... ! ? Non !

Il secoua violemment la tête.

— Elle n'épousera jamais Hugo van Helsen !

— Pourquoi pas ? demanda Angelica. Maman dit que sa femme est morte il y a longtemps. Cela en fait donc un veuf, et en plus, richissime. Papa pense que ta mère devrait épouser le prêteur sur gages pour sauver la Maison Windjammer.

— Tu en es certaine ? s'étonna Willem. Parce que moi, j'ai entendu papa parler de la fille du prêteur.

Angelica fit volte-face.

— Qu'est-ce qu'elle a de spécial, la fille du prêteur ?

— Papa a dit que c'était le devoir d'une fille de bien se marier, se défendit son frère.

— Non !

— Si !

— Non !

Adam regarda ses cousins se disputer.

— Eh bien, papa ne sait pas de quoi il parle, déclara Angelica. Maman dit que Jade van Helsen est une drôle de fille, pas jolie du tout.

— Ça suffit ! hurla Adam.

Ce n'était pas seulement la colère qui lui avait fait hausser le ton. Pour une raison qu'il ignorait, il n'aimait pas les entendre discuter ainsi à propos de Jade.

— Vous ne la connaissez même pas !

Angelica et Willem le dévisagèrent, surpris.

— Parce que toi, tu la connais, peut-être ? s'enquit Angelica en le fixant avec curiosité.

Adam haussa les épaules.

— Je me fiche pas mal de ce que votre *papa* et votre *maman* peuvent bien dire ! Moi, j'affirme que personne n'épousera personne – et surtout pas Hugo van Helsen ! Alors dites à votre *maman* qu'elle dise à votre *papa* qu'il s'occupe de ses affaires, et tout le monde sera content !

Angelica soupira. Son frère fit de même. Ils lancèrent à leur cousin un regard qui signifiait « Tu verras bien, pauvre naïf », puis Willem proposa une partie de cache-cache.

— Oui, ce doit être formidable de jouer dans cette vieille maison pleine de fantômes ! approuva Angelica, oubliant les propos acerbes qui s'étaient échangés jusqu'à présent.

Avant qu'Adam ait eu le temps d'ouvrir la bouche, ils avaient déjà appelé les jumelles. Les fillettes gloussèrent de plaisir : elles adoraient être invitées à partager les jeux des grands. Angelica annonça que son frère serait celui qui les chercherait, et ordonna aux autres d'aller se cacher. Willem ferma les yeux et commença à compter jusqu'à cent.

Les filles disparurent dans les étages. Adam observa son cousin grassouillet, ses cheveux bouclés et ses habits de velours, et se surprit à l'envier. Willem était peut-être stupide, mais au moins, il était heureux.

Il allait rouvrir les yeux quand Adam décida de leur faire faux bond. Il avait besoin de réfléchir à ce qu'il venait d'entendre. Il se faufila discrètement par la porte la plus proche et la referma.

— Cent ! Tant pis si vous n'êtes pas cachés !

Les cris de Willem résonnèrent à travers le hall. Puis Adam l'entendit grimper à pas lourds l'escalier.

Adam pivota sur ses talons et se figea. De toutes les pièces du rez-de-chaussée, il avait malgré lui choisi la bibliothèque. D'aussi loin qu'il se souvienne, cet endroit leur était interdit. C'était un lieu de travail. Celui de son père et, dorénavant, celui de Gerrit.

Par la porte ouverte, sur sa droite, Adam aperçut la salle des comptes. Elle était remplie de livres aux couvertures de cuir. Deux fenêtres de même taille donnaient sur le jardinet derrière la maison. Le bureau de Gerrit et sa chaise faisaient face à une porte qui s'ouvrait sur la rue le long du côté nord de la demeure. Adam observa le seuil, lisse et usé par les pas des marchands qui, des années durant, étaient venus traiter avec la Maison Windjammer.

Il se détendit un peu. Gerrit était sorti. Cette pièce était à lui.

Les motifs colorés de la vitre teintée de la bibliothèque se reflétaient sur le bureau. Ça sentait la poussière et le cuir, et la suie froide de l'âtre. Les bruits du dehors parvenaient jusqu'à lui. Le calme de la pièce le saisit, comme dans un rêve.

Quelque part, au loin, des rires retentirent dans la maison.

— Je t'ai trouvé ! Je t'ai trouvé !

Willem exultait.

— Chameau ! couina Angelica, visiblement déçue.

Mais les voix étaient distantes et irréelles, comme si elles venaient d'un autre lieu, d'une autre époque.

Adam s'avança dans la bibliothèque. Il fit courir son doigt sur le couvercle de la malle-cabine de son père, puis sur le haut dossier d'une chaise, et sur un livre de cartes Mercator. Il marcha à travers les motifs de lumière colorée, et l'image fantomatique de son père émergea de la pénombre de la pièce.

Il se sentit attiré par le portrait suspendu au mur. Hercule Windjammer le fixait, vêtu de ses beaux habits, dans une posture rigide. Il avait une main posée sur le formidable globe, symbole de sa Maison. Dans l'autre, il tenait un parchemin. Au fond, derrière lui, la flotte perdue des Windjammer naviguait pour l'éternité.

— Toi, tu saurais quoi faire, père, chuchota Adam. Tu as toujours su. Tu étais si fort. Tu savais tout.

Un sentiment de désespoir le submergea.

— Comment faire pour être comme toi ? Pourquoi est-ce moi qui me retrouve à la tête de cette Maison ?

La réponse, s'il y en avait une, resta figée sur les lèvres de Hercule Windjammer.

Adam contempla le bureau. L'encrier, les plumes, même les pipes à tabac en porcelaine étaient tels que son père les avait laissés. Le jeune maître souleva une pipe et souffla dedans sans provoquer de fumée, goûtant les restes âcres de tabac brûlé. Soudain, il remarqua le sablier. Celui-ci n'avait pas été retourné, et le sable gisait toujours au fond. Le temps comme la pièce elle-même semblaient s'être immobilisés.

On aurait dit que le poids de la maison entière reposait sur la bibliothèque. L'atmosphère en était étouffante. Adam, oppressé, remit la pipe à sa place et s'écarta du bureau. Puis, sur une impulsion, il fit volte-face et retourna le sablier. Le sable commença à s'écouler à travers le passage étroit reliant les deux vases en verre. Adam regarda s'entasser doucement les grains minuscules. Le mouvement éveilla de nouveau à la vie le cœur de la Maison Windjammer.

— À coup sûr il est en bas ! cria au loin Willem. On a cherché partout !

— Adam ! C'est de la triche ! protesta Angelica.

D'après les éclats de voix, ils avaient trouvé les jumelles et s'étaient lancés à sa recherche. Adam savait qu'il lui restait peu de temps avant qu'ils déboulent dans la bibliothèque. Il recula dans la pénombre et se dissimula parmi les motifs mouvants de lumière colorée. Il espérait qu'ils se contenteraient de jeter un coup d'œil rapide dans la pièce, et le laisseraient en paix.

Mais au même instant, Gerrit revint.

Adam entendit le bruit de ses pas, dehors, sous la fenêtre. Des petits pas pressés, reconnaissables entre tous. Il sut que c'était Gerrit avant même que la clef tourne dans la serrure. Il était trop tard pour s'échapper. La seconde d'après, le clerc entrait dans la salle des comptes.

Adam ne pouvait pas le voir de l'endroit où il se tenait. Il entendit la porte donnant sur la rue s'ouvrir et se refermer, puis le cliquetis du trousseau de clefs que le clerc accrochait à sa ceinture. Après, ce fut le silence pendant ce qui lui parut une éternité.

Il se faufila le long du mur. Il comptait retourner dans le hall en reprenant le chemin par lequel il était venu, mais à la vue de Gerrit, il s'arrêta. Celui-ci, immobile près de son bureau, serrait toujours son chapeau dans ses doigts. On aurait dit qu'il avait senti une présence.

Puis le clerc posa avec précaution son couvre-chef sur le bureau, fouilla dans son long manteau et en ressortit quelque chose. D'où il était, Adam aperçut un objet en cuir. Celui-ci sembla produire un effet effroyable sur le petit homme. Il tremblait en le fixant, horrifié. Puis, la mine coupable, il lança un regard autour de lui, souleva son chapeau et, d'un geste rapide, cacha l'objet dessous.

Gerrit sembla d'abord soulagé, mais cela ne dura pas. Il se mit à faire les cent pas entre le bureau et la porte, se tordant les mains et les secouant en l'air, comme si les taches sur ses doigts n'étaient pas de l'encre mais du sang.

— Je ne peux pas continuer comme ça ! murmura-t-il. Je dois en informer ma maîtresse.

Il s'arrêta devant le bureau et se laissa tomber sur la chaise. Il resta assis un moment, puis se pencha en arrière et chercha de nouveau dans son manteau. Cette fois, il en sortit un petit sac en velours.

Adam entendit la respiration du clerc s'accélérer. Il vit ses longs doigts frémir tandis qu'il maniait maladroitement les cordelettes pour ouvrir le sac.

— Te voilà, ma beauté, souffla le petit homme d'une voix aussi fragile que du verre.

Un frisson sembla le secouer des pieds à la tête. Un moment plus tard, il resserra les cordons, toujours d'un air coupable. Puis il remit le sac dans sa poche, réfléchit et saisit un carnet avec une couverture en cuir. Il parut encore hésiter, attrapa une plume qu'il tailla avec une fine lame et en plongea le bec dans l'encrier. Il se mit à écrire, la plume grattant le papier sans la moindre pause.

Adam risqua un autre pas vers le hall, mais dans le silence de la bibliothèque, le bruit le plus léger était amplifié à l'extrême. Une lame de parquet craqua sous son pied. La plume s'arrêta aussitôt.

Le clerc leva les yeux, écouta, puis se leva avec un grincement de chaise. Adam eut juste le temps de s'accroupir derrière la malle-cabine. Il se souvint du sablier, mais trop tard : Gerrit se précipitait dans la grande pièce.

Le petit homme plissa les yeux devant les motifs colorés qui se déplaçaient en trompe-l'œil au gré des nuages. Adam savait qu'il découvrirait tôt ou tard le sablier, et une douzaine d'excuses plus invraisemblables les unes que les autres se succédèrent à toute allure dans son esprit. Il était sur le point de révéler sa présence quand Angelica vint à son secours.

La porte de la bibliothèque s'ouvrit brusquement.

— On sait que tu es là ! s'écria-t-elle.

— Qu'est-ce que cela signifie, mademoiselle Angelica ? s'exclama Gerrit en faisant volte-face. La maison est en feu ? Les Espagnols attaquent ? Pourquoi me cherchez-vous ?

— Vous ? rétorqua Angelica, qui n'avait pas l'air impressionnée. Pourquoi voulez-vous qu'on vous cherche ? Vous ne jouez pas, n'est-ce pas ?

— Jouer ?

Gerrit perdait pied.

— Mais oui, jouer ! dit Angelica en roulant les yeux - ce qu'elle faisait à la perfection. À cache-cache ! ajouta-t-elle, comme si le clerc était vraiment stupide.

Elle tendit le cou et regarda dans la pièce.

— Adam est là, c'est de la triche.

Gerrit pivota plusieurs fois de suite sur lui-même, mais ne vit personne.

— J'ai passé l'après-midi entier ici, mentit-il, et je peux vous assurer que je n'ai pas aperçu maître Adam.

Angelica parut sceptique. Le clerc lui rappela qu'il était formellement interdit d'entrer dans la bibliothèque, et Adam en profita pour se faufiler dans la salle des comptes. Mais son espoir de s'échapper par la porte donnant sur la rue s'évanouit quand il se souvint que Gerrit l'avait fermée à clef.

Piégé, il chercha autour de lui un endroit où se cacher. Dans son empressement à se glisser derrière la porte, il heurta le chapeau du clerc, qui tomba. En le ramassant pour le poser sur le bureau, il aperçut quelque chose par terre.

Durant quelques secondes, il crut qu'il s'était trompé. Sa surprise se transforma vite en horreur quand il s'empara de l'objet. Incrédule, il l'observa, le cœur battant. On aurait dit la dépouille du visage d'un monstre. Un masque en cuir cousu à une calotte censée recouvrir les cheveux et les oreilles de Gerrit. Des fentes avaient été prévues pour les yeux et la bouche. Un déguisement qu'aurait pu revêtir un criminel.

Le clerc chassa Angelica, et le battant en bois se referma dans un bruit sourd. Adam reposa le masque sur la table de travail, et le chapeau par-dessus. Il se précipita derrière la porte et s'adossa au mur, écoutant Gerrit qui fouillait dans la bibliothèque, sans doute pour vérifier.

Soudain, il entendit une exclamation de surprise et pressa son œil contre la fente de la charnière. Il aperçut le petit homme fixer le sablier et s'avancer pour le toucher – comme s'il ne pouvait en croire ses yeux. Puis il le vit ôter sa main en se rendant compte que ce n'était pas une illusion.

— C'est un signe ! s'écria le clerc en levant la tête vers le portrait de Hercule Windjammer. Un présage ! Oui ! Un message d'outre-tombe !

Il recula et regarda partout autour de lui.

— Il me demande de ne pas attendre plus longtemps. Il me prévient que le temps presse !

Oubliant ses recherches, Gerrit retourna en courant dans la salle des comptes. Il déplaça le bureau, qui racla le sol. En se penchant légèrement, Adam l'aperçut à genoux, palpant le plancher avec ses longs doigts. Une latte céda, puis une autre, jusqu'à révéler un trou carré. Le clerc se baissa et en retira un coffret en fer. En tremblant, il prit une clef sur le trousseau attaché à sa ceinture, l'ouvrit et souleva le couvercle.

Sa main plongea à cinq reprises à l'intérieur, sortant chaque fois une bourse en cuir pleine à craquer. Il les posa les unes à côté des autres sur son bureau, remit le coffret vide dans le trou et les planches par-dessus. Puis il repoussa le bureau à sa place. Adam se recroquevilla derrière la porte. Il entendait la respiration rauque de Gerrit. Puis il risqua un autre regard. Le clerc dénouait les cordelettes d'un sac.

L'instant d'après, il en déversa le contenu sur le bureau. Des pièces d'or s'éparpillèrent sur le bois. Elles scintillaient sous la lumière, et certaines tournoyèrent en cliquetant jusqu'à ce que la main de Gerrit les rassemble. Des florins, plus récents que d'autres, portaient les sceaux des provinces du Nord ; certains, plus vieux, avaient un aspect rugueux. Le clerc les compta de ses doigts experts, puis les rangea dans le sac avant de resserrer le cordon. Il inspecta ensuite le reste.

Quand il eut refermé la cinquième bourse, il l'attacha avec les quatre autres à sa ceinture. Il rabattit son manteau par-dessus et prit son chapeau. Adam recula brusquement dans sa cachette. Il avait eu le temps d'apercevoir le masque dans la main du clerc. Il entendit ensuite le trousseau cliqueter, et la porte fut fermée à clef.

Une seconde durant, les bruits de la rue s'engouffrèrent dans la pièce. Puis les pas s'estompèrent.

Adam s'assura que le clerc ne revenait pas et sortit avec précaution de son abri. Il traversa la bibliothèque en courant.

— Je t'ai trouvé ! s'écria Angelica au moment où il mettait un pied dans le hall.

11

Gerrit

Adam se réveilla en sursaut. Pendant un moment, il demeura allongé sur le dos, les draps entortillés autour de lui, fixant les tentures emplies d'ombres de son lit à baldaquin.

Il ne savait pas ce qui l'avait réveillé. Il se tint immobile, l'oreille aux aguets. La maison semblait vivante, animée des bruits de la nuit. Le léger craquement du bois. Le claquement, au loin, d'un panneau de volet mal fixé. Quelque part, entre les murs, un rat se laissa chuter, gros et lourd, et commença à gratter. Soudain, la clenche de la porte de la chambre d'Adam grinça en se soulevant.

Il se redressa d'un bond, le cœur battant. Le silence bourdonnait, plein d'étranges bruits, pour la plupart imaginés. La porte se referma doucement. Il n'y avait plus aucun doute – quelqu'un était entré.

Le souvenir du masque lui revint à l'esprit, et un frisson le parcourut de la tête aux pieds. Il balança ses jambes hors des couvertures, glissa au bord du lit, le plus loin possible de l'entrée, et se faufila à travers les draperies. Il posa les pieds par terre et s'accroupit, prêt à l'attaque. Retenant sa respiration, il essaya de deviner d'où viendrait l'assaut, et regretta de ne pas avoir de lumière. La bougie était restée sur la table de chevet. Hormis un rayon de lune qui filtrait pardessous les épais rideaux de la fenêtre, l'obscurité était complète.

— Adam !

Il faillit lâcher un cri de surprise. La tenture de l'autre côté du lit fut tirée avec un léger bruissement. Il devait agir, et vite. Il prit une profonde inspiration et s'élança hors de sa cachette, le sang lui battant aux tempes.

Un courant d'air froid frôla ses jambes tandis qu'il traversait la chambre en courant pour ouvrir les rideaux de la fenêtre. Il y eut une exclamation, aussitôt suivie de cris. La lune répandit alors sa lumière verte et froide, chassant l'obscurité.

— Vous ! haleta Adam.

Les jumelles se tenaient côte à côte, les cheveux emmêlés, leurs chemises de nuit froissées. Elles le regardaient en cillant, leurs yeux de chouette effrayée encore endormis.

— On l'a vu, parvint à articuler Rose.

— Elle veut dire de notre fenêtre, s'empressa d'expliquer Viola.

— Il creusait un trou dans le jardin.

— Dans le noir.

— Puis il a enterré quelque chose, ajoutèrent-elles en chœur.

Adam alluma une bougie et la leva. Son soulagement se transforma vite en irritation.

— De quoi parlez-vous ? demanda-t-il d'un ton

brusque. Personne ne va creuser dans le jardin à une heure pareille !

Les jumelles avaient la tête pleine de monstres et de contes. Adam devina ce qui allait s'ensuivre : leurs histoires de gnomes, de trolls et de gobelins qui venaient la nuit pour emporter les enfants dans des cavernes obscures sous les ponts des canaux. D'habitude, il leur aurait dit d'arrêter de se comporter comme des bébés et les aurait renvoyées au lit. Mais il vit leur regard effrayé et comprit leur peur du noir et des choses inconnues qui s'y tapissaient.

— Et je suppose que maintenant, vous voulez dormir dans mon lit ?

Deux petites têtes acquiescèrent.

Il fit mine d'avoir pitié d'elles, mais la vérité était qu'il ne tenait pas à rester seul.

— Au lit ! leur ordonna-t-il. Mais je ne veux plus vous entendre !

Rose et Viola ne se le firent pas répéter deux fois et se faufilèrent sous les draps. Prenant les menaces de leur frère au sérieux, elles tirèrent les couvertures jusqu'au menton, et s'endormirent rapidement. Adam arrangea les tentures autour du lit d'un geste protecteur, tout en se demandant pourquoi l'anneau semblait toujours si lourd sur sa poitrine quand ses sœurs étaient à proximité.

Il n'avait plus sommeil, à présent. Il posa la bougie sur le manteau de la cheminée, approcha une chaise et attisa les braises. Il se réchauffa les mains. Les pensées ne cessaient de se bousculer dans son esprit et il se sentait légèrement fébrile. Le souvenir du masque était vif. Il tenta de le repousser, mais des visages masqués vinrent hanter la pénombre autour de lui. Il essayait de comprendre pourquoi Gerrit avait tant d'argent, alors que les Windjammer n'en avaient plus, quand il entendit des bruits de pas.

Quelque part au cœur de la maison, une porte s'ouvrit et se referma. Des petits pas pressés : ceux de Gerrit, qui résonnaient sur les dalles du hall, amplifiés par le silence.

Adam se dépêcha d'entrouvrir la porte de sa chambre et tendit l'oreille. Le clerc approchait, gravissant les étages. Adam aperçut une lueur au bout du corridor, puis le petit homme surgit de l'obscurité, traînant son ombre derrière lui comme un fardeau monstrueux.

Gerrit levait une lanterne pour éclairer sa route, marmonnant dans sa barbe tandis qu'il traversait le palier en hâte et entamait l'ascension de la volée de marches qui menait aux quartiers des domestiques. Une porte s'ouvrit et se referma dans les combles. Puis ce fut le silence.

Adam rentra dans sa chambre, s'orientant à la lueur de sa bougie. Il se demanda ce que le clerc pouvait bien faire si tard dans la nuit. Ses doutes ne faisaient que croître. Des pensées désagréables l'envahirent, comme autant d'invités indésirables. Il décida de ne plus accorder la moindre confiance à Gerrit.

Il jeta un coup d'œil à ses sœurs endormies. Si le clerc devenait dangereux, alors elles auraient besoin de protection. Il plaça sa chaise face à la porte et reprit son guet, inquiet de savoir ce que le petit homme ferait ensuite.

Quelque temps plus tard, Rose remua et cria dans son sommeil. Viola murmura comme pour approuver.

Puis elles se turent. Et la maison retomba dans le silence.

— Réveillez-vous ! Maître Adam ! Réveillez-vous !

Adam émergea brusquement. Gerrit, penché sur lui, le secouait par l'épaule.

Il se leva d'un bond et, en se reculant, renversa la chaise dans l'âtre. Encore à moitié endormi, il battit des paupières et fixa le clerc avec un mélange d'horreur et de surprise.

Le petit homme était dans un tel état d'excitation qu'il ne parut pas se rendre compte qu'Adam avait passé la nuit sur une chaise.

— Vous n'avez pas entendu les cloches, maître Adam ? demanda-t-il. Le temps presse et le travail nous attend !

Il pivota sur ses talons.

— On nous appelle. Les cloches ! Les cloches sonnent !

Il courut à la fenêtre et l'ouvrit en grand. Le brouhaha s'engouffra dans la pièce, porté par une rafale d'air froid qui coupa le souffle à Adam.

— La flotte de la Compagnie de Moscovie est de retour ! dit Gerrit tout en inspirant à pleins poumons.

Il jubilait.

— N'est-ce pas une journée magnifique ? Oui ! Je crois que la fortune va enfin nous sourire !

Il fit volte-face et se précipita vers le corridor, sans remarquer Rose et Viola qui l'observaient à travers les rideaux du lit.

— Dépêchons-nous ! Je vais héler une embarcation. Revêtez vos meilleurs habits, maître Adam !

Sa voix résonna dans le corridor.

— Un homme d'affaires doit avoir l'air d'en être un !

Adam s'assit à l'avant du bateau et observa Gerrit par-dessus les épaules du batelier. Les rames allaient et venaient à une cadence régulière. L'eau tourbillonnait doucement, en dessinant des ondes. Le canal, tel un long ruban noir à l'aspect huileux, glissait sous eux, exhalant une puanteur d'égout.

Gerrit tenait un livre de comptes et une écritoire en bois sous un bras. Il portait ses habits sombres de tous les jours, mais il avait mis son plus beau chapeau et son meilleur manteau. Installé à la proue, il semblait visiblement pressé d'arriver à destination.

— C'est toujours la bousculade quand une flotte débarque, grommela le batelier en ramant avec force. Quelle agitation ! Monsieur van ceci, madame van cela... ils veulent tous aller quelque part !

— Je vous donne une pièce d'argent si vous avancez plus vite ! lui proposa Gerrit à contrecœur. Nous allons sur les quais pour nos affaires.

— Je prends souvent des marchands dans mon bateau, déclara le batelier, soudain regaillardi. Et je vais vous dire, ils me traitent pas aussi bien que vous. Ce sont les riches explorateurs qui donnent toujours les meilleurs pourboires. J'ai même transporté Abel Tasman [1] !

Adam regarda Gerrit. Il ne l'avait jamais vu dans cet état. Le clerc avait l'air exalté, presque euphorique. On aurait cru qu'il avait réussi un exploit et qu'il allait

1. Abel Janszoon Tasman (1603-1659), navigateur néerlandais qui découvrit l'actuelle Tasmanie et les îles Fidji. *(N.d.T.)*

reprendre en main les affaires avec un regain d'énergie. Cette flotte semblait être arrivée au bon moment. Pourtant, cet enthousiasme inattendu mettait Adam mal à l'aise, et il ne put s'empêcher de jeter un regard nostalgique à la demeure qu'il venait de quitter. Les fenêtres flamboyaient sous la lumière matinale, comme si l'intérieur de la maison s'était embrasé. Il se souvint du proverbe des gens de mer : *Ciel rouge du matin, danger pour le marin.* Mauvais présage...

Adam avait dû s'habiller dans le style des hommes d'affaires – chemise blanche, manteau en drap noir et pantalon. Il avait dompté ses cheveux en les attachant sur la nuque avec un lien en cuir, et il avait petit-déjeuné de pain, de gouda et de lait.

— Je dois vous parler, avait-il dit à sa mère.

Mais Gerrit s'était montré impatient de partir. Une embarcation les attendait, et le batelier avait été payé pour les emmener sur le quai.

— Le temps et la marée n'attendent pas, maître Adam, avait-il affirmé.

— Tu me parleras plus tard, avait déclaré sa mère.

Elle l'avait embrassé avec une certaine tristesse – un peu comme si elle faisait ses adieux à l'enfant qu'elle avait essayé de protéger de son mieux. À présent, elle l'envoyait faire un travail d'homme.

Les rames plongeaient, revenaient à la surface, plongeaient de nouveau. Les maisons défilaient silencieusement sur les berges. Les ponts se succédaient. À chaque va-et-vient des avirons, les appréhensions d'Adam augmentaient.

— Attention, gamin ! le prévint le batelier d'un ton menaçant à l'approche des entrepôts.

Il avança son bateau d'une échelle fixée au mur plein de vase. L'embarcation oscilla quand Adam sauta et escalada les barreaux, suivi de Gerrit.

Puis ils marchèrent le long du quai. Sous le ciel rouge sang, les mâts se dressaient telle une forêt au-dessus des roufs. Les cloches de la ville ne cessaient de carillonner.

— Nous devons tout de suite nous rendre au ponton.

Gerrit devait élever la voix pour se faire entendre.

— Je veux que vous restiez tout le temps à mes côtés, et que vous soyez prêt à porter une commission dès que je vous le demanderai. Souvenez-vous, maître Adam, vous ne devez vous éloigner sous aucun prétexte. Le quai peut être dangereux quand la flotte est là. Les accidents sont monnaie courante. Je ne voudrais pas que vous vous blessiez pour votre première journée.

L'avertissement ne fit ni chaud ni froid à Adam. Il resserra son manteau autour de lui et leva la tête en passant sous l'ombre de l'imposant entrepôt en pierre des Windjammer.

D'un côté, une rangée de portes en bois s'ouvrait sur un canal, le Brouwersgracht. De l'autre, une rangée similaire donnait sur le quai, où les navires étaient alignés. Au-dessus de chaque porte, un treuil dépassait, tel un tronçon de poutre, et partout des crochets oscillaient avec paresse au bout de cordes et de chaînes.

Adam était déjà venu plusieurs fois aux entrepôts avec son père. C'était un endroit particulièrement animé, résonnant des voix des hommes qui chantaient en hissant les marchandises. Il se rappelait le balancement des filets et le va-et-vient des barges au bord du canal. Il se rappelait aussi les carrioles tirées par des chevaux qu'on ne cessait de charger et de décharger.

— Pourquoi les hommes ne travaillent-ils pas ? demanda-t-il à Gerrit.

— Nous avons eu des problèmes ici aussi, avoua le clerc.

Puis il ajouta, fort de sa nouvelle assurance :

— Mais tout va s'arranger, maître Adam, faites-moi confiance.

Accorder sa confiance à Gerrit ? C'était précisément cela qu'Adam ne ferait jamais plus.

Bien avant que l'ombre de Hugo van Helsen vienne recouvrir le sommet plat de la cheville d'amarrage en face d'eux, il fut évident que quelque chose n'allait pas.

— Nous avions pourtant passé un accord ! disait Gerrit aux marchands.

Ils se tenaient autour d'un manifeste[1] de navire, étalé sur une énorme borne en bois.

Une amarre la reliait à l'étrave d'un navire marchand, le *Alkmaar*.

Adam se recula légèrement pour observer la scène. Il remarqua les regards gênés qu'échangeaient les négociants.

— Les marchandises sont répertoriées ici noir sur blanc !

Le clerc tapa de la main sur le papier.

1. Manifeste : liste des marchandises constituant la cargaison d'un navire. *(N.d.T.)*

— Cinquante sacs de grains vannés, vingt barriques de cire d'abeille, vingt d'huile de baleine, sans parler des quantités de planches et de goudron dont j'ai besoin pour le chantier de construction !

— Mon cher Gerrit, expliqua le capitaine du *Alkmaar*, l'accord dont vous parlez date de l'époque où Hercule Windjammer dirigeait encore la Compagnie de commerce Windjammer. Maintenant qu'il n'est plus là, eh bien, son frère... comment dire ?

Il chercha ses mots :

— ... Eh bien, tout le monde sait qu'Auguste Windjammer n'a pas l'étoffe d'un homme d'affaires !

— Êtes-vous en train d'insinuer que vous ne nous faites pas confiance ? s'emporta le clerc.

— Il ne s'agit pas de cela, intervint un autre marchand d'une voix apaisante. Nous savons tous que vous êtes un homme respectueux de la tradition, Gerrit. Il n'y a pas plus franc et plus honnête que vous dans tout Amsterdam.

Il haussa les épaules.

— Mais la traversée a été longue. Nous avons engagé de nombreuses dépenses, et il y a un équipage à payer...

Il fit un geste en direction du navire, et ses bagues scintillèrent.

— Nous ne sommes que de pauvres marchands qui devons gagner notre vie. Est-ce trop vous demander de nous payer les marchandises avant de les décharger ?

— Avant !

Adam lut l'ahurissement sur le visage de Gerrit.

— Mais nous réglerons selon l'usage les échéances mensuelles...

— De l'or fera très bien l'affaire, l'interrompit le capitaine du *Alkmaar*.

Il inspecta ses ongles d'un air désinvolte.

— Bien sûr, si la Maison Windjammer ne peut pas s'acquitter sur-le-champ...

Il écarta les bras, comme pour signifier qu'il y aurait toujours d'autres acquéreurs.

Gerrit n'était pas en mesure d'accepter ces conditions. Et ce n'était pas fini. Quel que soit l'endroit où ils allaient, les marchands les fuyaient ou leur tournaient le dos. Il leur parut bientôt évident qu'une ombre planait au-dessus d'eux et que peu – sinon aucun – accepteraient de traiter avec la Compagnie de commerce Windjammer.

Gerrit tenta de trouver une explication convaincante.

— Les temps sont durs, jeune maître, et quand les temps sont durs, la confiance devient un produit aussi rare que les épices.

Il soupira et secoua la tête, sa belle assurance du matin quasiment envolée.

— On ne peut pas leur reprocher d'être aussi prudents...

Le mot retentit comme un son de cloche. Mais Adam avait compris qu'il ne s'agissait pas seulement de prudence. Il avait vu la façon dont les marchands les observaient. Il les avait vus se détourner à leur passage, puis se retourner une fois qu'ils s'étaient suffisamment éloignés. On aurait dit qu'ils savaient quelque chose – quelque chose qui les effrayait.

Et comme pour confirmer ses doutes, l'ombre de Hugo van Helsen recouvrit bientôt le sommet de la cheville d'amarrage, en face d'eux.

Le jeune maître Windjammer perçut aussitôt le changement. Le banquier surgit sur le quai comme un courant d'air glacé. La foule s'écarta tandis qu'il s'approchait à pas comptés. Vêtu d'un élégant costume de velours et de satin, d'une cape doublée en fourrure, coiffé d'un chapeau à large bord garni d'une plume blanche, il brandissait une canne à pommeau d'argent. À l'évidence, pareils signes de richesse impressionnaient les marchands...

Adam sentit son cœur s'emballer quand il le vit se diriger vers eux.

— Je vois que la Maison Windjammer persiste, malgré toutes ses difficultés ! railla le banquier en se tournant vers son clerc au garde-à-vous.

Un mince sourire flotta sur les lèvres de Hugo van Helsen.

— Mais je remarque que le marché est peu actif.

— Très peu actif, en effet, acquiesça Goltz en serrant son écritoire sur sa poitrine comme un bouclier.

Gerrit le fusilla du regard, avant de se tourner vers le banquier. Il inclina légèrement le buste pour le saluer.

— J'instruis monsieur Adam sur la manière dont son père traitait les affaires, dit-il.

— Alors permettez-moi de vous suggérer d'apprendre vite, jeune maître, répliqua Hugo van Helsen. Je crains que les jours de votre Compagnie ne soient comptés !

— Les Windjammer font du négoce depuis plus de cent ans, riposta Gerrit. Si Dieu le veut, ils en feront encore cent de plus.

— Si Dieu le veut ?

Le banquier fit mine de trouver la remarque amusante.

— Croyez-vous que le sort de la Maison Windjammer repose seulement entre les mains de Dieu ?

Il se tourna vers les hommes alentour.

— Nous autres banquiers importons donc si peu pour vous ?

Les marchands s'esclaffèrent.

Les yeux pâles cillèrent en direction d'Adam.

— Et où était-il, ce Dieu de miséricorde, quand votre flotte a échoué, criblant de dettes votre Compagnie ?

Adam sentit la main de Gerrit se poser sur son bras.

— Nous avons toujours notre réputation ! répondit le clerc.

— Ah oui, ce fameux honneur des Windjammer ! ricana Hugo van Helsen.

Il lança un regard à la ronde.

— Mais que pouvez-vous acheter ici grâce à lui ? Dites-nous donc à quel prix vous évaluez cette denrée rare que vous appelez l'honneur ? Celui d'une tulipe ? D'une maison ? D'un bateau ?

— L'honneur n'a pas de prix, monsieur, déclara Gerrit. Même les hommes les plus riches ne peuvent l'acheter. Il se mérite – et les Windjammer l'ont gagné au fil de nombreuses années de négoce honorable.

Le sourire s'évanouit sur le visage du banquier. Gerrit avait trouvé le défaut de la cuirasse.

— C'est ce que nous verrons, répliqua van Helsen.

Il claqua des doigts avec impatience à l'intention de Goltz.

— La mise en demeure ! Maintenant !

Ce dernier ouvrit son écritoire et en sortit un rouleau de parchemin.

— Remettez-la au dirigeant de la Maison Windjammer !

Le clerc fit un pas en avant et tendit le rouleau à Gerrit.

— Pas à lui ! Idiot ! À lui ! s'écria le banquier en désignant du doigt Adam.

Ce dernier reçut le parchemin dans la main sans le regarder.

— Tout y est écrit, dit Hugo van Helsen en tapant sur le document avec sa canne. Mais peut-être devriez-vous demander à votre domestique de le lire ?

Son sourire réapparut.

— Comme les choses ont changé, à la Maison Windjammer, maintenant que le chien n'agite plus la queue !

Adam allait lui répondre que le seul chien qu'il voyait dans les parages avait été transformé en manteau de banquier, mais Gerrit posa la main sur son bras.

— En affaires, maître Adam, il y a une règle tacite qui commande de toujours rester poli, chuchota-t-il.

Il se tourna vers Hugo van Helsen et ajouta, d'un ton qui signifiait qu'il avait déjà deviné la teneur du document :

— Nous lirons votre parchemin et vous adresserons notre réponse.

Hugo van Helsen grimaça, légèrement irrité de ne pas les mettre en colère en public.

— Je vous suggère d'interjeter appel auprès du Conseil des Marchands, dit-il d'un ton cassant. Il se réunit cet après-midi même dans la halle des marchands près du *Waag*, pour délibérer sur votre affaire.

Il éleva la voix pour s'assurer que tout le monde l'entende :

— Des copies de cette mise en demeure ont déjà été placardées sur toute propriété appartenant aux Windjammer. J'ai en effet demandé qu'on retire à la Compagnie son permis de commercer tant qu'elle ne m'aura pas remboursé ce qu'elle me doit.

Les marchands s'agitèrent, et, comme une onde sur un lac, la nouvelle courut le long du quai. Il était clair que Hugo van Helsen venait de confirmer la rumeur que tous avaient déjà entendue.

Un mince sourire étira les lèvres du prêteur. Il inclina à peine la tête vers le jeune maître Windjammer en guise d'au revoir poli. Les marchands s'écartèrent pour le laisser passer. Il frappait de sa canne avec impatience, tandis que Goltz le devançait pour annoncer son arrivée.

Adam se tourna vers Gerrit.

— Il ne peut pas nous faire ça ! Il ne peut pas nous empêcher de commercer, n'est-ce pas ?

Le clerc déroula le parchemin et lut le texte. Puis il jeta un coup d'œil aux marchands qui se dispersaient pour répandre la nouvelle.

— Je crois que c'est déja fait, maître Adam, lâcha-t-il dans un soupir.

Ils se rendirent à l'entrepôt, où un petit attroupement s'était formé devant la mise en demeure clouée sur la grande porte en bois.

— La Compagnie de commerce Windjammer doit de l'argent à beaucoup de monde, reconnut Gerrit.

Des marchands à la mine sombre discutaient avec les négociants et les artisans venus vérifier par eux-mêmes la rumeur.

— Je vous avais prévenus ! clama une voix par-dessus le brouhaha. N'avais-je pas dit que la Maison Windjammer était maudite ?

Abner Heems prêchait, debout dans une charrette vide.

— N'est-il pas écrit que l'on ne peut pas à la fois servir Dieu et Mammon ? N'est-il pas écrit que l'herbe jaunira et que les fleurs se flétriront ?

Adam reconnut le prédicateur. Leurs regards se croisèrent ; celui d'Abner Heems sembla le transpercer, et un frisson parcourut le jeune maître.

— Mes oreilles ont entendu parler de toi. Mais à présent, mes yeux te voient ! poursuivit l'homme en le scrutant. Prends garde, Windjammer ! Oui, prends garde ! Car tes péchés me sont connus !

Il leva la main pour le montrer du doigt, et nombre de badauds se retournèrent. Dès qu'ils aperçurent Gerrit, les marchands et les négociants jouèrent des coudes pour l'assaillir de questions. Le clerc les apaisa de son mieux, mais entraînés dans la bousculade, Adam et lui se retrouvèrent bientôt adossés à l'énorme porte.

Durant tout ce temps, le prédicateur ne cessait de faire pleuvoir des paroles sur leur tête comme les tourments de l'enfer.

— Méfiez-vous des Windjammer ! De jour en jour, leur fol orgueil les pousse à commettre le pire. Ne vous demandez pas jusqu'où ils s'abaisseront. La réponse est écrite dans leurs yeux ! Satan en personne les guide, à présent. Ainsi que leur domestique Gerrit ! Les Windjammer ont sombré dans le mensonge et le déshonneur. Qui dira le contraire ?

Les mots du prédicateur parurent profondément choquer le clerc. Il fixait Abner Heems avec un mélange d'horreur et d'incrédulité. Il se détourna et martela la porte avec ses poings. Il fallut un moment avant que le gérant reconnaisse sa voix et ouvre enfin le battant en bois. Ils s'engouffrèrent à l'intérieur.

— Dieu merci, vous êtes venu, monsieur ! s'exclama Borch. J'ai essayé de les raisonner, mais ils n'ont pas voulu m'écouter.

Gerrit se laissa retomber contre la porte.

— Êtes-vous blessé, monsieur ? s'inquiéta Borch.

Le gérant, petit et trapu, portait un gilet et une calotte en cuir.

Le clerc leva les yeux vers lui, mais ne parut pas le reconnaître.

L'homme ôta sa calotte.

— C'est moi, monsieur, Borch !

— Borch, répéta Gerrit d'une voix lointaine.

Soudain, il se redressa et fixa la porte du regard.

— Que fait le prédicateur ici ? s'écria-t-il en se reculant, épouvanté, semblait-il, par ce qui se tramait de l'autre côté. Il n'a pas le droit de dire des choses pareilles ! Pas le droit !

— Ce n'est pas la première fois qu'Abner Heems vient semer le désordre. Il fait courir la rumeur que les Windjammer sont maudits...

— Vraiment ? dit Gerrit.

Son visage se durcit.

— Alors je parlerai aux hommes. Mais d'abord, je dois trouver un moyen de rassurer ceux qui sont dehors. Sinon, les marchands et les négociants de la ville ne tarderont pas à frapper à notre porte pour exiger leur argent.

— Qu'a voulu dire le prédicateur ? s'enquit Adam. Pourquoi s'en prend-il à nous ?

— Abner Heems chasse le démon partout où il peut, répliqua Gerrit d'un air sombre. J'ignore pourquoi il s'attaque à la Maison Windjammer, mais une chose est certaine : il n'en sortira rien de bon.

Adam devina à l'expression du clerc qu'il n'avait pas tout dit.

— Ne restez pas ici plus longtemps, maître Adam, reprit celui-ci. Il y a une sortie derrière. Borch va vous la montrer. Prenez une embarcation, et donnez cela au batelier pour sa peine. Priez-le de vous ramener au plus vite sur le Herengracht.

Il glissa une pièce d'argent dans la paume d'Adam.

— Prévenez votre chère mère de la réunion du Conseil. Borch ira chercher votre oncle.

Ses mains étreignirent les épaules du jeune maître Windjammer. Ses yeux étaient pleins d'appréhension.

— Quoi qu'il se passe, un Windjammer doit parler au Conseil des Marchands, ou tout sera perdu.

— J'y vais, promit Adam.

Gerrit le regarda. Il voulait lui en confier plus, beaucoup plus. Ses lèvres articulèrent des mots. Mais pour une raison connue de lui seul, il ne les exprima pas.

Il se détourna brusquement.

— Borch vous attend.

Le gérant prit une lanterne suspendue à un crochet au mur et suivit le large couloir qui menait à la salle des pesées. C'était le cœur de l'entrepôt, l'endroit où l'on transportait d'abord les marchandises des navires, pour les peser sur les formidables balances.

Adam se souvint de son père lui montrant comment celles-ci fonctionnaient. Leur bras bougeait constamment, évaluant les barriques d'épices, les sacs de grains et les autres marchandises sous le regard attentif du gérant assis sur le siège de la plate-forme. Il se souvint des tonneaux que l'on hissait ensuite dans des filets à travers les trappes, afin de les stocker au sec dans les étages supérieurs. À présent, le bras était immobile, comme vaincu. Les filets oscillaient mollement parmi les cordes et les crochets, comme le gréement affalé d'un navire. Le lent écoulement de l'eau faisait résonner le vide autour d'eux.

Adam lança un rapide coup d'œil derrière lui. Il aperçut Gerrit debout à côté de la grande porte d'entrée. Le clerc, tête baissée, se tordait les mains, comme dans une prière silencieuse.

Borch conduisit Adam à travers un labyrinthe de réserves remplies de sacs et de barriques, jusqu'au fond de l'entrepôt. Là, une petite porte donnait sur le canal. Quelques marches de pierre descendaient jusqu'à la berge.

Le gérant lui souhaita bonne chance et referma derrière lui. Un vent froid se leva sur l'eau. Adam héla une barque et grimpa à l'arrière. Le batelier s'écarta du muret et commença à ramer. Adam resserra son manteau autour de lui et jeta un regard à l'entrepôt qui se dressait comme une forteresse abrupte.

Un léger clapotis éclaboussa les briques, tandis que l'embarcation s'éloignait à cadence régulière. On entendait encore le tumulte des voix qui conspuaient le nom des Windjammer. L'une d'elles les couvrit toutes.

— La Bible ne dit-elle pas : « Et les richesses que tu auras amassées, qui les aura[1] » ? psalmodia le prédicateur.

1. Évangile de Luc, 12, 20. *(N.d.T.)*

12

Des mesures désespérées

— Ils sont venus la clouer, dit Rose.
— Elle veut parler des hommes, expliqua Viola.
Les jumelles, hors d'haleine, accueillirent Adam sur le seuil de la maison.
— Mère a essayé de les arrêter.
— Mais ils n'ont pas voulu l'écouter.
— Et maintenant, rien ne va plus, dirent-elles en chœur.
Adam arracha l'affiche d'une main tremblante. Il la lut :
« Demande introduite auprès du Conseil des Marchands. Tout commerce avec la Maison Windjammer doit cesser jusqu'à nouvel ordre. »
Adam la froissa et la jeta.
— Mère ? appela-t-il.
Deux mains se levèrent aussitôt pour lui indiquer la porte lambrissée sous l'escalier.
— La cuisine ?
Deux têtes acquiescèrent.
Adam entendit le bruit de récipients qu'on déplaçait et qu'on raclait tandis qu'il s'engouffrait dans le

couloir dallé. Il passa rapidement devant les garde-manger qui le bordaient de part et d'autre et se rua dans la cuisine. Sa mère remuait le contenu bouillonnant d'une marmite suspendue à un crochet au-dessus du feu.

— Ah ! Te voilà, Adam.

Elle ne sembla pas surprise de le voir arriver si tôt.

— Où est Gerrit ?

— À l'entrepôt, Mère. On a eu des problèmes.

Il lui raconta rapidement l'entrevue avec Hugo van Helsen.

Elle hocha la tête, comme si elle avait déjà deviné.

— Ses hommes sont venus ici, dit-elle en se penchant sur la marmite. La pauvre Cook a été si affligée en lisant l'affiche que j'ai dû l'envoyer se reposer dans sa chambre.

— Au diable le déjeuner ! s'écria Adam. Nous devons aller au Nouveau Marché. Le Conseil des Marchands se réunit dans la halle, près du *Waag*.

— Rien ne presse.

Elle porta la cuillère en bois à ses lèvres, souffla et goûta.

— Bien entendu, on pourrait rajouter des épices, dit-elle après un moment.

Elle regarda autour d'elle.

— Il y en avait tant, autrefois – du poivre, des clous de girofle, de la noix de muscade... Ah oui ! Tu te souviens de la noix de muscade, Adam ? Cela fait un bout de temps que nous n'avons plus les moyens d'en acheter.

Adam commençait à se sentir mal à l'aise. Sa mère parlait sur un ton monocorde, et son regard était lointain.

— Vous allez bien, Mère ? demanda-t-il.

— Tout à fait, merci.

— Mais cette réunion est importante, insista-t-il.

— Le ragoût aussi. Il est presque cuit.

Chaque minute qui passait devenait insupportable pour Adam. Il marcha de long en large dans la cuisine, pivotant sur les ailes des moulins à vent dessinés sur les dalles bleues et blanches. Trois pas dans un sens, et il se retrouvait face aux casseroles en cuivre suspendues à des crochets au plafond. Demi-tour. Trois pas dans l'autre sens, et il pivotait de nouveau à côté du four à pain. Son irritation à l'encontre de sa mère et de son ragoût ne cessait de croître.

— Comment pouvez-vous songer à manger dans un moment pareil, Mère ? finit-il par s'exclamer.

Elle s'arrêta et le regarda, le visage rosi par la chaleur du feu.

— Parce qu'il le faut, répondit-elle simplement. Je suis une mère, au même titre qu'une Windjammer. Je dois penser à tes sœurs, ne l'oublie pas.

Elle prit un torchon pour ne pas se brûler les mains et souleva le lourd récipient, qu'elle posa sur la table en bois récurée.

— Déjeunons d'abord. Puis nous irons au Nouveau Marché, et nous parlerons au Conseil des Marchands.

Adam était debout devant la grande porte du *Waag*, observant les bras des balances monter et descendre. Autrefois, on entrait par cette porte dans la ville. Aujourd'hui, la cité s'était agrandie au-delà des vieux remparts qui la protégeaient. Le *Waag* s'était transformé en maison communale de pesée et – jusqu'à ce que la halle de la nouvelle ville soit construite à Dam

Square – avait servi de lieu de réunion pour les marchands et les négociants d'Amsterdam.

Adam tenait ses sœurs par la main ; Rose d'un côté, Viola de l'autre. Ni l'une ni l'autre ne bougeaient, tandis que la foule circulait dans le marché autour d'eux. Ils savaient que dans la halle, tout près, l'histoire de leur vie était mise à nu devant des gens qui les connaissaient à peine.

Adam contempla le square du Nouveau Marché. Il y avait un clocher avec une flèche, deux énormes cloches et quatre petites. Et à côté, la halle, avec sa façade sans relief, où le Conseil des Marchands était actuellement réuni à huis clos.

— Maître Adam !

Gerrit traversait la place à toute allure dans leur direction, haletant.

— Où est votre oncle ? Et votre mère ?

Ils avaient attendu aussi longtemps qu'ils avaient pu. Mais Auguste Windjammer ne s'était pas montré.

Gerrit était consterné.

— Votre mère est allée affronter le Conseil seule ?

Il faisait les cent pas, se tordant les mains.

— Une femme ? Mais on n'a jamais vu ça ! Ils ne l'écouteront pas ! C'est insensé !

— Ils nous ont demandé de sortir, expliqua Adam. Ils ont prétendu que nous étions trop jeunes.

— Si seulement j'avais le pouvoir de me trouver à deux endroits en même temps ! s'exclama Gerrit, maudissant les problèmes qui l'avaient retenu si longtemps à l'entrepôt. Borch m'a confirmé qu'il avait transmis le message. J'ai eu tort, semble-t-il, de faire confiance à votre oncle.

Il tapa du poing dans la paume de sa main.

— M. van Helsen s'est peut-être arrangé pour me tenir éloigné ! Mais la colère ne sert plus à rien... Je dois aller soutenir votre chère mère.

C'était trop tard cependant. Alors qu'il se dirigeait vers la halle, le Conseil s'acheva. Les portes s'ouvrirent en grand pour révéler les marchands qui discutaient entre eux, par petits groupes. Certains se tournèrent pour regarder sortir Mary Windjammer. Elle avait la mine grave. Adam comprit que la réunion ne s'était pas bien passée.

Elle mit fin à leurs questions, affirmant qu'ils parleraient de tout cela dans un lieu approprié. Elle prit les jumelles par la main et les entraîna vers Dam Square.

— Mary ! Ma chère Mary !

Une voix familière, chevrotante, l'appela. Elle s'arrêta. Barthélemy de Leiden s'écarta de l'assemblée des négociants pour venir à elle.

— Je suis navré. J'ai fait de mon mieux, mais ils n'étaient pas disposés à écouter...

— ... une femme ! termina Mary Windjammer. Et de surcroît, une femme anglaise de naissance.

Le vieil homme leva les mains.

— Hélas ! Je ne partage pas leur opinion, mais je me trouve moi-même dans une position difficile. Je ne puis me dresser seul contre Hugo van Helsen. Il a les moyens de me ruiner, moi aussi. Je regrette que la Compagnie des Indes orientales ne soit pas aussi solide que la Compagnie des Indes néerlandaises d'Anthony van Diemen !

Mary Windjammer posa la main sur son bras.

— Vous avez fait ce que vous pouviez.

— Si seulement...

Le marchand resta immobile et les regarda s'éloigner.

Adam suivit sa mère qui avançait, la tête haute. Jamais elle ne lui avait paru aussi belle, et sa dignité sereine frappa les marchands alentour. Elle leur rendit leur regard, sans ciller, jusqu'à ce que, les uns après les autres, ils détournent les yeux.

— J'ai pris ma décision, déclara Mary Windjammer de sa place au bout de la Longue Table. Il n'y a plus d'autre solution, à présent.

— Mais, maîtresse...

D'un geste de la main, elle fit signe à Gerrit de se taire. À contrecœur, le clerc obéit et recula dans la pénombre de la pièce.

Adam observa l'assemblée autour de la Longue Table. À sa droite, les jumelles, assises côte à côte, tapaient des pieds à l'unisson jusqu'à ce qu'on leur ordonne d'arrêter. Le clerc se tenait docilement en retrait. Et si l'atmosphère de la salle à manger était froide, ce n'était pas seulement parce qu'il n'y avait plus de tourbe pour alimenter le feu.

— Je vais donc signer la lettre, reprit Mary Windjammer.

Gerrit s'approcha et posa une feuille de parchemin, en face d'elle. On aurait dit qu'il voulait retarder le moment de cette signature. Il prit tout son temps pour choisir une plume adéquate dans son écritoire, puis pour préparer la cire.

— Je ne changerai pas d'avis, le réprimanda légèrement Mary Windjammer, quel que soit le temps qu'il vous faudra.

Adam luttait pour réprimer l'inquiétude croissante qui le gagnait tandis qu'il regardait sa mère prendre la plume, plonger le bec dans l'encrier et signer. Gerrit reprit le parchemin, la mine maussade. Il sécha l'encre avec du sable fin, plia la lettre et fit fondre un peu de cire à la flamme d'une bougie. Des gouttes tombèrent sur la page, de la couleur du sang.

— Voilà qui est fait, soupira Mary Windjammer d'une voix lasse en pressant le sceau de la Maison Windjammer sur la cire encore chaude.

— Qu'est-ce qui est fait, Mère ? demanda Adam.

— J'ai fait une offre à Hugo van Helsen.

— Une offre, ma chère belle-sœur ?

Auguste Windjammer entra dans la pièce.

Tous se tournèrent vers lui. Il était clair que l'oncle d'Adam les écoutait depuis un moment dans le hall.

— Dois-je comprendre que vous avez enfin suivi mes conseils ?

Mary Windjammer le regarda d'un œil froid. Elle ne lui demanda pas d'où il venait – elle devait l'avoir deviné.

— Il me semble que j'ai le droit de participer à cette réunion, non ? insista Auguste.

— Gerrit vous a envoyé chercher, répondit-elle d'un ton neutre. Nous vous avons attendu près du *Waag*, mais vous n'êtes pas venu.

— Est-ce ma faute si le messager de Gerrit n'est pas arrivé à temps ? se défendit Auguste en agitant son mouchoir.

Le clerc remua dans l'ombre, mais ne souffla mot.

— Non, ce n'est pas ma faute, continua Auguste d'un ton ferme. Dès que j'ai eu connaissance de votre message, j'ai terminé en hâte le plat particulièrement savoureux de bœuf aux oignons qui venait de m'être présenté, et, me contentant d'un morceau de fromage et d'un doigt de cognac, je me suis précipité au *Waag*, au risque d'attraper une colique ! Tout cela pour découvrir que l'on m'avait prévenu trop tard ! Mais le pire était à venir ! poursuivit-il. Quand je suis arrivé là-bas, on m'a reçu avec impolitesse et regards maussades, comme si je n'étais qu'un vulgaire débiteur. C'était terrible. Oui, oui ! Terrible !

Il affirma que seul un verre de cognac pouvait lui remettre l'estomac et les nerfs d'aplomb, et se servit.

— J'ai parlé au Conseil, dit Mary Windjammer.

— Vous, chère belle-sœur ? s'exclama Auguste, choqué. Vous, une simple femme, vous vous êtes adressée aux éminents hommes de ce Conseil ?

Il se souvint du verre qu'il tenait à la main et le vida d'un trait.

— Je commence à comprendre pourquoi on m'a si mal accueilli !

— Je n'avais pas le choix, répliqua Mary Windjammer en ignorant l'insulte. Des problèmes retenaient Gerrit à l'entrepôt, et vous-même...

Elle préféra couper court et secoua la tête.

— Ils n'ont pas voulu m'écouter.

Auguste n'eut pas l'air surpris... et ne se priva pas de le dire.

— Et maintenant, ajouta-t-il, vous êtes décidée à suivre mes conseils et à faire une offre à ce prêteur ?

— Oui.

Auguste se servit un autre cognac qu'il but cul sec, avant de se tourner vers elle.

— N'ai-je pas toujours affirmé qu'épouser un van Helsen était un bon moyen de s'enrichir ?

— Épouser ? s'exclama Adam en se levant d'un bond.

— Assieds-toi, Adam ! lui ordonna sa mère. Il est temps que tu apprennes à écouter d'abord et à parler ensuite.

Adam se rassit, submergé par le sentiment de sa propre impuissance. Étrangement, il mit du temps à comprendre ce qui fut dit ensuite.

Gerrit s'éclaircit la gorge. Tous les yeux se tournèrent vers lui et la lettre qu'il tenait à la main.

— J'ai rédigé un contrat, annonça-t-il.

Il déglutit, comme si les mots étaient coincés dans sa gorge.

— Un... contrat de mariage, confirma-t-il. Un accord pour unir la Maison Windjammer à la banque du prêteur Hugo van Helsen...

Adam dévisagea sa mère à l'autre bout de la table. Elle ne montrait aucune émotion. La voix de Gerrit devint distante... ténue... couverte par le martèlement du sang qui battait aux tempes d'Adam. Puis elle s'enfla tel un rugissement si fort qu'il crut que sa tête allait exploser.

— Un mariage entre Mary Windjammer et Hugo van Helsen. Un mariage qui garantisse à jamais le titre et les droits de l'héritier de la Maison Windjammer, et assure à Maître Adam sa place légitime à cette table...

Adam entendit Auguste reposer son verre avec bruit. Puis plus rien, sauf le son de sa propre voix qui criait : « Jamais ! Jamais ! *Jamais !* »

— J'aimerais parler à Adam en tête à tête, déclara Mary Windjammer.

On appela la cuisinière, qui emmena les jumelles en leur promettant une sucrerie.

— Si je puis me permettre une suggestion, chère belle-sœur, dit Auguste Windjammer en ne montrant aucune intention de partir, il me semble que c'est moi qui devrais aller parler à Hugo van Helsen demain.

— Vous, Auguste ?

Adam perçut le doute dans la voix de sa mère.

— Vous n'ignorez pas, poursuivit son oncle en inspectant avec minutie les ongles de sa main droite, que je possède comme personne l'art de m'exprimer avec tact et persuasion. Présenter une telle proposition va exiger des trésors d'éloquence et de diplomatie.

Adam vit sa mère hausser les sourcils. De toute évidence, elle était surprise, mais elle n'eut pas le temps de prendre la parole. Gerrit s'avança.

— Ce serait plus convenable, en effet, maîtresse, la conseilla-t-il avec calme. La tradition de cette maison veut que...

— Ne l'écoutez pas, Mère ! l'interrompit Adam. Mon oncle a-t-il déjà fait quelque chose de bien pour nous ?

— Comment oses-tu, mon neveu ? gronda Auguste en agitant son mouchoir de colère. Il est temps que tu apprennes à témoigner du respect envers tes aînés.

— Monsieur Auguste a raison, s'empressa d'approuver Gerrit.

Adam les détesta : l'oncle grassouillet et le petit clerc maculé d'encre, tous deux unis contre lui.

Mais Gerrit ignora ses protestations :

— Le frère de maître Hercule sera bien plus à même de faire cette proposition qu'un humble serviteur comme moi.

Il s'inclina devant Auguste Windjammer avec respect.

— Très certainement ! approuva ce dernier en lançant un regard noir à Adam.

— Somme toute, poursuivit le clerc, la visite d'un homme comme monsieur Auguste impressionnera Hugo van Helsen. Votre beau-frère pourra en profiter pour souligner les avantages d'un mariage entre cette Maison et sa banque. Ne sommes-nous pas en effet en mesure d'offrir à ce prêteur ce que son argent ne pourra jamais acheter... (il s'interrompit pour accentuer l'effet de ses mots) une réputation ?

— Une excellente réputation... et qui ne date pas d'hier ! approuva Auguste avec chaleur, bouffi de suffisance.

— Qui, mieux que votre beau-frère, saura mettre en valeur le grand honneur que nous faisons à M. van Helsen ? continua Gerrit. Les Windjammer lui offriront un rang, et un titre plus élevé que ceux d'un...

— ... simple banquier ! termina Auguste.

— Et en remerciement d'un tel honneur ? reprit le clerc. Eh bien... l'argent pour rembourser nos dettes... Une dot, en quelque sorte.

— Oui ! Oui ! Une dot ! répéta Auguste, qui s'emportait. N'ai-je pas toujours affirmé qu'une famille pouvait s'enrichir en arrangeant un mariage avec un banquier et...

Il s'arrêta, leur adressa un regard comme s'il en avait trop dit et se détourna.

Il remplit une nouvelle fois son verre, le vida d'un trait et resta un moment ainsi, la tête baissée vers les bouteilles, comme s'il avait peur de se trahir.

— Je ne lui fais pas confiance, Mère, dit Adam. Il manigance quelque chose. J'en suis certain.

Du coin de l'œil, Auguste lui jeta un regard furibond. Gerrit prit la parole :

— Ce genre d'affaires doit être traité dans les règles, maîtresse, rappela-t-il. Ce serait en accord avec la tradition de la famille...

— La tradition ! Vous ne savez parler que de la tradition ! cria Adam en se levant d'un bond.

Il chercha des doigts l'anneau sur sa poitrine, passa la chaîne au-dessus de sa tête et lança sur la table le symbole de la Maison Windjammer en direction de Gerrit.

— Voilà ce que je pense de votre tradition ! Reprenez votre anneau ! Je n'en veux pas ! Je n'en ai jamais voulu !

Il était surpris de voir combien il était facile de se libérer du fardeau. Il se sentit soudain plus léger, comme si un formidable poids lui avait été enlevé.

— N'ai-je pas toujours dit, déclara Auguste Windjammer d'un air solennel, et après une longue pause, que mon neveu n'était pas digne de cette Maison ? En ce qui me concerne, je n'ai plus aucun doute à ce sujet. Ce sont les hasards de la naissance qui ont fait de lui un héritier... rien de plus ! Il n'est pas à la hauteur de la tâche.

— Je vous ai demandé de nous laisser seuls, dit Mary Windjammer d'un ton sévère.

Elle fit signe à Gerrit de s'avancer.

— Prenez la lettre et portez-la à Hugo van Helsen ce soir même.

— Et que faites-vous de mon conseil, chère belle-sœur ? demanda Auguste.

Elle hésita, lança un regard à Gerrit qui hocha la tête.

— Très bien, Auguste, conclut-elle avec un soupir de résignation. Je vous charge de parler au banquier, mais seulement parce que Gerrit l'a recommandé. Soyez fidèle à cette Maison. Je vous offre une dernière chance demain de prouver que vous êtes un vrai Windjammer, et de vous faire pardonner vos agissements passés.

Les yeux d'Auguste brillèrent.

— Personne n'a travaillé plus dur que moi pour la Maison Windjammer ! s'écria-t-il. Personne ! Même si je ne reçois, en guise de remerciement, que de la haine et des plaintes !

Il lança un regard en coin à Adam, puis se tourna de nouveau vers sa belle-sœur.

— N'ayez crainte, je défendrai cette Maison. Je la sauverai pour le bien des Windjammer. Oui, oui. Pour un *héritier* qui en soit digne – je vous le promets !

Il la salua d'une légère inclinaison de la tête, ignora Adam et, le menton levé, quitta la pièce.

— Reprends l'anneau, Adam !

— Non, je n'en veux pas, Mère !

Mary Windjammer assena son poing sur la table.

— Que je ne t'entende plus jamais dire cela !

Un éclair de colère traversa son regard.

— En abandonnant l'anneau, tu abandonnes la Maison. Et tout ce pour quoi nous avons travaillé sera perdu. Est-ce ce que tu désires ? Veux-tu que ton cher père, ton oncle Lucien et les autres soient morts pour rien ?

— Non, mais...

— Alors reprends l'anneau et comporte-toi désormais comme l'héritier de cette Maison !

Adam se leva avec raideur. L'anneau – le fardeau de la Maison Windjammer – luisait faiblement à la lumière de la chandelle.

— Pourquoi écoutes-tu Gerrit, Mère ? Pourquoi l'écoutes-tu, lui, plutôt que moi ?

— Gerrit est avec nous depuis fort longtemps. Ton père lui faisait confiance, et j'agis de même.

— Eh bien pas moi.

Mary Windjammer baissa la voix.

— Il y a beaucoup de choses que tu ignores au sujet de cet homme. Tu ne vois que son sens des règles et des traditions, mais il est aussi loyal envers cette Maison que toi ou moi.

— Qu'en savez-vous, Mère ?

— Je le sais parce que je le connais. Gerrit est un homme honnête, qui n'épargne pas sa peine. Un homme qui, il y a des années, a été sauvé par ton père. Il avait été battu comme plâtre, détroussé et laissé à l'article de la mort dans le caniveau. Ton père l'a secouru. Il l'a ramené à la maison, et nous avons soigné ses blessures. Gerrit ne nous a plus quittés depuis – il a juré de nous servir et de nous protéger.

— Mais il a soutenu mon oncle, et nous savons tous deux que celui-ci est...

— Je sais ce que tu penses d'Auguste, Adam. Mais tu dois apprendre à ne pas montrer tes sentiments si ouvertement.

— Comment puis-je rester silencieux quand je suis certain qu'ils manigancent quelque chose ensemble, Mère ? J'ignore de quoi il s'agit, mais je le découvrirai. Je vous ai raconté ce que j'ai vu : Gerrit a de l'argent.

Des pièces d'or cachées sous le parquet. Je vous le prouverai si vous me laissez...

— Ça suffit ! Je ne veux plus entendre un mot de cette histoire ridicule. Maintenant, reprends l'anneau ! Je ne te le demanderai pas une seconde fois.

Adam refoula ses larmes et longea la table à pas lents. L'anneau de la Maison Windjammer lui parut devenir aussi grand qu'une assiette. Il hésita – conscient que cette charge serait à la limite du supportable –, avant de se décider à tendre la main. La chaîne glissa comme un nœud coulant autour de son cou ; il sentit une fois de plus le poids de l'or froid sur sa poitrine.

Sa mère se leva et lui fit face. Elle rompit enfin le silence :

— Personne ne pourra jamais prendre la place de ton père dans mon cœur, tu sais cela, n'est-ce pas, Adam ?

Adam la regarda droit dans les yeux, et toute la colère et la frustration accumulées au fond de lui s'envolèrent soudain.

— Mais comment pouvez-vous l'épouser, lui, Mère ? Il doit bien y avoir une autre solution !

— Je l'espérais, lui répondit-elle avec honnêteté. Mais tu as entendu Barthélemy de Leiden. Même nos plus proches amis craignent Hugo van Helsen, à présent.

Elle prit ses mains dans les siennes.

— Le Conseil des Marchands s'est engagé à mettre un terme aux activités de la Compagnie de commerce Windjammer si elle ne rembourse pas ses dettes. Nous avons une semaine. À minuit, mardi prochain, nous serons ruinés, et Hugo van Helsen s'appropriera ce qui nous appartient.

Elle lui étreignit les doigts.

— Ai-je le choix ? Je dois miser sur les ambitions de Hugo van Helsen pour nous sauver. Il ne vise qu'une haute position sociale et le pouvoir. Les Windjammer ont toujours été respectés. Même aujourd'hui, notre réputation est intacte. Van Helsen n'est pas stupide. Il verra les avantages qu'il y a à acquérir la respectabilité par une alliance plutôt que par la destruction.

— Mais nous n'avons pas besoin de lui, Mère. Nous n'avons besoin de personne ! Nous nous débrouillerons, vous verrez. Nous repartirons de zéro. Nous pouvons le faire, je sais que nous le pouvons !

Elle secoua la tête avec tristesse.

— Crois-tu qu'un homme comme Hugo van Helsen nous laissera quoi que ce soit une fois qu'il en aura terminé avec nous ? Même après qu'il nous aura jetés à la rue, nous serons ses débiteurs pour le restant de nos jours.

Pendant un instant, la douleur et la peur transparurent dans son regard.

— Et tes pauvres sœurs, Adam ? Doivent-elles grandir dans le caniveau du Jordaan ? Devrai-je les voir mourir de la peste ou de la fièvre du canal ?

Cette réalité sonna au-dessus de la Longue Table tel le glas.

— Je le répète, je suis autant une mère qu'une Windjammer, reprit-elle après une pause. Peut-être est-ce pour cela que je suis prête à épouser l'homme qui nous a fait tant de mal. C'est la seule façon que je connaisse de protéger ma famille. Je suis une femme. Les marchands ne m'écouteront pas. Mais un jour, Dieu merci, ils t'écouteront, toi.

Elle lâcha ses mains et le serra contre elle.

— Voilà pourquoi je dois faire un mariage d'argent, souffla-t-elle à son oreille. Voilà pourquoi je ferai tout ce qui est en mon pouvoir pour protéger ton héritage.

Elle s'écarta de lui et hocha la tête. La détermination se lisait de nouveau dans ses yeux.

— Voilà pourquoi, Adam, j'épouserai Hugo van Helsen.

13

L'ombre de Gerrit

« Gerrit a de l'argent, chuchotait avec obstination une petite voix dans la tête d'Adam. Beaucoup d'argent. »

Adam faisait les cent pas dans sa chambre. Il était tard. Les allumeurs de réverbères avaient depuis longtemps allumé les torches et les lanternes le long du Herengracht. Quelque part, au loin, un veilleur souffla dans sa corne pour annoncer le début d'une nouvelle heure. Seuls les craquements du plancher troublaient le calme de la demeure. Adam avait l'étrange sentiment qu'il n'était pas dans une maison, mais à bord d'un navire qui oscillait sur une mer sombre, fendant la brume pour se diriger aveuglément vers les récifs.

« D'où vient tout cet argent ? continuait à lui murmurer la voix. Pourquoi ne pas le lui demander... lui demander... lui demander... »

— Je le ferai ! répondit Adam à voix haute.

Il traversa sa chambre à grandes enjambées, mais, devant la porte, s'arrêta, comme il l'avait fait tant de fois auparavant.

Et si Gerrit niait ? Adam n'avait aucune preuve. Ce serait sa parole contre la sienne. Sa mère ne le croirait jamais, et le petit homme, lui, saurait qu'il avait été démasqué. Oui, il le saurait. De quoi serait-il capable alors ? Des visions du masque tournoyèrent dans l'esprit d'Adam, et la voix reprit :

« Il viendra tard cette nuit... pendant que tu dormiras... Ce sera facile... Un simple coup de poignard dans l'obscurité... »

Adam s'écarta de la porte, le cœur battant la chamade. Il se souvint, soulagé, que Gerrit n'était pas encore rentré.

« Combien de temps faut-il pour délivrer une lettre ? siffla la voix, implacable. Pas longtemps... Pas si longtemps... »

— Je l'attendrai !

Adam décida d'affronter le clerc dès son retour. Et pendant un moment, la voix resta silencieuse.

Adam se réveilla en sursaut. Son cœur fit un bond dans sa poitrine. Il se redressa et regarda autour de lui. Il était assis sur une chaise près du feu. Un bout de chandelle brûlait encore, et il devina qu'il avait dormi près d'une heure. Il se demandait si Gerrit était rentré quand il perçut des pas dans l'escalier. C'était cela qui l'avait réveillé.

Il se leva et tendit l'oreille. Des petits pas rapides, mais qui s'arrêtaient à intervalles réguliers. Chaque fois, le silence de la maison se chargeait d'attente, jusqu'à ce que les marches recommencent à craquer.

Il souffla la bougie, et un rayon de lune vint balayer la fenêtre et le sol. Autour de lui, des ombres se profilaient. Il se dirigea vers la porte et l'entrouvrit à peine.

Gerrit arrivait en haut des marches, une lanterne à la main, haletant. On aurait dit qu'il avait couru. Il portait encore son manteau et son chapeau.

Le clerc jeta un œil autour de lui et se faufila dans la pénombre vers la fenêtre qui donnait sur la rue. Là, il leva sa lanterne et observa, sans un bruit. Puis il marmonna quelque chose, avant de monter à nouveau. En entendant le clerc s'arrêter au palier suivant, Adam comprit qu'il avait dû faire une halte à chaque fenêtre palière. Il entendit ensuite la porte des quartiers des domestiques s'ouvrir, se refermer... Tout redevint calme.

Il attendit un long moment pour s'assurer que Gerrit ne redescendait pas, puis il s'avança dans le couloir. Sur une impulsion, il se dirigea droit vers la fenêtre.

Dehors, une lanterne suspendue à un crochet se balançait au-dessus de l'entrée de la salle des comptes. Elle dessinait des cercles lumineux sur les pavés. Adam pressa sa joue contre la vitre. D'aussi loin qu'il pouvait voir, la rue était déserte des deux côtés. Néanmoins, il sentit ses cheveux se dresser sur sa nuque en devinant le danger tapi dans l'obscurité, juste au-delà du rond de clarté.

Il recula, puis, promptement, regarda de nouveau. Après ce qui lui parut une éternité, il distingua un léger mouvement.

Un pan d'ombre – à peine une parcelle d'obscurité – se détacha dans la nuit et s'approcha du bord du cercle de lumière. À mesure que s'amplifiaient les oscillations de la lanterne, la silhouette de l'homme qui observait la maison se profila.

— Abner Heems ! s'exclama Adam.

Il s'accroupit, mais la vision fugitive du visage cruel avait eu le temps de s'imprimer dans son esprit.

Le prédicateur se tenait là, son chapeau rabattu sur les yeux, les mains enfoncées dans les poches de son manteau, serrant les épaules pour lutter contre le froid. Il s'était glissé jusqu'à leur porte, aussi silencieux que la Mort.

Adam se figea tandis que la terreur le gagnait, aussi sûrement que si Abner Heems avait avancé une immense main squelettique pour s'emparer de lui. Il pivota sur les talons, cherchant des monstres dans la pénombre autour de lui. Effrayé, il s'éloigna de la fenêtre, puis y revint.

Centimètre par centimètre, il se hissa jusqu'au rebord. En bas, dans la rue, la lanterne bougeait au souffle de la brise. Le rond de clarté se déplaça. Quand il éclaira de nouveau les pavés, le prédicateur avait disparu.

Adam se précipita dans la bibliothèque et s'arrêta, le souffle court.

— Gerrit ? appela-t-il. Gerrit, où êtes-vous ?

Pas de réponse.

Il était encore très tôt, mais il avait entendu le clerc descendre de sa chambre bien avant l'aube.

— Je dois vous parler, tout de suite.

Adam était déterminé à découvrir la vérité.

Il se faufila à pas de loup dans la salle des comptes. L'écritoire en bois était posée sur le bureau. La porte donnant sur la rue était fermée. Le clerc n'avait pas encore quitté la maison.

La courte nuit d'Adam avait été peuplée d'images fantomatiques : Hugo van Helsen, le prédicateur, Gerrit, Auguste Windjammer – un à un, ils étaient venus troubler son sommeil. Chaque fois il s'était réveillé en sueur et s'était rendormi tant bien que mal jusqu'au cauchemar suivant, comme si sa tête avait été remplie de poudre à canon et que le fil de ses pensées n'eût été qu'une longue mèche se consumant. Il se sentait épuisé, mais bien décidé à affronter Gerrit.

La salle des comptes était comme il l'avait laissée la veille, le bureau et la chaise face à la porte donnant sur la rue, à sa gauche. Le prunier dans le jardinet se détachait à peine contre la clarté de l'aube. Adam posa sa chandelle et, de tout son poids, poussa le bureau. Les pieds vibrèrent, grinçant sur le plancher tandis qu'il le faisait glisser sur le côté. Puis il reprit la bougie et s'agenouilla pour inspecter les interstices des planches.

Les clous en acier qui fixaient les lames aux solives étaient aussi vieux que la maison, mais il remarqua que les extrémités de trois d'entre elles avaient été taillées en carré. Le travail avait été exécuté avec soin pour constituer une cachette idéale. Avec le pied du bureau placé dessus, toute recherche, si minitieuse soit-elle, n'aurait pas permis de la déceler. Seules des années d'utilisation et l'éraflure du pied donnaient une indication.

Adam souleva une lame avec ses ongles. Elle bougea. Il insista encore un peu, et, cette fois, elle céda. Ses mains tremblaient légèrement lorsqu'il l'ôta. Il la posa sur le côté, puis répéta la manœuvre pour les deux autres, révélant un trou carré.

La cloche d'une église voisine sonna la demie d'une simple note. Adam plongea la main et sortit un coffret. Il fut surpris de constater qu'il n'était pas fermé à clef. Ses doigts tremblaient encore quand il en souleva le couvercle. Il était vide.

— Maître Adam !

La voix de Gerrit claqua dans l'air.

— Que faites-vous ici ?

Adam se leva d'un bond comme s'il avait reçu un coup de fouet.

Les yeux de Gerrit lançaient des éclairs. Le petit homme avait les poings serrés, et on voyait les jointures blanches de ses articulations.

— Je l'ai trouvée ! lâcha Adam.

Gerrit fixa la cassette ouverte, puis le trou dans le plancher, enfin Adam. L'expression de son visage se transforma, comme si soudain il comprenait.

— Vous étiez donc bel et bien caché dans la bibliothèque, dit-il. Mademoiselle Angelica avait raison !

— Où est l'argent ? Il était là ! J'ai vu les sacs pleins de pièces d'or dans cette cassette sous le plancher.

Le ton de Gerrit se durcit.

— Vous m'avez guetté comme un vulgaire espion !

— Peut-être, se défendit Adam. Mais un espion, c'est toujours mieux qu'un voleur.

— Un voleur ? siffla le clerc. Que voulez-vous dire ?

— J'ai vu le masque, répliqua Adam sans réfléchir. Je sais ce que vous avez fait. Pourquoi ne le reconnaissez-vous pas, tout simplement ? Vous êtes un voleur. C'est de l'argent que vous nous avez dérobé, n'est-ce pas ?

— Voler cette maison ? Jamais, jamais !

Gerrit était à l'évidence horrifié par cette pensée. Il lança un regard rapide par-dessus son épaule et ferma la porte.

— Ne vous approchez pas de moi ! s'exclama Adam en s'armant d'un lourd chandelier.

— Maître Adam ! Je vous en prie ! Il s'agit d'un... malentendu.

— Malentendu ou pas, répondit Adam en se dirigeant vers la porte, ma mère se trompe à votre sujet. Elle pense que nous pouvons vous faire confiance, mais elle a tort. J'aurais dû lui ouvrir les yeux. J'aurais dû l'amener ici et lui montrer ce que vous êtes vraiment.

— Non !

Gerrit lui bloqua le passage.

— Vous devez m'écouter, maître Adam ! Vous devez me croire quand je vous dis que jamais je ne ferais de tort à cette maison.

— Alors, d'où vient cet argent ? Depuis la mort de Père, nous ne vivons plus que de ragoût de pommes de terre, de pain et de fromage. Vous-même, vous nous avez expliqué que nous étions pauvres et que nous devions nous serrer la ceinture. Mais pendant ce temps, vous cachez des sacs pleins d'or sous votre bureau !

— Cet argent m'appartient. Je l'ai économisé au long des années pour mes vieux jours. Cependant, je l'aurais donné de bon cœur à votre mère, jusqu'au dernier florin, si je n'en avais pas eu besoin.

Adam refusait de l'écouter.

— Pourquoi devrais-je vous croire ?

— Parce qu'il le faut, jeune maître ! plaida Gerrit. Je vous en supplie ! J'ai mes raisons !

Pourtant, ce qu'Adam lisait sur le visage du petit homme, c'était sa culpabilité. Sa duplicité. Comme cette façon qu'il avait de se frotter continuellement les mains. Le jeune maître était étonné de ne jamais l'avoir remarqué du vivant de son père.

Le clerc fit un pas en avant, comme s'il craignait qu'on ne surprenne ses paroles. Adam le regarda avec méfiance.

— C'est vrai, poursuivit Gerrit, comme s'il confessait ses péchés. J'ai un secret, un terrible secret ! J'ai préféré vous cacher ma honte, à vous et à votre mère. Même aujourd'hui, je ne peux pas croire que moi, l'honnête serviteur de cette maison honorable, j'ai dû commettre pareille bassesse.

Ses yeux avaient un éclat fébrile.

— Mais je devais le faire, comprenez-moi ! Il fallait que je risque mon honneur et ma réputation. Sinon, comment aurais-je pu sauver la Maison Windjammer ? Et empêcher ce mariage !

— L'empêcher ?

Adam n'en croyait pas ses oreilles.

— Je m'y suis opposé dès l'instant où votre oncle l'a suggéré à la Longue Table.

— Mais j'étais là ! dit Adam, persuadé que Gerrit mentait. Vous avez approuvé !

— C'est juste. J'ai conseillé à votre mère d'écouter monsieur Auguste. Et j'avais de bonnes raisons.

Il ne cessait de se tordre les mains tout en parlant.

— Je savais que votre mère avait arrêté sa décision et que je ne pourrais l'en détourner.

Il regarda Adam.

— Vous-même, auriez-vous pu l'en dissuader, maître Adam ?

— Non, reconnut ce dernier. Mais pourquoi avez-vous insisté pour qu'elle envoie mon oncle parler à Hugo van Helsen ?

— Je ne pouvais m'en charger moi-même. Ma présence à l'entrepôt est indispensable. Quant à votre oncle, je me méfie de ses ambitions. Je les ai vues pousser comme du chiendent ces dernières semaines. Mais je n'avais pas les moyens de m'opposer à ses projets. Alors j'ai flatté sa vanité, et conseillé à votre mère d'accepter sa proposition. Je connais assez Hugo van Helsen pour affirmer qu'il n'est pas homme à se laisser traiter avec arrogance et dédain. La meilleure façon de m'assurer que ce mariage n'aboutirait pas était d'envoyer votre oncle. Il est vaniteux, n'est-ce pas ? Et la vanité, dit-on, précède toujours la destruction, et l'arrogance, la chute.

Au moins, cela faisait sens pour Adam. Pourtant, il refusait encore de croire Gerrit.

— Mais vous avez porté la lettre !

Le clerc soupira et secoua la tête.

— Comme si ma honte n'est pas assez grande ! Non, je n'ai pu m'y résoudre.

Il retira la missive de sa poche.

— Il va de soi que je la rendrai plus tard à votre mère.

Adam fixa le parchemin, stupéfait.

— Je ne comprends pas.

— J'aimerais pouvoir vous parler en toute franchise, maître Adam, mais la situation n'est pas assez sûre. Je me suis embarqué dans une aventure risquée. Il y a des gens qui cherchent à m'arrêter. Oui, j'ai été suivi, malgré mes précautions. Je dois donc me montrer très prudent.

— Le prédicateur ?

Gerrit frissonna en entendant ce nom. Mais il se tut et reprit contenance. La raideur de ses épaules étroites montrait sa détermination.

— Je vous en parlerai le moment venu, à vous et à votre mère, promit-il. Je vous raconterai ma honte. Mais pour l'instant, maître Adam, croyez-moi. Le sort de la Maison Windjammer pèse toujours dans la balance, même maintenant.

Voilà qu'après des semaines de solitude et de détresse, l'espoir revenait.

— Je dois vous laisser, à présent, conclut Gerrit. Je crains qu'il n'y ait des problèmes à l'entrepôt.

Il se pencha et ramassa le coffret. Puis il regarda Adam.

— Je vous demande pardon, maître Adam. J'aurais dû vous considérer davantage comme le fils de votre père que comme un simple adolescent.

La profondeur de son regret se lisait dans ses yeux.

— Toutefois, je n'ai aucun moyen de savoir ce que votre oncle dira quand il ira voir Hugo van Helsen dans sa demeure de la rue des Couteaux. Nous ne pouvons que nous en remettre à la chance.

Gerrit remit la cassette sous le plancher, prit son écritoire et sortit. Adam s'attarda dans la bibliothèque. Il se sentit attiré par le bureau de son père et le portrait au mur.

Quand enfin il retourna dans sa chambre, il était étonnamment calme.

Il revêtit ses habits d'homme d'affaires et attacha ses cheveux sur sa nuque. Puis il redescendit prendre le petit déjeuner en compagnie de sa mère et de ses sœurs.

— J'ai une commission à faire pour Gerrit, dit-il. Je serai absent un moment.

Il traversa l'échiquier du hall, sans regarder les jumelles qui l'épiaient de l'escalier. Sa mère l'embrassa sur la joue et ouvrit la porte. La brise vint fouetter son visage. Puis le vent agita l'air autour de lui, comme si la maison recommençait à respirer. L'attente était finie.

14

La rue des Couteaux

La rue des Couteaux traversait le cœur de la cité : une venelle pavée qui serpentait parmi les échoppes et les maisons, jusqu'à divers marchés, tous plus animés les uns que les autres.

Lorsque Adam coupa la rue du Pain pour emprunter la rue des Fromages, où les goudas et les fromages d'Édam étaient empilés sur les étals des boutiques, son estomac gargouilla. Il s'écarta pour laisser passer une calèche. Le cocher pesta en guidant son attelage dans la voie étroite. Un peu plus loin, perpendiculaire à lui, s'ouvrait la rue des Couteaux.

Elle sentait le sang, la graisse rance et la sciure de bois. Des bœufs, des cochons et des moutons étaient suspendus aux crochets devant les boutiques des bouchers. La viande était noire de sang et veinée de graisse. Les bouchers et leurs femmes travaillaient avec ardeur, sciant les os, dépeçant et exposant les morceaux sur des tables en bois en devanture. Des dames accompagnées de leurs servantes coiffées d'un bonnet blanc et portant des paniers en osier allaient d'une boucherie à l'autre, observant, achetant. Et tout ce temps, les couteaux qui avaient donné leur nom à la rue scintillaient dans la lumière du soleil hivernal.

Adam avançait avec précaution, se frayant un chemin dans la venelle encombrée, les yeux levés vers les maisons jusqu'à ce qu'il aperçoive l'enseigne. Il était arrivé.

La demeure et officine de Hugo van Helsen se dressait à l'angle de la rue. C'était une bâtisse en bois sombre avec d'étroites fenêtres à petits carreaux et une enseigne – cinq florins en or peints sur une planche noire – au-dessus de la porte. C'était de loin la plus grande maison du quartier, pourtant modeste comparée à celles qui bordaient le Herengracht. Ce qu'elle n'avait pas en hauteur, elle l'avait en présence. Elle semblait ramassée, repliée sur sa porte cloutée de fer, comme si elle avait honte de ce qui se passait dans son cœur obscur.

Le projet d'Adam consistait à trouver la maison, rien de plus. Il n'avait pas réfléchi à la façon dont il s'y prendrait pour entrer à l'intérieur, ou à ce qu'il ferait une fois dedans. Il voulait simplement entendre ce que dirait son oncle à Hugo van Helsen, et mettre fin à toute discussion sur un mariage éventuel. Ne sachant que faire, il s'adossa contre le mur, histoire d'observer les lieux.

Il n'eut pas besoin d'attendre longtemps. Bientôt, Goltz, le clerc de Hugo van Helsen, ouvrit la porte. Il glissa la tête, jeta un œil de chaque côté, puis, avec un geste d'impatience, fit signe à quelqu'un de sortir. Adam reconnut l'homme aussitôt.

— Nous vous payons pour prêcher, rien d'autre ! déclara Goltz, en regardant toujours à gauche et à droite. Et ne revenez plus à cette heure de la journée !

— Pourtant, ce que je lui ai dit avait l'air de l'intéresser ! grommela Abner Heems en enfonçant son chapeau sur la tête et en rabattant le large bord sur ses yeux. L'argent dans ma bourse le prouve !

Il tapota la grande poche de son manteau. Puis il lança un regard noir au clerc.

— Votre maître chéri n'apprécie peut-être pas mes méthodes, mais j'ai rempli mon contrat. Arrêtez-le ! a-t-il dit. C'est ce que je vais faire, à ma façon. Souvenez-vous de cela, Goltz ! Vous êtes compromis dans cette affaire, tout comme moi !

Goltz eut l'air terriblement mal à l'aise. Le prédicateur tourna les talons et s'éloigna à grandes enjambées. Adam fit mine d'examiner les jambons fumés, cachant son visage quand Abner Heems passa près de lui. La porte se referma avec un bruit sourd, et Goltz disparut à l'intérieur de la maison. C'est seulement à cet instant qu'Adam remarqua un visage à la fenêtre.

Du dernier étage, quelqu'un avait observé la scène. Une silhouette qui se retira promptement quand il leva la tête. Pourtant, Adam eut le temps d'apercevoir son ombre parmi le reflet des nuages dans les vitres en losange.

— Jade !

S'il s'agissait bien d'elle, elle ne réapparut pas. Adam se demandait s'il ne valait pas mieux renoncer à son projet quand il aperçut son oncle.

Auguste Windjammer arriva en grande pompe. Il avait loué une voiture très élégante – une calèche basse suspendue à quatre roues, peinte d'ornements et tirée par deux chevaux. Il avait ordonné au cocher de faire halte devant la porte de Hugo van Helsen et d'annoncer leur présence. Les rideaux de la voiture tremblotèrent, puis la porte en tissu glissa. Un instant plus tard, l'oncle d'Adam descendait avec lourdeur. Il porta aussitôt un mouchoir parfumé et bordé de la plus fine dentelle à son nez, comme si la puanteur de l'endroit lui était insupportable.

— Dépêche-toi, dépêche-toi ! gronda-t-il en se tournant avec impatience vers la voiture. On ne fait pas attendre un homme comme Hugo van Helsen !

Les rideaux bougèrent, puis le cocher fouetta ses chevaux. En s'ébranlant, la calèche révéla Willem, aux côtés de son père.

— C'est bien ce que je pensais, dit Auguste Windjammer en levant les yeux vers la maison avec un dédain manifeste. De l'argent, mais aucun style.

Adam vit son oncle se frayer un chemin parmi les immondices du caniveau jusqu'à la demeure du banquier. Auguste réajusta le col de son manteau doublé de fourrure, prit une posture censée lui donner un air important et tapa à la porte avec le pommeau de sa canne. Il dut frapper trois fois avant que Goltz vienne ouvrir.

— Oui ? demanda le clerc avec impatience.

Auguste Windjammer leva le menton, visiblement irrité.

— Nous venons voir votre maître.

— Avez-vous rendez-vous ?

— Rendez-vous ? l'imita Auguste avec moquerie. Vous voulez me faire croire que moi, Auguste Windjammer, j'ai besoin d'un rendez-vous pour une affaire de première importance ?

La porte se referma avec un bruit sourd. Auguste Windjammer heurta de nouveau le battant en bois, jusqu'à ce que Goltz revienne.

— Il va vous recevoir, déclara le clerc avec un soupir, et il se recula pour les laisser passer.

— J'en étais sûr ! s'exclama Auguste, tout en pestant sur l'impertinence du comptable.

Adam vit son oncle s'introduire dans la maison, puis ôter ses gants, doigt par doigt, en attendant que Goltz prenne son manteau et son chapeau. Willem se tenait à ses côtés, l'air penaud.

Adam traversa et s'approcha. Les voix dans l'entrée s'estompèrent. Il souleva le loquet en acier, attendit, puis poussa le battant. Après avoir lancé un rapide coup d'œil pour vérifier que Goltz n'était pas dans les parages, il se glissa à l'intérieur.

C'était une pièce carrée, au plafond bas. Au fil des années, la suie de l'âtre et la fumée des pipes avaient noirci les poutres, qui avaient pris la couleur de l'ébène. Le bureau et la chaise de Goltz faisaient face à la rue. Sur la table, Adam vit des chandeliers couverts de cire et un livre de comptes. À sa gauche, une porte en bois était ouverte. Il entendit des voix.

— Comme je l'expliquais à votre impertinent clerc qui a osé nous faire attendre sur le seuil, disait Auguste Windjammer d'un ton indigné, je suis venu pour une affaire de première importance.

Adam s'avança à pas de loup, jusqu'à ce qu'il aperçoive Hugo van Helsen. Le banquier était assis derrière un grand bureau, Goltz debout près de lui. Auguste se tenait devant lui, hésitant, dansant d'un pied sur l'autre, Willem à demi caché derrière lui.

Hugo van Helsen reposa sa plume et croisa les mains.

— En effet, ce doit être une affaire importante, dit-il avec l'ombre d'un sourire, pour qu'Auguste Windjammer rate son petit déjeuner.

— C'est exact ! approuva l'oncle d'Adam, ignorant le sarcasme.

Il s'approcha avec un regain de confiance.

— Puis-je m'asseoir ? demanda-t-il en cherchant des yeux une chaise.

On ne lui en offrit pas, et il dut rester debout.

— Hum... eh bien... monsieur, vous avez sans doute reçu la lettre de ma belle-sœur, Mary Windjammer, et...

— Une lettre ? l'interrompit Hugo van Helsen en lançant un regard interrogateur à son clerc.

Goltz secoua la tête.

— Pas de lettre, dit-il.

— Vous vous trompez sûrement, monsieur.

Auguste insista.

— Si, si, hier soir.

— Nous n'avons reçu aucune lettre, répéta Goltz.

Auguste Windjammer pria le banquier d'exiger de son clerc qu'il vérifie. Goltz s'en offensa, mais van Helsen, d'un geste, lui demanda de s'exécuter. Adam comprit soudain qu'il allait venir dans la pièce où il se cachait.

— *Maître Windjammer*. Par ici ! *Vite !* souffla une voix derrière lui.

En se retournant, Adam remarqua un battant ouvert dans le panneau en bois de l'autre côté du bureau. Dans la pénombre, il reconnut Saskia, la servante de Jade van Helsen, qui lui faisait signe de venir. Saskia referma la porte au moment où Goltz entrait dans le bureau.

La servante posa un doigt sur ses lèvres et lui indiqua de la suivre. Sans un mot, elle le conduisit à travers une série de pièces exiguës et sombres, encombrées de meubles lourds – il y en avait partout. D'immenses vitrines de style hollandais étaient pleines de porcelaines bleu et blanc – cruches, bols, assiettes – et les murs étaient un véritable patchwork de tableaux. Adam avait l'impression de déambuler dans une salle aux enchères, non pas dans une maison.

— Je dois retourner là-bas, tenta-t-il d'expliquer. Mon oncle...

Saskia ne voulut rien entendre.

— Mademoiselle Jade désire vous parler, dit-elle en s'arrêtant devant une double porte.

Elle le fit entrer et lui demanda d'attendre.

Adam se retrouva dans une pièce surmontée d'une galerie, qui courait tout autour à environ deux tiers de sa hauteur. Elle surplombait une rangée de grandes fenêtres et on y accédait par un escalier en colimaçon. Adam aperçut à son pied un chevalet recouvert d'un tissu en velours.

— Jade ? appela-t-il.

Pas de réponse.

Il perdait du temps. La lettre que cherchait Goltz n'allait pas retenir son oncle très longtemps, et Adam voulait coûte que coûte entendre ce qui allait encore se dire. En proie à une inquiétude grandissante, il voulut se précipiter vers la porte, mais – pour une raison qu'il ne pouvait pas s'expliquer – il tenait à revoir Jade.

Il s'avança doucement, avec le désagréable sentiment qu'on l'épiait. Il leva les yeux vers la galerie et la rangée de poutres incurvées qui soutenaient le toit. Il se retrouva au pied de l'escalier, à côté du chevalet. La curiosité l'emporta et il souleva le coin du tissu. Jade van Helsen se tenait en face de lui.

Le portrait, dans un cadre en or, était récent – une peinture en buste de la jeune fille. Adam écarta encore un peu le tissu pour mieux voir. Elle le regardait d'un fond pourpre et rouge sombre. La magie du pinceau de l'artiste avait capturé la lumière et donné vie à la jeune fille. Son visage rayonnant se détachait sur l'arrière-plan obscur – comme éclairé de l'intérieur. La clarté du jour illuminait ses cheveux et tombait sur ses lèvres telles des perles. Mais, surtout, le vert cristallin de ses yeux rendait le portrait si vivant qu'Adam en eut le souffle coupé.

— Que fais-tu ici ? Pourquoi es-tu venu ?

La voix de Jade van Helsen était cinglante.

Adam sursauta comme si elle l'avait surpris en train de l'espionner. Il rabattit le tissu sur la toile, recula de quelques pas et leva la tête. La jeune fille l'observait de la galerie. Elle courut sans bruit jusqu'à l'escalier et, retroussant sa longue jupe dorée, descendit les marches, semblable à un ange auréolé de lumière.

— Tu as perdu la tête, Adam Windjammer ? demanda-t-elle, furieuse. De quel droit t'introduis-tu chez les gens pour écouter aux portes ?

— Je ne me suis pas introduit comme un voleur, protesta Adam sans conviction. Je suivais mon oncle, voilà tout. Ensuite, Saskia m'a amené ici.

— C'est moi qui le lui ai demandé. J'étais sûre que Goltz t'attraperait !

Elle secoua la tête en songeant à ce qui aurait pu se produire.

— Mon père ne doit pas savoir que tu es là. Tu dois partir, Adam Windjammer. Tout de suite !

Adam refusa et tenta de lui expliquer pourquoi.

— Tu ne comprends pas ! l'interrompit-elle. Tu ne connais pas mon père ! Il découvre toujours tout. Absolument tout ! Il se méfie déjà de mes promenades au marché. Il a même menacé de renvoyer Saskia et d'engager une nouvelle servante pour me surveiller.

— Je n'y peux rien, répliqua Adam. Je ne peux pas m'en aller, pas encore.

Les yeux de Jade brillèrent de fureur.

— Ce que tu veux, c'est entrer dans le bureau et te mettre à hurler, n'est-ce pas, Adam Windjammer ?

— Oui, s'il le faut. Mais tu n'as pas de reproches à me faire, ce n'est pas ma faute si ton père s'acharne à ruiner ma famille.

Les yeux de Jade lancèrent des étincelles. Ils se faisaient face ; leurs mots étaient aussi tranchants que des couteaux.

— D'après ce que je sais, ce n'est pas très difficile, Adam Windjammer, lâcha-t-elle.

— Que veux-tu dire ?

— Que les Windjammer ne peuvent s'en prendre qu'à eux-mêmes.

— C'est faux, et tu le sais !

— Alors pourquoi n'es-tu pas avec ton oncle ? Pourquoi l'héritier de la Maison Windjammer est-il en train d'écouter aux portes ?

— Cela ne te regarde pas.

Ils se dévisagèrent avec colère.

— Ton père déchire ma famille, déclara Adam.

— Non, riposta-t-elle. Vous vous déchirez vous-mêmes. Tout Amsterdam le sait. Et c'est pour ça que les Windjammer perdront et que mon père gagnera.

— Mensonges ! Ce ne sont que des mensonges ! contre-attaqua Adam. Ton père nous déteste, simplement parce que nous sommes des Windjammer.

— Non, mon père est un banquier, un homme d'affaires. Pourquoi soutiendrait-il les Windjammer quand ils ne peuvent pas se soutenir eux-mêmes ?

Elle était sans pitié.

— Ce serait jeter son argent par les fenêtres. Votre Maison est perdue, comme vos navires.

Elle avait fait mouche. Elle l'avait blessé au plus profond et la souffrance lui étreignait la poitrine. Il battit en retraite.

— J'aurais dû me douter que tu étais de *son* côté, à lui. J'aurais dû me douter que tu le soutiendrais, *lui*.

— C'est mon père, qu'est-ce que tu t'imaginais ?

Ses paroles pénétraient en lui comme de l'acier froid.

— Il suffirait qu'il me le demande, ou qu'il l'accepte, et oui, je le soutiendrais. Mais il n'a pas besoin de moi. Si j'étais son fils, ce serait peut-être différent. Mais je ne suis que sa fille.

— Tu es une van Helsen, ça suffit largement !

Adam lui jeta le nom à la figure comme une lame émoussée.

Jade l'étudia un moment encore, puis cessa le combat.

— Comment pourrais-tu avoir la moindre idée de ce que cela représente, Adam Windjammer ? Tu ne sais rien à mon sujet. Tu es comme les autres. Pour toi, je ne suis qu'une fille – un visage à peindre. Je parie que tu ne sais même pas ce que ce portrait signifie !

— Pour moi, rien !

Adam devenait cruel. Il avait essuyé une défaite et souhaitait à présent la blesser le plus possible.

— Tu es une van Helsen. Et je te haïrai toute ta vie !

Il la vit tressaillir comme s'il lui avait donné un coup de poignard dans le dos. Elle serra ses bras contre sa poitrine.

Voilà, il l'avait dit. Pourtant, il n'en avait pas l'intention – pas de cette façon, du moins. Et même s'il regretta aussitôt ses paroles, il ne pouvait les effacer.

— J'ai perdu assez de temps comme ça, grommela-t-il en faisant demi-tour.

— Attends ! l'appela Jade avant qu'il atteigne la porte.

Un temps encore, elle lui tourna le dos, puis lui fit face.

— Quitte à agir ainsi, déclara-t-elle avec calme, fais au moins appel à ton cerveau. Il y a une autre solution, et je te la montrerai si tu promets de m'obéir.

— Tu veux m'aider ? s'écria-t-il d'un air ahuri. Mais je croyais...

— Je n'ai pas le choix, répondit-elle d'un ton maussade. Si tu reprends le chemin par lequel tu es venu, Goltz te découvrira et mon père commencera à te poser des questions. Tellement de questions ! Il comprendra alors que je te connais et...

Elle secoua de nouveau la tête.

— Non, Adam Windjammer, je ne le fais pas pour toi, je le fais pour moi.

— Et que veux-tu en échange ? demanda Adam, la mine soupçonneuse.

Les yeux de Jade étincelèrent

— Que tu me laisses en paix, Adam Windjammer ! Je veux que tu me jures de t'en aller et de ne plus jamais revenir.

Ses mots le cinglèrent comme une gifle. Il s'arrêta, peiné d'en être arrivé là, puis acquiesça.

— Je te laisserai en paix, dit-il. Tu as ma parole.

— Là ? s'écria Adam avec surprise.

Jade tira un loquet dissimulé, et une porte étroite s'ouvrit dans le lambris du mur. Elle s'écarta pour le laisser passer.

Elle n'avait plus prononcé un mot depuis qu'il avait fait sa promesse. Sans même un regard, elle l'avait conduit en haut de l'escalier en colimaçon, puis le long de la galerie jusqu'à cette porte dérobée.

— Votre maison doit être pleine de passages secrets.

— Je t'ai demandé de te taire, souffla Jade. Tu veux que je t'aide, ou non ?

Adam risqua un œil à l'intérieur. La pièce n'était pas plus grande qu'un confessionnal : assez haute pour se tenir debout, mais étroite. Il y avait un tabouret, rien d'autre.

— Assieds-toi et écoute, ordonna Jade. Tu verras et entendras tout ce que tu voudras.

Adam perçut des voix assourdies. Il distingua une fente sans vitre en guise de fenêtre, et fut stupéfait de découvrir le bureau de Hugo van Helsen juste en dessous.

— Ne reste pas longtemps, murmura Jade.

Elle referma la porte derrière lui.

D'où il se tenait, Adam voyait et entendait tout. La pièce était remplie de livres, de cartes, de registres et de lourds coffres en acier. Le banquier était toujours assis derrière son bureau, Goltz à ses côtés. Auguste Windjammer leur faisait face, et Willem, l'air misérable, se tenait derrière lui.

Adam n'aurait pas pu trouver de meilleur poste d'observation, et il comprit qu'il s'agissait d'un judas – très certainement utilisé par Hugo van Helsen pour écouter les conversations des marchands que Goltz introduisait dans son bureau avant de les recevoir.

— Oui, oui, un grand honneur ! disait Auguste Windjammer.

On ne lui avait toujours pas offert de chaise, ni de rafraîchissement, comme il était d'usage. Mal à l'aise, il se balançait d'un pied sur l'autre.

— Aussi, peu importe que vous ayez reçu ou non cette lettre de ma belle-sœur, poursuivit-il. Car je suis venu en personne vous faire une proposition bien plus intéressante...

— Venez-en au fait ! s'impatienta Hugo van Helsen.

— Oui, bien entendu, répondit Auguste. Je sais que vous êtes un homme occupé, je tenais simplement à m'assurer que vous compreniez l'importance de ma...

Hugo van Helsen se tourna vers son clerc.

— Goltz ! Raccompagnez-le !

— Comment ? Eh bien... je... Non, attendez, s'il vous plaît ! bafouilla l'oncle d'Adam, visiblement secoué.

Il reprit contenance.

— Oui, oui. Je vais aller droit au but.

— Je vous écoute.

Auguste s'essuya le front avec son mouchoir.

— J'ai une proposition à vous faire !

— Une proposition ?

Hugo van Helsen se carra sur son siège.

— Quel genre de proposition venant de vous pourrait m'intéresser ?

— Une proposition de mariage, monsieur.

— Vous voulez m'épouser ?

— Vous épouser ? s'écria Auguste en se rendant compte du malentendu. Grands Dieux, non ! Le garçon ! Le garçon !

— Vous voulez que j'épouse un garçon ? Vous avez perdu la tête, monsieur ?

Hugo van Helsen se leva.

— Non, non, je ne veux pas que vous épousiez qui que ce soit, tenta d'expliquer Auguste Windjammer.

Il était à présent si décontenancé que la langue lui fourchait, lui interdisant d'utiliser ses talents de diplomate. Finalement, il lâcha dans un cri :

— Votre fille, monsieur ! Votre fille !

— Jade ? gronda Hugo van Helsen.

Sa voix était devenue menaçante. Il était sur la défensive.

— Que vient-elle faire ici ?

Auguste, soulagé d'avoir enfin parlé après une introduction si désastreuse, ne remarqua pas le ton coupant du banquier.

— Je ne doute pas, monsieur, reprit-il après avoir retrouvé son souffle et un peu de son assurance, que vous verrez les avantages d'une alliance entre votre fille et le futur héritier de la Maison Windjammer ?

Il fallut un moment à Adam pour assimiler le sens de ces paroles.

— Ils sont jeunes, certes, poursuivit son oncle. Mais comme vous le savez, dans ce genre d'affaire, l'âge n'importe guère. N'est-ce pas, monsieur ?

Adam se pencha sur le tabouret, ahuri.

Auguste interpréta le silence de Hugo van Helsen comme un assentiment. Mais Adam avait vu la façon dont les doigts du banquier tanbourinaient sur le bureau.

— Oui, oui, l'union de nos deux maisons sera pour vous et moi d'un grand profit, déclara son oncle. Il est vrai que la Maison Windjammer a connu des revers de fortune, ces derniers temps, mais...

— Je connais la situation des Windjammer, répliqua Hugo van Helsen, et l'ampleur de ses dettes !

— C'est exact, acquiesça Auguste, avec une petite toux embarrassée. D'où l'avantage d'un mariage pour les deux parties. Nous espérons, bien entendu, que vous oublierez nos dettes – appelez-les une dot, si vous préférez. Et vous-même aurez l'honneur d'être lié par ce mariage à l'une des plus célèbres familles d'Amsterdam.

Auguste se tut. Il s'attendait manifestement que Hugo van Helsen lui serre la main avec chaleur et le remercie de cet honneur insigne.

Mais le banquier ne bougea pas.

— Alors, monsieur ? le pressa Auguste. Qu'en dites-vous ? Me donnez-vous votre accord ?

Quelque part, une cloche sonna l'heure, et une longue note résonna. Auguste sursauta et étouffa un hoquet de surprise dans son mouchoir, avant de regarder autour de lui, l'air inquiet.

Hugo van Helsen se pencha en avant.

— Vous avez parlé du futur héritier... La Maison Windjammer n'en a-t-elle donc pas déjà un ?

— Ah, nous y voilà ! s'exclama Auguste. J'étais certain que cela susciterait votre intérêt !

Il redressa sa lourde silhouette et hocha le menton.

— Il est vrai que, d'une certaine manière, mon neveu en est l'héritier.

Puis il secoua la tête avec véhémence.

— Mais il est mal élevé et fauteur de troubles, pour ne pas en dire plus. Certainement pas le genre d'héritier dont a besoin la Maison Windjammer.

— Et vous-même ?

— La modestie me retient de vanter mes propres mérites, monsieur, répondit Auguste. Mais je suis sans conteste bien plus à même d'occuper cette position que mon neveu.

Adam se leva au moment où la porte s'ouvrait derrière lui. Jade glissa la tête.

— Tu dois t'en aller, maintenant, chuchota-t-elle en le tirant par la manche.

— Non, pas encore ! Je dois entendre *ça*.

Auguste Windjammer ajouta la dernière touche à sa traîtrise.

— Tout ce dont j'ai besoin, c'est de votre soutien contre mon neveu, monsieur. Et en échange, je serai très heureux que mon fils unique...

Il regarda autour de lui.

— Où est-il passé ?

En se retournant, il faillit trébucher sur Willem. Ils se rattrapèrent l'un à l'autre, puis Auguste poussa en avant son rejeton pour que chacun le voie.

Willem se fit tout petit.

— Oui, oui, ce superbe, ce remarquable garçon est mon fils !

Auguste nota la façon dont Willem se tenait et le houspilla.

— Tiens-toi droit ! siffla-t-il avec impatience. Oui, oui, un garçon intelligent, je suis sûr que vous en conviendrez. Et avec votre soutien, monsieur, il sera un jour à la tête de la Maison Windjammer.

— Où vas-tu ? dcmanda Jade à Adam qui se précipitait hors de la cachette.

— Dire à mon oncle ce que je pense de lui et de sa proposition !

— Non, Adam ! Tu m'avais promis de partir !

Jade essaya de le retenir.

— Si tu descends maintenant, mon père saura que je t'ai aidé.

Mais Adam n'était pas d'humeur à penser aux autres.

— Tu aurais dû l'entendre ! Il essaie de te marier à mon cousin Willem !

— Mon père n'acceptera jamais, insista Jade. Attends ! Je vais te laisser écouter encore un peu et tu verras que j'ai raison !

Mais Adam en avait assez entendu. Il se précipita dans la galerie, Jade sur ses talons. Soudain, en bas, la porte s'ouvrit. Ils se figèrent. Hugo van Helsen, suivi d'Auguste, de Willem et de Goltz, entraient. Jade essaya de tirer Adam hors de vue, mais il s'agrippa à la rampe, refusant d'en bouger.

— Je vais vous montrer quelque chose, dit Hugo van Helsen.

— Vous avez commandé votre portrait, monsieur ? interrogea Auguste à la vue du chevalet et de la toile couverte d'un tissu. Un portrait à votre gloire, très certainement ?

Les flatteries d'Auguste ne trompaient personne.

Hugo van Helsen ôta le tissu de velours.

— Oh ! s'exclama l'oncle d'Adam, comme si un grand mystère venait soudain de lui être révélé. Vous nous avez amenés ici pour que nous admirions votre fille ? Bien, très bien....

Il pouvait de nouveau éblouir son monde avec ses talents de diplomate.

— Il est important de voir la marchandise avant de l'acheter, n'est-ce pas ?

Il rit. Toussa dans son mouchoir, rit de nouveau.

— Oui, oui ! Regarde ça, mon fils !

Il poussa Willem devant le tableau.

— J'espère que c'est une reproduction fidèle, monsieur !

— Tel semble être l'avis de Rembrandt van Rijn, répliqua Hugo van Helsen, laconique.

— Rembrandt ! s'exclama Auguste, impressionné. J'ai beaucoup entendu parler de lui depuis qu'il a quitté Leiden pour s'installer ici.

— Vraiment ? Je suis un homme d'affaires, et dispose de peu de temps à consacrer à l'art.

Il s'arrêta et contempla le portrait.

— Mais j'ai dans l'idée que ce Rembrandt a de l'avenir et...

Hugo van Helsen poursuivit, mais Adam ne l'entendait plus. La rage en lui bouillonnait, l'assourdissant. Il étreignit la rambarde et se pencha. Il était vaguement conscient que Jade s'était reculée, quelque part dans la galerie.

— N'est-elle pas magnifique ? disait son père.

— En effet. Je crois qu'elle fera très bien l'affaire, approuva Auguste. Oui, oui. Je crois que votre chère fille fera...

Hugo van Helsen se retourna vers lui avec humeur.

— Fera... Croyez-vous que je vous aie amenés ici pour recevoir votre approbation ?

— Eh bien... oui, répliqua Auguste. En l'occurrence, il est important que je m'en assure. Après tout, vous devez faire certaines concessions.

— Des concessions... bredouilla Hugo van Helsen, la mine sombre. Parce que c'est la fille d'un simple banquier, je suppose ?

— Exactement, acquiesça Auguste, enchanté que Hugo van Helsen admette si volontiers la réalité.

Il s'approcha du banquier :

— Si je puis me permettre un conseil, monsieur... Inutile de rappeler aux gens vos activités. Car si votre passé a pu être indigne et bas, votre avenir sera marqué par l'honneur que notre Maison apportera à...

— Tout ce que vous m'apportez, c'est un horrible mal de tête ! s'écria avec rage Hugo van Helsen. Je vous ai amenés ici pour vous montrer combien votre proposition est inacceptable, poursuivit-il en donnant enfin libre cours à sa colère. Je vous ai amenés ici pour vous montrer que ma fille vaut beaucoup plus que mille Windjammer !

Il saisit le pauvre Willem par la nuque et le poussa vers Auguste.

— Croyez-m'en... Les navires auront des ailes le jour où ma fille épousera un garçon comme le vôtre !

Auguste Windjammer ouvrit grand la bouche, ahuri. La chair flasque de son menton se plissa mollement.

Mais le banquier n'avait pas terminé :

— Vous êtes venu ici bouffi de suffisance, parlant comme si vous étiez un homme honorable, alors que tout ce temps vous ne faisiez qu'essayer de sauver votre peau !

Il rit avec sarcasme.

— Et où est-il, à présent, le fameux honneur des Windjammer ? La vérité, c'est que votre chère famille est comme n'importe quelle famille d'Amsterdam ! Grattez le vernis, vous ne trouverez dessous que de l'argile.

— Dois-je comprendre que... c'est non ? dit enfin Auguste après un long silence.

— Sortez, pitoyable bouffon ! rugit Hugo van Helsen.

— Vraiment, monsieur ? bafouilla Auguste. La Maison Windjammer... eh bien... l'honneur de cette maison serait pour vous...

— Allez ! Retournez dans votre quartier du Herengracht et réunissez les membres de votre famille autour de la Longue Table. Dites-leur qu'ils ont une semaine pour trouver l'argent qu'ils me doivent. Si je ne suis pas remboursé, je ferai venir le bailli[1] et ses hommes pour qu'ils vous jettent à la rue. Est-ce bien clair ? Je prendrai alors ce qu'il me plaira de votre Maison si prestigieuse, et donnerai le reste en pâture aux corbeaux !

1. Bailli : représentant de la loi. *(N.d.T.)*

Auguste battit en retraite devant la fureur du banquier. Pourtant, il ne pouvait toujours pas croire à son refus. Il poussa Willem sur le côté, comme un vieux chiffon.

— J'ai aussi une fille, monsieur ! s'écria-t-il d'une voix que la panique rendait stridente. Angelica ! Elle est jeune, c'est vrai, mais je suis sûr qu'elle ferait pour vous une bonne épouse et je suis disposé à parvenir à un accord...

— Sortez ! Sortez ! fulmina Hugo van Helsen, et emmenez avec vous ce malheureux gamin ! Un jour, Jade se mariera, en effet, mais jamais elle n'épousera un Windjammer, vous m'entendez, jamais !

Il recouvrit le portrait avec le tissu, signifiant à Auguste qu'il n'était même plus digne de porter le regard sur elle.

— J'ai juré à ma femme sur son lit de mort que notre fille contracterait une belle alliance. Et aujourd'hui, je fais en sorte de tenir cette promesse. Ce portrait sera envoyé en Angleterre et montré aux riches négociants et aux nobles de Londres. Oui, je lui dénicherai un beau parti. Quant à moi, je ferai une union que m'enviera tout Amsterdam...

— L'Angleterre ? s'exclama Auguste, comprenant qu'il avait commis une grave erreur. Ma belle-sœur est anglaise...

Hugo van Helsen n'écoutait plus, à présent. Ses yeux pâles brillaient tandis qu'il parlait.

— Une guerre ne tardera pas à éclater entre la Hollande et l'Angleterre à cause du commerce dans l'Est, reprit-il. La situation est déjà tendue. Et une guerre coûte cher. Les deux pays devront emprunter de l'argent pour équiper les navires et payer les hommes, et j'ai bien l'intention d'en prêter. Oui, marier ma fille à un aristocrate anglais de vieille souche me permettra d'accroître encore ma fortune...

— Non ! hurla une voix.

Tout le monde se retourna.

Jade se tenait agrippée à la rampe. Ses yeux étincelaient, et des larmes de rage et de douleur roulaient sur ses joues.

— Comment osez-vous, Père ? Comment osez-vous ?

15

Wolfie

Adam avançait tel un automate. Il n'avait pas conscience de la direction qu'il prenait, ni même de marcher. Il devait aller quelque part, et d'une certaine façon, ses pieds le savaient.

La rue des Couteaux défila devant lui, comme dans une vision floue. Il remarqua à peine les gens autour de lui ni le poids froid des carcasses d'animaux qui lui heurtaient les épaules.

Il n'éprouvait plus de colère, juste de l'engourdissement. Il se sentait étrangement détaché de ce qui se passait dans les rues. Il avait l'impression d'être un fantôme errant dans les ruelles tortueuses de la cité. Invisible. Insensible. Coupé d'une ville soudain enlaidie.

Une série d'images s'étaient gravées au fer rouge dans son esprit : Jade van Helsen, le visage ruisselant de larmes, debout dans la galerie ; l'expression ahurie du banquier quand, en levant la tête, il les avait vus ensemble ; la stupéfaction d'Auguste Windjammer, un mouchoir sur sa bouche, et le sourire soulagé de Willem.

Ensuite, les événements s'étaient précipités.

— Faites-les descendre de là ! avait ordonné Hugo van Helsen.

Goltz s'était précipité dans l'escalier en colimaçon. Adam se rappelait s'être débattu tandis qu'on le jetait dehors et que la voix du banquier tintait à ses oreilles : « Et ne vous approchez pas de ma maison ! Ne vous approchez pas de ma fille ! Jamais elle n'épousera un Windjammer ! Elle épousera un prince, pas un indigent ! »

« Un prince, pas un indigent... un prince, pas un indigent... »

Les mots résonnaient encore dans sa tête.

Les pensées d'Adam se concentrèrent sur Jade. Elle était une van Helsen. Un être à mépriser. Ce qui aurait dû être facile. Mais, curieusement, ça ne l'était pas. Et c'était pire que tout.

Il avançait comme dans le brouillard, suivant des rues, franchissant des ponts. Il allait sans réfléchir. Ce fut donc par hasard qu'il tomba sur une troupe de saltimbanques.

Des badauds s'étaient rassemblés sur le marché, près des remparts de la vieille cité. Avant même qu'il comprenne ce qui se passait, Adam fut happé par la foule et atterrit au beau milieu des saltimbanques. Des acrobates faisaient des sauts périlleux dans une confusion de mouvements, de musique et de bruit. Une trompette retentit. Des tambours roulèrent sous les baguettes. Un homme cracha du feu. Un autre ouvrit la bouche et s'enfonça un glaive dans la gorge. Puis un son déchira l'air. Le rugissement d'un ours.

Adam se rappelait vaguement avoir déjà vu l'animal. La bête se tenait debout sur ses pattes postérieures, une chaîne enfilée dans un anneau accroché à son museau. Autour de lui, son maître bondissait et gambadait ; on aurait dit un petit diable d'homme frappant un tambourin.

La scène aurait pu appartenir à un rêve grotesque. La foule se bousculait pour voir l'ours. On le montrait du doigt, d'un air méchant. Les rires ressemblaient aux cris des oiseaux de mer.

Adam s'arrêta quand l'ours passa devant lui. Il observa le maître qui décrivait des cercles autour de l'animal, agitant son instrument pour le faire danser en rythme. Les badauds s'esclaffaient et criaient.

— Danse pour nous, l'ours ! Danse, danse !

Adam comprit soudain qu'il était semblable à cet ours. Comme lui, il était enchaîné à un anneau et dansait à une cadence qui n'était pas la sienne. Il fit demi-tour et tenta de remonter la foule, griffant et montrant les dents dans sa rage de s'en libérer. Il trébucha et roula dans le caniveau. Il se releva aussitôt et courut jusqu'au coin de la rue, où il s'appuya contre un mur. Il vomit, s'essuya la bouche du revers de la main, puis regarda autour de lui.

C'est alors qu'il aperçut Wolfie.

Le tire-laine était en train de traîner dans les ruelles, guettant une occasion de couper une bourse, quand il avait été attiré par l'excitation cruelle que provoquait l'ours. Il repéra Adam.

Leurs regards se croisèrent. Pendant un instant, tous deux se tinrent immobiles au milieu de la cohue et du vacarme. Puis Adam, recouvrant ses esprits, sut ce qu'il devait faire.

Il esquissa un pas vers Wolfie, puis un autre, et traversa en courant la place du marché. Wolfie détala aussitôt dans une venelle proche. Adam ne prit pas le temps de se demander si c'était un piège. Il ne pensait qu'à une chose : Wolfie connaissait les réponses aux questions qui le tourmentaient.

Leurs pas résonnaient tandis qu'ils filaient dans la ruelle, dérapant dans les virages à angle droit, jusqu'à ce que leur course cesse subitement au bord du canal. Wolfie s'arrêta net. Les maisons semblaient penchées au-dessus de l'eau sombre qui clapotait.

Wolfie tourna sur lui-même comme un animal traqué, à la recherche d'une issue. Mais fuire ce cul-de-sac sans embarcation était impossible. Il n'avait pas d'autre choix que d'affronter Adam.

— Alors... tu... as peur de moi, maintenant, Wolfie ? demanda celui-ci, essoufflé.

— J'ai p-peur d'p-personne, grommela l'adolescent.

— Alors pourquoi cours-tu ?

— Ça t'reg-garde pas.

Adam secoua la tête.

— Si, ça me regarde, Wolfie ! Tu sais quelque chose. Sinon, tu n'aurais pas essayé de te sauver !

— P't-êt' q-qu'oui, p't-êt' q-qu'non. Mais j'te dirai rien, même p-pour tout l'or du monde ! Sauf que vous, les W-Windjammer, il vous a dans l'collimateur !

Il se tut, l'air coupable, comme s'il en avait déjà trop dit.

— Qui ça, Wolfie ? insista Adam. Je dois savoir !

— T-tu me p-prends p-pour un id-diot ? Si j'te cause, l'p-prédic-cateur m't-tranchera la g-gorge.

— Ah ! Alors c'est Abner Heems ?

— J'ai jamais d-dit ça !

— Pourquoi déteste-t-il autant les Windjammer ?

— J'dirai rien d'p-plus !

Wolfie se baissa légèrement, cherchant des yeux un moyen de s'échapper.

— Tu p-peux bien p-pourrir aux enfers, j'm'en fous !

Il bondit soudain sur Adam et le bouscula. En un éclair, il fut dans la ruelle. Arrivé au coin, il s'arrêta et se retourna.

— Je jure q-que j'te'l'ferai p-payer un jour, fils de riche ! aboya-t-il avec dédain.

Adam savait que Wolfie était sa seule chance d'apprendre quelque chose sur le prédicateur. Il se souvint de l'anneau et tira sur la chaîne pour le balancer dans la lumière.

— Tu te rappelles, Wolfie ? demanda-t-il. C'est de l'or. De l'or pur, et si tu l'attrapes, il est à toi.

Une lueur de convoitise traversa les yeux de Wolfie. Il se passa la langue sur les dents, regarda par-dessus son épaule, comme s'il craignait que le prédicateur ne l'épie, puis fixa de nouveau l'anneau. C'était plus fort que lui. Il fit un pas, puis un autre, et s'élança.

Adam était prêt. Toutefois, la rapidité de l'attaque le prit au dépourvu. L'instant d'après, Wolfie étreignait sa gorge, et son souffle sifflait à ses oreilles à mesure qu'il resserrait sa prise. Adam trébucha, suffoquant, et essaya désespérément de se libérer. Mais Wolfie était aussi fort qu'un taureau. Ils luttèrent corps à corps, tournant en cercles sur la berge. Des milliers de petits points lumineux commencèrent à exploser devant les yeux d'Adam. Wolfie était déterminé à l'étrangler.

Le jeune maître réfléchit vite. Il esquissa deux pas en arrière, les rapprochant ainsi du bord du canal. Quand il se rendit compte de ce qui se passait, Wolfie ouvrit de grands yeux stupéfaits. Puis les maisons et le canal basculèrent, et ils furent happés par le courant tumultueux.

Adam tomba tête la première, entraîné par le poids de Wolfie. L'eau sombre se referma sur eux et le courant glacé lui coupa le peu de souffle qu'il lui restait. L'obscurité l'enveloppa. Des bulles s'échappèrent de son nez. Peu à peu, il prit conscience que Wolfie avait relâché son étreinte autour de son cou. Il bougea, tourna la tête, et se libéra. Puis, d'un coup de pied, il remonta vers la surface.

Il se propulsa avec une telle force qu'il jaillit hors de l'eau jusqu'à la taille. Il aspira une grande bouffée d'oxygène. La puanteur du canal le prit à la gorge. Pourtant, aucune inspiration n'aurait pu être plus agréable. Il se laissa retomber dans l'onde, faisant du surplace à la recherche de Wolfie.

Peu après, celui-ci jaillit non loin, avalant à la fois de l'eau et de l'air. Il suffoquait, battant des bras.

— J'sais p-pas... n-nager !

Un regard suffit à Adam pour comprendre que Wolfie ne mentait pas.

— Arrête de bouger ! cria-t-il. Je vais t'aider.

Wolfie était trop effrayé pour écouter. Il fit une tentative désespérée pour atteindre Adam, mais disparut d'un coup sous la surface.

Le jeune maître plongea, et scruta l'eau boueuse. Il l'attrapa par son manteau, puis le tira, agitant les pieds avec vigueur pour regagner la surface. Wolfie paniquait tellement qu'ils faillirent se noyer tous les deux. Adam se dirigea vers le muret de la berge, traînant Wolfie par le col, puisant dans ses dernières forces pour l'atteindre.

— R'g-garde c'q-qu't'as fait ! haleta Wolfie quand il eut retrouvé son souffle.

Il se plaqua contre le mur plein de vase, agrippa ses doigts dans les creux des briques, geignant chaque fois qu'ils dérapaient.

Adam fit de son mieux pour l'ignorer et regarda autour de lui. Les bords du canal se dressaient à pic au dos des maisons, rendant impossible toute escalade. Mais il était déterminé à essayer. Il repéra une saillie, un peu plus haut.

— T'y arriveras j-jamais ! dit Wolfie.

Les briques glissaient, mais le mortier qui les maintenait s'effritait. Adam trouva une prise, puis une autre, et commença à se hisser hors de l'eau. Il parvint à toucher la saillie du bout des doigts. Il s'arrêta pour reprendre haleine. Soudain, il sentit quelque chose de chaud, avec une fourrure et des griffes pointues. Il retira sa main et retomba dans l'eau avec un bruit étouffé d'éclaboussement.

— Des r-rats ! grogna Wolfie.

Adam leva la tête et les vit. De gros rats d'eau noirs détalant sur la berge.

— J'd-déteste les r-rats, pesta Wolfie. À l'aide ! cria-t-il soudain. À l'aiiiide !

Adam refoula sa panique croissante. Tout à coup, Wolfie cessa de hurler.

— P-personne nous entend, dit-il d'une voix sinistre. J'ai d'jà vu ça. Les gens tombent et r'montent jamais. C'est p-pour ça qu'les rats sont si g-gros !

Adam essaya de réfléchir, malgré le froid qui l'engourdissait. Un peu plus loin, il aperçut un pont en bois, et des gens qui s'y promenaient.

— Je vais chercher de l'aide, déclara-t-il.

— Non ! gémit Wolfie. J'sais ce q-que tu vas f-faire ! T-tu vas m'abandonner !

Il avait les yeux écarquillés de terreur.

— J'd-détest-te les r-rats ! J'te d-dirai c'que t-tu veux savoir. J'te d-dirai t-tout !

Adam le fixa. Il comprit qu'il ne trouverait jamais un meilleur moyen de le faire parler.

— Très bien, répliqua-t-il. Je t'écoute.

Wolfie lui fit promettre de ne pas le laisser seul et débita d'un trait ce qu'il savait.

— Ab-bner Heems, c'est pas seulement un p-prédicateur. C'est un homme d-dangereux, il p-peut même être acheté.

— Acheté ? demanda Adam, tout en battant des jambes. Mais encore ?

— Il p-prêche c'qu'on veut qu'il p-prêche pour un bon p-prix. Quelqu'un l'a acheté, l'a payé, pour qu'il p-prêche contre les Windjammer.

— Quelqu'un l'a payé ?

— Oui, et t'es dans un sale p-pétrin, gamin d'riche ! J'ai entendu des histoires sur le p-prédicateur à m'faire sortir les yeux d'la t-tête. C'est le diable en p-personne, pour sûr !

Il baissa la voix.

— Y en a qui prétendent qu'il bat pavillon rouge. Ça veut dire le sang ! le sang ! Comme les pirates ! Et j'suis certain que Heems te t-tranchera la gorge à la p-première oc-casion !

Wolfie lança un regard inquiet autour de lui.

— J'suis mort s'il apprend qu'j'ai p-parlé.

— Les rats t'auront d'abord.

Wolfie conclut qu'il préférait encore les rats au prédicateur. Il jura de ne plus dire un mot.

— Comme tu veux, rétorqua Adam en s'éloignant vers le pont.

— N-non ! Attends ! J'vais tout t'd-dire ! s'écria l'adolescent, terrifié. L'p-prédicateur a été pp-ayé pour vous c-causer des ennuis. C'est son truc, tu c-comprends. Il récite la Bible, et tout l'monde l'croit, parce q-qu'i lance des p-prophéties. Il annonce aux gens que q-que'que chose d'horrible va arriver, puis, le moment venu, il s'arrange pour qu'ce soit v-vrai.

Adam retourna vers Wolfie.

— Il s'arrange ? Comment ça, il s'arrange ?

— Tu sais d-donc rien, fils de riche ? Il s'arrange pou'qu'ce soit comme un acte de D-Dieu. Mais en fait, c'est lui. C'est un malin. Il observe, il attend. Puis il passe à l'attaque. Personne ne l'voit, alors p-personne peut rien p-prouver. Après il p-prêche en disant aux gens qu'D-Dieu les avait p-prévenus et que maintenant, Dieu les a f-frappés, comme les vieux rois dans la Bible.

Soudain, Adam comprit. Même là, en train de flotter dans l'eau glacée de ce canal puant, il commençait à entrevoir la vérité. Le prédicateur faisait partie d'un immense complot. Quelqu'un avait provoqué leur infortune et décidé d'aggraver leur situation. Abner Heems avait été payé pour leur causer des ennuis, et ce n'était pas par hasard s'il s'était trouvé devant leur demeure sur le Herengracht le jour de la nouvelle de la disparition de la flotte – le jour où le père d'Adam était mort.

— Qui le paie, Wolfie ?

Il avait déjà deviné, mais il voulait l'entendre.

— Dis-le-moi !

— C-creuse-toi un p-peu la tête, fils de riche ! ricana Wolfie malgré le froid. C'est l'p-prêteur qu'en a après vous. C'est lui qu'a t-tout à gagner dans c't'affaire !

Il leva la tête vers les rats, et la terreur emplit de nouveau ses yeux.

— J't'ai déballé tout c'que j'savais, et t'as juré de m'aider !

Adam dut obliger Wolfie à lâcher prise pour le faire avancer. Le garçon s'agrippait à lui, gémissant comme un bébé.

Si Wolfie n'avait pas eu aussi froid, Adam aurait peut-être tenté de lui tirer encore les vers du nez. Mais en voyant son visage bleui, il décida de remettre cela à plus tard. Tant bien que mal, il le persuada de s'allonger sur le dos. D'une main, il soutint son menton et le remorqua.

Il s'efforça de longer le bord au plus près, s'arrêtant de temps à autre pour se reposer. Quand il parvint à proximité du pont, il appela les passants. Mais il était difficile de garder la tête hors de l'eau, et plus encore de se faire entendre.

— Il faut grimper, dit Adam.

Il nagea en direction des piles.

La structure oscillait au-dessus de leurs têtes. Adam essaya d'attraper une des traverses en bois, mais le courant l'emportait. Ses doigts étaient si engourdis qu'il ne les sentait plus. Il aida Wolfie à se hisser hors du canal.

— C'est bon ! dit ce dernier, le souffle court, en s'agrippant à la traverse.

Il s'assit, hoquetant, et reprit sa respiration.

— Donne-moi ta main ! demanda Adam, pour grimper à son tour.

Mais en voyant le regard de Wolfie, il comprit qu'il avait commis une grave erreur.

— T'aurais p-pas d-dû faire ça, fils de riche ! ricana ce dernier.

Il jeta un regard autour de lui pour s'assurer qu'il n'y avait pas de témoins.

— T'aurais pas d-dû m'ob-bliger à t'd-dire tout ça. Le p-prédicateur m'broiera la t-tête s'il l'apprend. J'ai plus le choix maintenant !

Il sembla réfléchir un instant.

— J'vais lui rendre un service, conclut-il. P't-êt' qui m'sera reconnaissant.

Ses lèvres se retroussèrent en un sourire mauvais.

— C'est p't-êt' ma chance ! Si j'te tue, j'prouverai que j'suis pas mêlé à ces salades. Et p't-êt' qu'les gens arrêteront d'se moquer d'la façon d'p-parler du vieux Wolfie, et qu'ils m'montreront du respect, comme au p-prédicateur !

En un éclair, sa chaussure trempée vint écraser les doigts d'Adam. Il recommença chaque fois que le jeune maître tenta de s'agripper au rebord. Quand ce dernier n'eut plus la force d'essayer, Wolfie sourit d'un air triomphant en le voyant dériver au loin.

— Je te dois une fière chan-chandelle, fils de riche ! cria-t-il.

Il entreprit d'escalader les poutres de traverse du pont. Adam, impuissant, le vit franchir la rambarde. Wolfie lui lança un dernier coup d'œil avant de disparaître.

La scène semblait si irréelle... Adam voyait les gens sur le pont, il les entendait parler, pourtant il n'avait pas la force de les appeler. Tout paraissait se passer au ralenti. Bientôt Adam ne pensa plus qu'au poids de l'eau. Le froid s'empara de lui, exprimant son souffle hors de ses poumons, lui comprimant la poitrine. Sa tête s'emplit d'un son étrange, et il se rendit compte que c'était celui de son cœur : *pam-poum, pam-poum, pam-poum*. Il se demanda ce qu'il ressentirait en se noyant.

Il aurait peut-être dérivé ainsi pour l'éternité si les battements de son pouls n'avaient pas été soudain rejoints par ceux des rames sur le canal.

— R'garde là ! s'écria une voix. En voilà un gros !

Adam sentit une main le saisir par le col. Puis l'eau dégoulina de ses vêtements, tandis qu'on le hissait et qu'on l'allongeait au fond d'une barque, tel un poisson épuisé.

Pam-poum, pam-poum, pam-poum.

Le visage du batelier s'approcha du sien.

— Encore vivant, ma parole ! s'exclama-t-il, stupéfait. Ta mère t'a jamais dit qu'il fallait pas nager dans le canal ?

Pam-poum, pam-poum, pam-poum.

L'homme reprit ses rames. Arrivé sur la berge, il transporta Adam hors de l'embarcation.

De rares badauds s'approchèrent.

Le froid se fit mordant sous le souffle du vent. Adam, incapable même de balbutier le moindre remerciement, serra la main du batelier.

— J't'ai trouvé à temps, on dirait ! s'écria celui-ci.

Adam resta allongé sur les pavés et regarda le ciel. Les battements de son cœur résonnaient dans sa tête : *Pam-poum, pam-poum, pam-poum.*

16

Perdu et retrouvé

— Il porte de beaux habits.
— Ouais, mais il n'a pas un sou sur lui.
— On l'a détroussé, à coup sûr. Et après, on l'a jeté dans le canal.

Adam ouvrit les yeux et aperçut une femme penchée sur lui. Il sentit qu'elle lui frottait les bras et les jambes, et lâcha un cri quand le sang se remit à circuler dans ses membres.

— Ne restez pas là comme une bûche ! s'exclama la femme à l'intention du batelier. Aidez-moi à le relever. Il va mourir de froid et de fièvre si on le laisse plus longtemps dans ce vent.

— Eh ! Mon bateau m'attend ! Si j'avais pitié de tous les gamins que je retire du canal, je serais un homme pauvre.

— Ou riche, ça dépend, rétorqua la femme en trouvant l'anneau sur la chaîne autour du cou d'Adam.

— Ça vaut bien la vie du garçon, grommela le batelier.

Il s'agenouilla et ouvrit le fermoir.

— S'il la demande, on lui dira qu'il l'a perdue.

Adam fut vaguement conscient qu'on lui retirait la chaîne, mais il était trop faible pour résister. Puis le batelier le mit debout ; ses bras et ses jambes étaient aussi raides que des cordes trempées.

— Marche ! ordonna la femme en glissant un bras sous son épaule pour le soutenir. Tu dois marcher !

Adam se rendit à peine compte de la direction qu'ils prenaient. Il se souvint seulement qu'ils traversèrent une petite place pavée, avec au centre un lavoir où des femmes agenouillées frottaient du linge sur des pierres lisses.

— Inga va t'aider, dit la femme en frappant à une porte.

Une blanchisseuse, petite et trapue, vint leur ouvrir. Elle portait une coiffe blanche, et un tablier sur une robe vaguement marron.

— C'est pour quoi ? dit-elle en les accueillant.

— Dick l'a trouvé en train de flotter dans le canal, expliqua la femme.

Adam claquait si fort des dents qu'il entendit à peine les propos qu'ils échangèrent. Inga leur fit signe d'entrer. Quand elle voulut lui ôter son manteau trempé, Adam agrippa le vêtement ruisselant.

— Si tu ne retires pas ces habits mouillés, la fièvre va te prendre, déclara la blanchisseuse. Et tu mourras de la fièvre du canal.

Toute résistance était inutile. Avec une force étonnante, née d'années de dur labeur, ils entreprirent de le dévêtir.

— Ne fais pas le timide ! le taquina Inga. Tu n'as rien que mes garçons n'ont pas, à part les puces, peut-être...

Ils le déshabillèrent complètement, le portèrent dans une grande bassine en bois et versèrent sur lui de l'eau chaude. Avant qu'Adam ait le temps de dire ouf, il avait été frotté, séché, enveloppé dans une couverture et assis sur un tabouret en face de l'âtre, dans la cuisine. Ses vêtements avaient été lavés avec la même vigueur, et ils fumaient à présent doucement à côté de lui, suspendus à un fil. Adam se sentait gêné. Il porta la main à sa gorge.

— Où est mon anneau ?

— Ton anneau ?

— Il était sur une chaîne autour de mon cou.

Inga posa un bol en bois en face de lui et lança un coup d'œil au batelier.

— À ton avis, Dirk, il l'a perdu dans l'eau ?

— À coup sûr, approuva Dirk. Ça arrive tout le temps.

La blanchisseuse s'éloigna et revint poser un bol de ragoût et un morceau de pain frais sur la table, en face de l'homme.

— Je peux avoir une cuillère ? demanda celui-ci en évitant son regard.

Inga éloigna la cuillère.

— Pas avant que tu aies payé, dit-elle.

— Payé ? dit le batelier, surpris.

Inga tendit la main et le fixa avec un air éloquent.

— Pour ce que tu as pris.

— Mais j'ai sauvé sa vie ! protesta-t-il faiblement.

Inga resta la paume tendue jusqu'à ce que, finalement, le batelier fouille dans sa poche en soupirant. Il en sortit l'anneau et la chaîne.

— Ah oui, j'avais oublié...

— Sans doute.

Elle prit la chaîne et lui donna la cuillère.

— Ma bonté me rendra pauvre, grommela le batelier.

— Mais elle te rendra riche au paradis, répliqua Inga.

L'homme ignora sa remarque. Il adressa un pâle sourire à Adam et pencha le nez sur son ragoût.

Inga leva l'anneau, jeta un rapide coup d'œil sur l'inscription, puis le posa dans la main d'Adam. Celui-ci la remercia et glissa la chaîne autour de son cou.

— Maintenant, bois ça ! ordonna-t-elle.

Adam renifla le contenu du bol avec méfiance.

— C'est un bouillon de plantes, précisa la blanchisseuse. De la reine-des-prés pour l'estomac, de la grande camomille pour la tête, de l'ail pour le froid, et de la racine de pissenlit pour les intestins. C'est une vieille potion pour prévenir de la fièvre du canal.

Adam avala une gorgée. Le liquide était bouillant et amer, mais à mesure qu'il buvait, une chaleur bienfaisante se répandait dans son corps. Et le goût n'était pas si mauvais, en fin de compte.

— Je ne suis pas tombé dans le canal, voulut-il expliquer.

— Ici, on ne pose pas de questions, intervint son hôtesse. Chacun a ses problèmes, Dieu le sait !

— Je reviendrai et je vous dédommagerai de votre gentillesse, promit Adam.

Le visage d'Inga s'illumina.

— Eh ! C'est ça, reviens me voir le jour où tu auras estimé la valeur d'une vie ! dit-elle en riant.

Lorsque Adam eut remis ses vêtements secs, quelques hôtes avaient déjà franchi la porte d'Inga et déjeunaient dans la cuisine. Des ouvriers des fabriques de poterie voisines, le visage noirci par la suie, et des manœuvres du quai, juste à côté. Ils ne firent pas attention au nouveau venu.

Au fur et à mesure qu'ils s'installaient, la blanchisseuse plaçait une assiette de harengs frais et de coquillages devant eux. Les harengs avaient été frits avec des oignons, des herbes et du beurre. Les hommes parlaient à voix basse tout en mangeant vite. Ils mordaient de grandes bouchées de pain, ou coupaient des tranches de gouda sur leurs assiettes en étain, accompagnant le tout de bière. Une fois leur repas terminé, ils allumaient leurs pipes et bavardaient.

Bien au chaud dans la petite pièce douillette, Adam se rendit compte qu'on l'avait accepté sans poser de questions. Personne ne lui avait même demandé son nom. On se moquait pas mal qu'il soit un Windjammer. Plus tard, quand il prit le temps d'y penser, Adam comprit ce que cela signifiait : riche ou pauvre, peu importait – pour ces gens, il était simplement « Adam ». Et il appréciait de se trouver libéré un moment de la responsabilité d'être un Windjammer.

— Eh ! Valentino, comment ça va ? s'exclamèrent les hommes en accueillant un retardataire. Quelles nouvelles des tavernes ?

Valentino était plus grand et mieux habillé que les autres. Il portait un manteau bordeaux sur des habits qui avaient été autrefois à la mode et élégants. Mais il émanait de lui un je-ne-sais-quoi d'abîmé et de terni, qui allait au-delà de l'apparence.

— Mille excuses, madame ! s'exclama-t-il en ôtant d'un geste ample son chapeau cabossé. J'ai été retenu par une affaire de première importance.

— Ah ! C'est pas ça qui paiera ta pension ! dit Olga, sans se laisser impressionner.

— Eh ! *L'argent !* Une malédiction quand on en a, mais une plus grande malédiction encore quand on n'en a plus ! Pourtant (il tira un tabouret et se pencha en avant pour parler aux hommes autour de la table), j'ai entendu dire aujourd'hui qu'un simple clerc avait acquis un oignon rare de tulipe pour plus de trente mille florins ! Alors vous voyez qu'un homme intelligent peut s'enrichir en misant sur une bonne affaire.

— Ou s'appauvrir en perdant tout, fit remarquer Inga.

— C'est vrai, madame, c'est vrai, approuva Valentino. La fortune tarde à me sourire. Mais quelle importance ! Sa roue tourne toujours et tournera bientôt en ma faveur, je le sais !

La blanchisseuse fit mine de douter. Mais en voyant les harengs, Valentino s'empressa de louer les talents culinaires de son hôtesse jusqu'à ce qu'elle lui présente une assiette. Il était en train de couper une grande tranche de pain lorsqu'il remarqua Adam.

— Nous avons un invité ! s'exclama-t-il, la mine réjouie.

— Laisse-le en paix ! le prévint Inga. Il a eu assez de problèmes comme ça aujourd'hui.

— Alors il est comme moi, il a connu des revers.

Il scruta le manteau d'Adam avec intérêt.

— Tu as eu de l'argent, je dirais. Comment un garçon aussi jeune a-t-il pu tout perdre ? Cela étant, moi aussi j'étais jeune quand je suis tombé sous le charme de la tulipe.

— Fais pas attention à lui, gamin, dit une voix autour de la table. Le seul charme sous lequel il soit jamais tombé, c'est celui de la trique du *kapistan* ! On sait tous ce qui arrive avec cette satanée fleur que les Turcs appellent *Lale*.

— On m'a vendu un oignon, rien de plus ! grimaça Valentino en se frottant la nuque comme s'il avait mal. C'est vrai que c'est un mauvais coup qui m'a amené jusqu'à la porte de la bonne Inga. Mais si ça m'a rendu plus pauvre, ça m'a rendu plus sage aussi. Et je le prouverai un jour.

— Si on ne te pend pas avant pour escroquerie, conclut Inga.

Elle se tourna vers Adam :

— Souviens-toi de cela : pour un seul qui gagnera une fortune avec des tulipes, une dizaine de Valentino perdront tout.

La conversation se poursuivit, jusqu'à ce qu'un garçon entre en trombe dans la cuisine.

— Une émeute ! s'écria-t-il, haletant. Des hommes se sont rassemblés devant un entrepôt. Ils menacent de tout brûler !

Adam dressa l'oreille. D'instinct, il sut de quel entrepôt il s'agissait. Il repoussa son tabouret et suivit les hommes qui sortaient. Seul Valentino resta assis à la table. La nouvelle semblait le laisser indifférent, comme s'il était déjà au courant.

Des torches étaient allumées, et des hommes aux mines exaltées s'étaient attroupés devant l'entrepôt des Windjammer.

Adam leva les yeux vers les massives portes en bois. En cet après-midi de début d'hiver, un épais brouillard nauséabond commençait à s'étendre, en provenance des marais du Nord. La brume ondoyait tels des écheveaux de soie. L'entrepôt semblait surplomber les quais, semblable à un navire fantôme. Il se dressait, silencieux. Seule la lumière vacillante des torches venait lécher ses murs.

Adam avait couru sans s'arrêter, coupant par les rues tortueuses du Jordaan. Il reprit sa respiration, saisi d'un léger vertige. Il se pencha en avant, l'estomac soudain tordu par une crampe, et respira profondément, la bouche grande ouverte, jusqu'à ce que la douleur se dissipe. Puis il poursuivit sa route.

— J'étais là ! J'ai entendu Hercule Windjammer nous donner sa parole ! s'exclama une voix par-dessus les autres. N'est-ce pas écrit dans la Bible ? « Mieux vaut ne pas promettre si tu ne peux honorer ta promesse. »

Abner Heems s'était juché sur un tréteau de bois pour haranguer la foule. Il semblait flotter au-dessus d'elle, comme porté par des ailes de Satan. Adam reconnut nombre des hommes présents, dont le charpentier du *Draco*, Jacob et Hobe. Le colosse à la balafre se tenait devant, remarquable par sa haute taille et le marteau à long manche qu'il tenait à la main.

— Là-haut ! cria quelqu'un en tendant le doigt.

Tous levèrent la tête, tandis que s'ouvrait en grand une des petites portes qui surplombaient le quai. Gerrit apparut et s'immobilisa. Il se tint au chambranle, près des rangées de cordes suspendues au monte-charge. Derrière lui, à moitié caché par les barriques, Adam aperçut Auguste Windjammer, un mouchoir sur la bouche.

— Cet endroit est un lieu de travail, s'écria Gerrit. De quel droit venez-vous ici ?

Le prédicateur regarda les hommes autour de lui.

— Comment le comptable ose-t-il parler de droit, alors qu'il n'en a aucun ! s'exclama-t-il. Et pourquoi Auguste Windjammer ne s'adresse-t-il pas à nous directement ? Nous savons qu'il est là ! Nous l'avons vu entrer. Mais il se cache comme un rat pris au piège !

— Ouais ! crièrent d'autres voix. Nous voulons parler à un Windjammer. Qu'il vienne ! Qu'il vienne !

La lueur d'une torche balaya le visage du prédicateur. Ses yeux semblèrent s'embraser, comme s'ils reflétaient son âme de démon. Adam vit une femme s'avancer et lancer un légume pourri qui alla s'écraser sur le nom des Windjammer, juste au-dessus de la porte. Les hommes l'acclamèrent et se précipitèrent en avant. Des dizaines de poings se mirent à marteler les portes tandis que Hobe, brandissant son énorme marteau, se frayait un passage. Le coup qu'il assena entama le bois et résonna à travers l'entrepôt, comme une salve de canon.

Le prédicateur observa la scène avec une satisfaction évidente, puis, considérant son travail terminé, il sauta du tréteau et se fondit dans le brouillard qui montait du canal en tourbillonnant.

Le charpentier écarta la foule de la porte, pendant que Hobe se reculait, prêt à frapper de nouveau.

— Je vous en supplie ! Écoutez-moi ! Ce n'est pas une solution ! tenta de les apaiser Gerrit.

— Alors dites à Auguste Windjammer de venir !

C'était le charpentier qui avait pris la parole en l'absence du prédicateur.

— Je comprends tout à fait vos préoccupations, reprit le clerc, mais je vous en supplie...

— Oh, écoutez ça ! dit le charpentier en se tournant vers les autres. Il *comprend tout à fait nos préoccupations* !

Les rires fusèrent, grotesques, dénués d'humour.

— Alors, va, et dis à ce lâche de Windjammer de venir ! brailla une voix.

— Dis-lui qu'on veut notre argent ! hurla une autre.

Le clerc disparut à l'intérieur sous les huées. L'instant d'après, la porte se rouvrit sur Gerrit. À sa vue, la colère des hommes redoubla.

— Auguste Windjammer dit que vous devez rentrer chez vous. Il dit qu'il ne parlera pas sous la menace !

Gerrit dut crier par-dessus les injures pour se faire entendre. Il tenta en vain de raisonner les hommes.

— La Compagnie de commerce Windjammer traverse une période difficile, c'est vrai, déclara-t-il. Nous avons tous été obligés de nous serrer la ceinture. Et les Windjammer plus que personne.

— Et on doit vous croire ? rétorqua le charpentier. Quand les Windjammer continuent de vivre comme des rois français sur le Herengracht !

— Ouais ! renchérit un autre. J'ai vu de mes propres yeux Auguste Windjammer s'empiffrer de bœuf aux oignons alors que nous crevons de faim !

Adam se faufila parmi la cohue. À chaque pas, il devenait plus évident que son oncle devait affronter les hommes. Sinon, ces derniers risquaient de casser la porte et de le traîner dehors par la force.

Hobe leva son marteau et cogna de nouveau la porte, si fort qu'elle branla sur ses gonds en acier. Le charpentier fit appel à la foule pour le soutenir. Adam comprit qu'il n'avait aucune chance d'entrer par la façade et s'éloigna furtivement vers la berge, dans l'espoir que l'arrière de l'entrepôt n'était pas surveillé.

Une nappe de brouillard recouvrait le canal, tournoyant en remous nauséabonds, pesant sur les embarcations amarrées au quai ; l'eau en dessous ressemblait à de la nuit fondue. Adam resta dans l'ombre et tourna à l'angle de l'entrepôt. Le bâtiment se dressait à la verticale, telle une forteresse de pierre. Le jeune maître avança à pas de loups en direction des portes.

— Dépêchez-vous ! Vite ! cria une voix dans un sifflement rauque.

Et soudain, à quelques mètres devant lui, une lumière apparut.

— Allez au bateau ! Préparez les rames ! Je fais le guet ici !

Adam recula, dos au mur. Tout à coup, une silhouette fonça à travers la brume vers une barque attachée au quai. Il y eut un bruit d'éclaboussures, puis l'homme sauta à bord. Il y eut ensuite un cliquetis étouffé, un autre, et les rames furent installées.

— Vite ! Borch ! chuchota la voix près de la porte. Ils ne doivent pas me trouver ici.

Adam reconnut la voix.

— Oncle Auguste ! appela-t-il.

En entendant son nom, Auguste Windjammer laissa échapper un hoquet de surprise et détala. Il brandit la lanterne, qui dessinait de grands cercles lumineux tandis qu'il se ruait, disgracieux, vers le canal.

— La porte, monsieur ! La porte !

C'était Borch.

— Au diable la porte ! répondit Auguste Windjammer. Aidez-moi, bon sang ! Je suis poursuivi ! Poussez-vous ! Vous ne pouvez donc pas garder cette barque immobile pendant que je m'assieds ? Voilà. Je suis en sécurité. Souquez ferme, à présent !

Adam se précipita sur la berge au moment où l'embarcation s'en éloignait. Il vit Borch aux avirons et son oncle assis à la poupe, faisant pencher l'arrière de l'embarcation presque jusqu'à la ligne de flottaison, la lanterne à ses côtés.

— Mon oncle ! Revenez ! C'est moi, Adam.

— Toi ? Mon neveu ? Que fais-tu ici ?

Auguste leva la lanterne et scruta la nuit. Sa voix changea.

— Tu ne crois pas que tu m'as causé assez d'ennuis pour aujourd'hui ? Oui, oui ! Tu es un petit imbécile. À cause de toi, tout est perdu. *Tout !*

S'il avait disposé d'assez de temps, Adam aurait contesté ce point. Mais chaque minute comptait. L'air était maintenant empli du bruit sourd des dizaines d'épaules qui appuyaient de toutes leurs forces contre la porte de l'entrepôt.

— Vous devez dire à Gerrit d'ouvrir l'entrepôt, mon oncle ! Vous devez sortir et parler aux hommes avant qu'ils entrent de force.

— Est-ce que tu es devenu fou ? s'exclama son oncle, visiblement affolé par cette idée. Ouvrir l'entrepôt ? Sortir et leur parler ? Moi ? Jamais ! Cette meute me taillerait en pièces !

— Si vous ne le faites pas, ils casseront les portes. Et qui écoutera alors les Windjammer ? Personne !

Auguste se montra inflexible.

— J'ai dit à Gerrit de rester pour leur faire entendre raison. Pendant ce temps, je prends de grands risques en allant chercher avec Borch la garde municipale.

— Mais ce sera trop tard, insista Adam. Et, de toute façon, ils n'écouteront pas Gerrit. Ils veulent parler à un Windjammer.

— Un Windjammer ? Alors pourquoi as-tu besoin de moi ? Va donc leur parler, toi !

Il hocha la tête.

— Oui, oui, mon neveu, va donc dire à Gerrit d'ouvrir les portes et parle-leur. Tu verras bien ce qui se passera.

Auguste Windjammer se tourna vers Borch.

— Allez, ramez ! Dépêchez-vous !

L'embarcation s'éloigna, peu à peu engloutie par la brume.

— Je ne reviendrai qu'accompagné de la garde ! dit encore Auguste.

Sa voix résonnait étrangement dans l'atmosphère ouatée.

— Va leur parler, mon neveu ! Mais prends garde, car le seul discours que cette populace acceptera d'écouter, c'est celui de l'acier !

Adam entendit son oncle rire, tandis que la lueur de sa lanterne faiblissait à chaque coup de rames. Des vaguelettes se formèrent à l'arrière de la barque, venant lécher les marches et mouiller les chaussures d'Adam. Il lança un regard vers l'entrepôt tapi dans l'obscurité. Puis il se tourna de nouveau vers le canal. L'embarcation avait disparu. Il était seul.

17

L'oreille de Hobe

Une série de coups retentit dans le vaste entrepôt.

Adam scruta la nuit autour de lui. D'où il se tenait, sur la berge, il apercevait la petite porte ouverte dans la double porte à l'arrière. Il se tourna vers le canal, là où il avait vu la barque pour la dernière fois, mais son oncle ne revenait pas. Il s'approcha avec précaution de l'entrepôt et jeta un coup d'œil à l'intérieur. Les cheveux sur sa nuque se dressèrent. Il avait le sentiment désagréable qu'il n'était pas seul, et son instinct l'avertit d'être prudent.

Une crampe soudaine lui tordit l'estomac. Il s'appuya contre le chambranle et respira profondément. Il savait que ce n'était pas juste la peur qui lui provoquait cet élancement aigu, mais il préférait ne pas penser à la fièvre.

Il inspira une dernière fois, s'arrêta sur le seuil, puis s'immobilisa, écoutant les bruits qui emplissaient la nuit. Il referma ensuite la porte, qu'il verrouilla. L'obscurité devint complète, le forçant à trouver son chemin à tâtons, les bras tendus devant lui.

Il heurta des barriques, prit un chemin, puis un autre, s'éraflant les doigts et les jambes. Et tout ce temps, les coups sourds résonnaient à ses oreilles, transformant l'entrepôt en un tambour gigantesque.

Le pire était à venir, cependant. Brusquement, le vacarme cessa. Adam crut que l'assaut était imminent, et il attendit les acclamations et les bruits de pas des émeutiers. Mais rien ne se produisit.

L'obscurité parut plus profonde que jamais. D'une certaine manière, le silence l'épaississait, la rendant impénétrable. Les oreilles d'Adam bourdonnaient. Incapable de supporter cette tension plus longtemps, il appela Gerrit. Sa voix ne rencontra que le vide. Il abandonna tout espoir, et allait continuer sa route quand il entendit le bruit.

Il retint sa respiration et se figea, le cœur battant contre ses côtes. Il tendit l'oreille. Un moment passa, qui parut durer une éternité, puis il distingua le léger crissement d'un pas et le bruissement d'un sac qu'on traînait.

— Gerrit ? lâcha-t-il dans un souffle. C'est vous ?

Pas de réponse.

Un craquement soudain et des vivats devant lui le firent sursauter. Terrorisé, il buta contre des tonneaux et trébucha. Il tomba, se releva, s'efforçant de ne plus bouger, pour garder le sens de l'orientation. Le brouhaha au-dehors reprit, assourdissant après le silence, mais du moins l'aida-t-il.

Il se laissa guider par le vacarme, encore affolé par les pas qu'il avait entendus. Il était certain, à présent, que quelqu'un s'était glissé par la porte pendant qu'il était sur la berge. Enfin, avec un grand soulagement, il aperçut une lumière au-dessus de lui et se dirigea vers la salle des pesées.

— Maître Adam ! Comment êtes-vous entré ? demanda Gerrit, abasourdi.

— C'est une longue histoire...

— Mais vous êtes blessé ! Vous saignez !

— Ce n'est rien, dit Adam en essuyant le sang sur ses jointures écorchées.

Il lança un regard par-dessus son épaule.

— Mon oncle a laissé la porte ouverte sur le canal. Je crois que quelqu'un en a profité pour s'introduire.

— En vérité, c'est le cadet de nos soucis ! s'exclama le clerc, la mine sombre. Les portes sont à moitié sorties de leurs gonds. Elles ne vont pas résister longtemps...

Comme pour lui donner raison, l'assaut reprit avec un regain de vigueur. Adam regarda la porte au bout du large corridor. Les battants tremblaient à chaque nouveau coup, et la barre en bois qui les maintenait fermés se fendillait.

— Prenez une lanterne et repartez par là où vous êtes venu, maître Adam, ordonna Gerrit. Fuyez pendant qu'il est encore temps.

— Je ne partirai pas, répondit Adam. Nous devons leur parler.

— J'ai essayé. Mais chaque parole ne fait qu'exacerber leur mauvaise humeur.

— Ils écouteront un Windjammer.

Gerrit secoua la tête.

— J'ai demandé à votre oncle. Je l'ai supplié, il ne l'a pas fait. Il a prétendu qu'ils écouteraient la garde, mais je crains que la venue des soldats n'envenime la situation.

— Alors je leur parlerai.

— Vous, maître Adam ? Non ! Vous êtes trop jeune. C'est trop dangereux !

— Je suis un Windjammer, et ils veulent un Windjammer !

— Non, maître Adam ! refusa Gerrit. Si quelque chose vous arrivait, je ne me le pardonnerais jamais. Moi, je ne compte pas... mais vous... vous êtes l'héritier de cette Maison. Tous nos espoirs, tous nos rêves reposent sur vous. Allez rejoindre votre chère mère et vos sœurs ! Dites-leur de n'emporter que le strict nécessaire et de quitter sur-le-champ la demeure du Herengracht. Je crains que les émeutiers ne s'en prennent ensuite à la maison. Je tâcherai de les retenir ici le plus longtemps possible...

Il fut interrompu par le vacarme d'un nouvel assaut. Soudain, les gonds se gauchirent.

— La porte ne va pas tarder à lâcher, dit Adam. Je dois affronter la foule, comme mon père l'a fait.

— Votre père était un homme, maître Adam. C'était différent. Ils le connaissaient.

Adam prit une profonde inspiration et se redressa de toute sa taille.

— Je suis le dirigeant de cette Maison, déclara-t-il avec autorité. Si vous êtes au service des Windjammer, alors faites ce que je dis, Gerrit ! Ouvrez la porte !

Pendant un moment, le clerc sembla sur le point de refuser – des rides profondes sur son front trahissaient son dilemme –, mais l'habitude d'obéir l'emporta sur son désir de protéger Adam. Il inclina le buste.

— Comme vous voudrez, maître Adam, dit-il avant de se redresser et d'ajouter : Vous êtes le fils de votre père, monsieur, cela ne fait aucun doute.

Il se dirigea vers l'entrée du bâtiment.

Mais c'était trop tard. Un fracas épouvantable retentit, suivi d'un craquement bref. La porte se déforma sous le poids des nombreuses épaules. La barre en bois se brisa en deux. Le battant explosa et la foule s'engouffra dans l'entrepôt.

— Partez, maître Adam ! Vite ! cria Gerrit tandis qu'il était balayé tel un fétu de paille.

Adam ne bougea pas d'un pouce, comme s'il était cloué au sol. Il dut faire appel à tout son courage et à son sang-froid pour rester immobile. Il voulut courir. Il voulut se cacher. Mais il resta là, au bout du corridor, regardant les hommes venir à lui. Ils se précipitaient vers la salle des pesées. La plupart brandissaient des torches, visiblement prêts à brûler l'entrepôt une fois qu'ils auraient pillé tout ce qu'ils pouvaient. Et c'était Hobe – le géant balafré, à demi aveugle – qui les conduisait, levant haut son énorme marteau, semblable à un dieu vengeur païen.

Ce fut lui qui vit Adam le premier. Il s'arrêta, et la foule l'imita.

— Qu'est-ce qui se passe ? Qu'est-ce qu'on attend ?

Le charpentier s'avança. Il vit Gerrit se dépêcher de rejoindre Adam. Il éclata de rire.

— Regardez-moi ça ! s'exclama-t-il en se tournant vers les autres. Voilà ce qui reste de la Maison Windjammer : un gamin et un comptable !

Certains s'esclaffèrent. D'autres lancèrent des quolibets.

Hobe posa son marteau sur son épaule et observa l'adolescent. La cicatrice sur son visage frémit et s'empourpra.

— Écoutez-moi ! dit Gerrit en tentant de les calmer. Laissez partir le garçon, et je vous promets que la Maison Windjammer paiera bientôt ce qu'elle doit.

— Assez parlé ! répondit le charpentier.

— Ouais ! approuvèrent les autres.

— Votre navire, il est en train de couler, et vite ! reprit le charpentier. Nous, on doit sauver ce qui nous appartient, avant qu'il sombre corps et biens ! Et que le diable emporte ceux qui voudront nous arrêter !

Pendant un instant, Adam crut qu'ils allaient se précipiter dans la salle des pesées, quitte à les piétiner.

— Attendez ! les arrêta Hobe. Le garçon est un Windjammer, laissez-le parler !

Surpris, le charpentier se tourna vers le colosse.

— À quoi bon ? C'est un gamin !

— Ouais, et pas plus vieux que le mien, acquiesça Hobe.

— Ce sont les Windjammer qui te l'ont pris sur le *Sirius*, dit le charpentier. Noyé comme un rat, avec les autres. Le gamin, là, il s'en fiche ! Tous les Windjammer s'en fichent !

— Alors pourquoi il est là, à la place de son oncle ? demanda Hobe en fixant Adam de son œil valide.

— Qu'est-ce que ça peut bien faire ? protesta le charpentier. Moi je dis que les Windjammer se valent tous...

Le vacarme parut s'atténuer. Adam n'entendait plus que la voix de l'homme, à présent.

— ... Bah ! Il est pas différent de cet idiot d'Auguste ! Le gamin s'est engraissé des fruits de notre labeur, juste comme son oncle. Est-ce qu'il ne vit pas en grande pompe sur le Herengracht ? Pendant que nous, on lutte pour survivre dans les caniveaux du Jordaan...

Soudain, Adam revit son père, debout, tenant l'énorme globe, puis chancelant sous le poids et la responsabilité qu'il représentait. Il se souvint qu'il était mort en essayant de sauver la Maison Windjammer, et qu'il avait juré de tenir parole et d'envoyer le *Draco* à la recherche de ceux qu'il appelait les siens – ses *amis*.

L'image de son père se dissipa, et le brouhaha ambiant emplit de nouveau ses oreilles. Tout à coup, une colère formidable monta en lui. Il voulut crier. Il voulait leur montrer la vérité. Leur prouver que son père avait vécu et était mort pour eux, aussi sûrement que s'il se tenait aux côtés de Lucien Windjammer et du garçon de Hobe sur le pont du *Sirius*. Mais quand il ouvrit la bouche, le seul mot qui sortit fut :

— *Père !*

Dans le calme qui s'ensuivit, l'écho de sa voix sembla rebondir jusque dans les profondeurs de l'entrepôt.

La cicatrice de Hobe pâlit. Le colosse regarda autour de lui, scrutant la pénombre, les yeux écarquillés, comme s'il s'attendait à voir un fantôme.

— Mon fils ? murmura-t-il.

L'écho s'évanouit.

Hobe se tourna vers Adam. Son œil laiteux le regardait fixement. On aurait dit qu'il voyait mieux que son œil valide.

— Ce garçon a perdu un père, déclara-t-il. Moi, j'ai perdu un fils. Nous sommes plus égaux que je ne le pensais.

Avec ces simples paroles, Hobe avait tout dit. Il avait prouvé que le charpentier avait tort. Les Windjammer n'étaient pas différents des hommes rassemblés ici. Dans la partie cruelle que le destin avait jouée avec eux, tous avaient souffert.

— Lucien Windjammer a disparu, lui aussi, dit une voix.

— C'était quelqu'un de bien, ajouta un autre, comme le père du gamin.

Personne ne bougea ni ne parla pendant ce qui parut une éternité. Puis Hobe grogna comme s'il avait pris une décision.

— Où vas-tu ? lui demanda le charpentier en le voyant faire demi-tour. Tu ne peux pas abandonner maintenant ! Et notre argent ? Et le *Draco* ?

Le colosse le regarda.

— Je dis qu'ici la voix des morts est plus forte que celle des vivants.

Il inspecta rapidement la pénombre avec son œil qui à la fois ne voyait rien et voyait tout. Puis il pivota, et se fraya un chemin à travers la foule.

— Moi non plus, je n'ai plus rien à faire ici, décréta un autre.

Chacun, à présent, semblait partager cet avis.

— Partez, chacun de vous sera payé, promit Gerrit avec une confiance grandissante.

Adam espérait du fond du cœur que le clerc disait la vérité.

Gerrit hocha la tête et confirma sa promesse.

— Même vous, Jan Wolks, dit-il au charpentier.

Ce dernier résista un moment encore. Ses compagnons autour de lui se dispersaient.

— Ah ! grogna-t-il. Alors faut encore que j'vous fasse confiance un jour de plus !

Il s'éloigna. Les hommes s'écartèrent pour le laisser passer, puis, les uns après les autres, ils le suivirent. L'émeute prenait fin quand les soldats firent irruption.

— Ils ont appelé la garde !

La nouvelle se répandit depuis le quai jusqu'à l'entrepôt.

— Les soldats ! Ils arrivent !

Le martèlement régulier des pieds sur les pavés parvint jusqu'à eux. Hobe et ses compagnons furent repoussés dans la salle des pesées, sous la pression de la foule amassée autour de la porte brisée. Le regard des hommes s'emplit de nouveau de hargne et de méfiance.

— C'était ça, ton plan, Windjammer ? attaqua aussitôt Jan Wolks. Tu nous as menés en bateau jusqu'à l'arrivée des soldats !

— Non, nia Adam.

Mais il n'eut pas le temps de s'expliquer.

— Laissez passer la garde ! ordonna une voix tandis que deux rangées de soldats franchissaient au pas de course le seuil, prêts à utiliser la hallebarde qu'ils portaient à l'épaule.

— Reculez, espèces de chiens ! ordonna le capitaine.

La foule fut repoussée de chaque côté tandis que la garde s'alignait face aux hommes. L'acier des casques et des plastrons brillait à la lueur des torches. Le capitaine fit son entrée, l'épée à la main. Un moment plus tard, Auguste Windjammer apparaissait, serrant son mouchoir contre sa bouche, mal à l'aise.

— Y a-t-il eu meurtre, capitaine ? demanda Auguste.

En voyant Adam, un éclair de déception traversa brièvement son regard, avant qu'il fasse mine d'être soulagé.

— Tu es vivant, cher neveu ? Dieu merci ! J'ai ramené la garde, comme je l'avais promis. Oui, oui ! Au risque de ma vie !

Il se replia derrière le capitaine et lui souffla un conseil à l'oreille.

— Soyez ferme, capitaine ! Vous devez arrêter le chef. Vous devez faire un exemple !

— Qui est le chef parmi vous ? demanda le capitaine.

Personne ne répondit. Le charpentier recula légèrement. Hobe, lui, ne bougea pas, étreignant son marteau.

— *Lui.*

Auguste agita son mouchoir en direction de Hobe.

— Arrêtez cet homme ! C'est lui, le chef, regardez-le donc ! Oui, oui ! Une canaille sans foi ni loi, j'en suis certain !

Le capitaine se tourna vers Hobe et décida d'agir d'abord, et de poser les questions ensuite.

— Emparez-vous de lui ! aboya-t-il.

Deux soldats s'avancèrent, saisirent la hache de Hobe puis attrapèrent le colosse avec rudesse. Mais ce dernier était aussi fort qu'un bœuf, et en trois mouvements, il se libéra. Aussitôt, une douzaine de hallebardes se pointèrent vers lui. Le colosse fusilla le capitaine du regard.

— Ah ! C'est comme ça ? s'écria-t-il. Je vais te donner une leçon !

Et, d'un coup de son épée, il entailla l'oreille de Hobe.

Hobe s'élança, arracha la hallebarde d'un soldat et obligea le capitaine à reculer. Autour de lui, la foule fit front pour le soutenir. Un soldat donna des coups du bout de sa hallebarde. Il y eut un cri, et un homme s'effondra à la droite de Hobe. Une bousculade s'ensuivit. Il fallut un certain temps aux soldats pour reprendre le contrôle.

Le capitaine désigna Hobe de la pointe de son épée.

— Amenez-moi cet homme !

— Attendez !

Adam s'avança.

— C'est le prédicateur que vous devez arrêter, pas lui.

— Le prédicateur ? Je ne vois aucun prédicateur ici, répondit le capitaine en regardant autour de lui. Je ne vois que des pillards et des fauteurs de troubles !

— Abner Heems était là, insista Adam. Il prêchait dehors. C'est lui qui a provoqué l'émeute.

— Un prédicateur ? Un membre du clergé ? réfléchit le capitaine, l'air sceptique. J'ai du mal à croire qu'un homme pieux ait provoqué une émeute !

— Je l'ai vu, dit Adam. Je l'ai entendu !

— Mais qui êtes-vous ?

— Adam Windjammer, répondit-il avec assurance.

— Héritier et chef légitime de la Maison Windjammer, ajouta Gerrit pour faire bonne mesure.

Auguste Windjammer plaqua son mouchoir contre sa bouche et son nez.

Le capitaine fronça les sourcils, visiblement perplexe.

— Mais ce monsieur a dit qu'il était...

— Tout à fait ! s'exclama Auguste.

Il s'essuya le front et eut un petit rire. Puis il se rendit compte qu'il devait des explications.

— Je veux dire que je suis... l'oncle de ce garçon.

— Alors représentez-vous cette Maison, oui ou non ? s'impatienta le capitaine.

— Non, capitaine, intervint Gerrit.

Le clerc inclina légèrement le buste et se présenta.

— Il faut vous adresser à Maître Adam, ici présent.

Auguste Windjammer siffla à travers son mouchoir.

Le capitaine lança un regard sceptique à Adam.

— On m'a rapporté qu'il y avait une émeute.

— Tout était terminé à votre arrivée, déclara Adam en regardant Auguste d'un œil noir.

— Ce que veut dire mon maître, s'empressa d'expliquer Gerrit, c'est que nous avions trouvé un accord quand vous-mêmes et vos braves soldats êtes entrés.

— Un accord ! s'offusqua Auguste, choqué.

Puis il se tourna vers le capitaine :

— Regardez cette porte ! Les gonds ont été arrachés et le bois fendu. Quel accord voulez-vous trouver après ça ?

— Il est vrai que la porte a été endommagée, reconnut Gerrit. Mais il s'agit d'un malentendu, et le maître de cette Maison ne portera pas plainte.

— Malentendu ! bredouilla Auguste. Ne portera pas plainte ? Mais je...

— Je crois avoir compris que seul le garçon ici présent est responsable... l'interrompit le capitaine d'un ton sec.

Auguste Windjammer battit en retraite derrière son mouchoir. La foule le hua, jusqu'à ce que le sergent ordonne le silence.

— Il semble que j'ai été mal informé, reprit l'officier avec un regard éloquent en direction d'Auguste. Mais vous, conclut-il en se tournant vers Hobe, je vous arrête pour atteinte à l'ordre public.

— Non !

Adam s'interposa entre les soldats et Hobe.

— Hobe nous a aidés. C'est lui qui les a arrêtés.

— Maître Adam a raison, renchérit Gerrit. Hobe est un maître charpentier qui travaille pour nous, sur le *Draco*. Nous lui devons de l'argent, comme à tous ceux qui sont là. Nous nous sommes réunis pour en discuter, et il a été le premier à accepter d'accorder un délai aux Windjammer. Les autres ont suivi son exemple. Si vous étiez arrivés un peu plus tard, capitaine, vous les auriez vus rentrer tranquillement chez eux.

Il se tourna vers le maître charpentier.

— Est-ce que c'est vrai ?

Hobe porta son énorme main à son oreille. Il regarda le sang au bout de ses doigts, puis tour à tour le capitaine, Auguste, Gerrit, et enfin Adam.

Ce dernier lui rendit son regard sans ciller.

— C'est vrai, acquiesça-t-il.

Il rendit la hallebarde.

— Il y a donc bel et bien eu un malentendu, déclara le capitaine en remettant son épée dans son fourreau.

— Vous n'allez quand même pas le laisser partir ! balbutia Auguste, affolé. Regardez-le ! Son visage ! Sa cicatrice ! Son œil ! C'est un homme marqué, stigmatisé comme un coupable aux yeux de tous !

— Les apparences sont parfois trompeuses, capitaine, répliqua Gerrit. Je suis sûr que vous serez d'accord avec moi – seul un idiot juge de la qualité et du contenu d'un rouleau de parchemin en fonction de la taille de son sceau.

Auguste Windjammer laissa échapper un sifflement furieux.

— Il est temps que vous partiez, mon oncle, déclara Adam. Votre présence ici est indésirable ainsi qu'à la maison, dorénavant.

Auguste Windjammer lui lança un regard meurtrier.

— Jamais je n'oublierai cette insulte, mon neveu. Tu m'as ridiculisé. Oui, oui. Ridiculisé ! Moi ! Auguste Windjammer !

Il observa les visages hostiles autour de lui, serra son mouchoir contre sa bouche et fit quelques pas hésitants vers la porte. Mais il perdit vite son sang-froid et dévala, poursuivi par une cacophonie de sifflements et de ricanements.

— Dégagez l'entrepôt ! ordonna le capitaine.

La foule fut évacuée de façon un peu plus ordonnée qu'elle n'était entrée. Les hommes défilèrent devant Adam, les yeux baissés, comme s'ils avaient honte d'être venus. Seul Hobe refusa de bouger, et les soldats, nerveux, l'entourèrent.

— Je vais partir, je vais partir, grogna-t-il à leur intention.

Mais il resta là un moment encore à regarder Adam comme s'il essayait de prendre une décision.

— Je ne vous laisserai pas tomber, déclara Adam. J'ai promis de tenir la parole de mon père, et je le ferai.

— Alors il y a peut-être encore un espoir pour la Maison Windjammer, répliqua le colosse.

Puis, après s'être attardé suffisamment longtemps pour prouver aux soldats qu'il ne les craignait pas, il rejoignit les autres au-dehors.

Un frisson de soulagement parcourut Adam. Il s'adossa au bras d'une immense balance et ferma les yeux. Il se sentait faible et légèrement étourdi, maintenant que le danger était passé.

— Vous avez été remarquable, maître Adam ! s'exclama Gerrit en applaudissant. Vous avez sauvé l'entrepôt !

Il esquissa quelques pas de danse, puis, se rendant compte qu'il se laissait emporter, il toussota avec embarras et prit une posture correspondant mieux au sérieux d'un clerc.

— Pourquoi ne l'ai-je pas vu plus tôt ? demanda-t-il à voix haute. Pourquoi n'ai-je pas vu qu'un garçon comme vous était le digne héritier de la Maison Windjammer ? Je n'aurais pas dû me fier à la tradition, ni à votre oncle ! Auguste n'est un Windjammer que par son nom. Vous, c'est différent.

Il prit la main d'Adam et la serra avec force.

— Mais vous êtes glacé ! Vous ne vous sentez pas bien ?

— Ça va, dit Adam, conscient de la douleur aiguë au creux de son estomac.

Gerrit n'avait pas l'air convaincu.

— Peut-être un accès de fièvre... Je vais appeler un médecin. Il vous prescrira une potion chez l'apothicaire.

— Je n'ai besoin ni de docteur ni de potion. J'irai mieux quand vous m'aurez raconté ce qui se passe. J'ai besoin de savoir. Si vous avez un projet pour sauver la Maison Windjammer, parlez-m'en tout de suite, avant qu'il arrive autre chose.

— Je vous en prie, maître Adam, chuchota Gerrit. Faites attention à ce que vous dites.

Il lança un regard au capitaine qui continuait de donner des ordres à ses soldats, puis il leva le nez vers les cordes et les trappes ouvertes au-dessus d'eux.

— Vous-même avez dit avoir entendu quelqu'un...

Il secoua la tête.

— Si le secret s'ébruitait...

— Mais je dois savoir...

— Chaque chose en son temps et en son lieu. N'ai-je pas déjà promis de vous tenir au courant, ainsi que votre mère ? Je vais convoquer une réunion. Oui, la Longue Table est, par tradition, le lieu qui convient...

— Au diable la tradition ! se récria Adam. Je veux comprendre ce qui se passe !

Gerrit voûta légèrement les épaules. Il se tordit les mains. Il déglutit avec peine, puis opina.

— Très bien, maître Adam. Je vais tout vous révéler...

Il jeta un œil alentour et s'approcha du jeune maître, pour s'assurer que le capitaine ne l'entendrait pas.

— Sachez d'abord que jamais je n'aurais agi de la sorte si cela n'avait pas été indispensable. Je suis un clerc des plus respectables, comme je l'ai prouvé durant mes nombreuses années de service. Jamais, jusqu'à présent, je n'ai pris de tels risques. Je l'ai fait parce que j'étais désespéré. Je l'ai fait pour sauver la Maison Windjammer.

Il s'interrompit et regarda autour de lui. Le capitaine était toujours occupé avec ses hommes.

— J'ai acheté un précieux trésor, connu sous le nom de Perle Noire, dit-il enfin.

— Une perle ?

— Chut ! souffla Gerrit en claquant des mains. Nous devons être prudents.

— Mais qu'allez-vous en faire ?

— La vendre, maître Adam. Et en tirer un grand profit.

Gerrit se raidit légèrement et balaya les lieux du regard. Il fronça les sourcils.

— Je sens un courant d'air, maître Adam.

Bang ! Une forte secousse ébranla l'entrepôt. Un objet lourd roula sur le plancher au-dessus d'eux. Ils levèrent la tête. Adam eut le temps d'apercevoir une barrique en bois par l'une des trappes ouvertes. Il la vit osciller sur le flanc, sans d'abord comprendre ce qui se passait. La barrique s'inclina, un court instant retenue par les filets et les cordes, puis bascula, tournoyant paresseusement sur elle-même, avant de prendre de la vitesse.

— Attention ! cria le capitaine.

Adam remarqua l'expression de Gerrit, ses yeux élargis, ses narines frémissantes, sa bouche tordue sur des mots d'avertissement. Puis il sentit que le clerc le repoussait violemment sur le côté.

Une seconde plus tard, la barrique brisa net le bras de la balance et alla heurter Gerrit de plein fouet.

Le clerc poussa une exclamation et fut projeté au loin comme un pantin désarticulé. La barrique explosa dans un fracas assourdissant qui résonna longtemps dans l'entrepôt.

Puis ce fut le silence.

18

Les vivants et les morts

Adam leva la lanterne pour éclairer la route devant eux. Le martèlement des sabots et le bringuebalement de la carriole sur les pavés résonnaient dans sa tête. Il essayait de ralentir l'allure, mais il savait que le temps pressait.

Les torches avaient été allumées sur les ponts, se reflétant comme autant de petits points lumineux dans les canaux en dessous. Ici et là, des silhouettes surgissaient dans le cercle lumineux de sa lanterne, se reculant aussitôt dans la pénombre au passage de la voiture.

Ils avaient allongé le corps brisé de Gerrit sur une planche et l'avaient sorti de l'entrepôt. Hobe, qui se trouvait dehors avec le charpentier, les avait guidés vers la petite échoppe d'un apothicaire sur le quai. Ils avaient posé le clerc avec précaution près de l'âtre, au milieu des bocaux et des bouteilles, et l'avaient confié aux soins du pharmacien. Ce dernier avait préparé une potion contre la douleur, pendant que les autres étaient allés chercher un docteur. Mais il y avait peu d'espoir.

— Ramenez-moi à la maison, jeune maître, avait supplié Gerrit, les yeux brûlants de souffrance.

Ils avaient emprunté une carriole. Hobe avait soulevé Gerrit, puis l'avait installé le plus confortablement possible. Chaque cahot arrachait un cri au clerc, et Adam s'efforçait de ne pas entendre le râle qui s'échappait de sa poitrine.

C'est moi qui devrais être allongé là, pas lui, ne cessait-il de se répéter tout en marchant.

Ils avaient envoyé un message à la vieille maison sur le Herengracht, pour demander que l'on prépare une chambre, un lit, de l'eau chaude, des bandages. Mais à chaque seconde qui passait, Gerrit s'affaiblissait. Il était à l'agonie, et tous le savaient.

— Ils refusaient de commercer avec nous ! Que pouvais-je faire ?

Le petit homme divaguait. Ils avaient maintenant franchi le pont du Herengracht et tournaient à l'angle de la rue. Mary Windjammer les attendait sur le seuil.

— Faites doucement, dit-elle tandis que Hobe sautait à terre. C'est un ami cher.

— C'est un secret. Oui, un secret. Attendez ! Ce n'est pas le moment. Je paierai le prix. De l'or pour une perle rare ! continuait de délirer Gerrit.

Il ouvrit les yeux, et vit Adam qui tenait la lanterne. Il lui fit signe de s'approcher et saisit son col avec une force surprenante.

— C'est à vous de jouer, maintenant, maître Adam, hoqueta-t-il. Vous êtes le seul qui pouvez sauver la Maison Windjammer. Vous comprenez ? Promettez-moi que vous le ferez ! Promettez-le-moi !

— Je vous le promets ! dit Adam, à demi étranglé.

Gerrit l'attira vers lui.

— Vous devez la trouver. Vous devez trouver la Perle Noire et la vendre...

Un hoquet le fit taire.

— Je la trouverai, murmura Adam. Dites-moi où elle est...

Gerrit déglutit avec difficulté.

— Je l'ai cachée sous le prunier. Cherchez à cet endroit. Et ne me jugez pas mal pour ce que j'ai fait, maître Adam. Je l'ai fait pour vous et pour votre chère mère...

Il relâcha son étreinte, pour aussitôt s'agripper de nouveau à Adam, s'arquant de douleur.

— Ne parlez de ma honte à personne ! chuchota-t-il entre ses dents. J'ai aimé cette maison plus que ma propre vie.

— Il doit se reposer, maintenant, intervint Mary Windjammer.

Adam resta aux côtés du clerc, tandis que Hobe le portait hors de la carriole. Gerrit souffrait atrocement, pourtant un sourire passa sur ses lèvres violacées.

— Tout ira au mieux pour la Maison Windjammer, dit-il encore en regardant Adam.

Puis il se laissa retomber sur le dos et exhala un dernier long souffle, embuant l'air comme si son âme le quittait.

Adam se précipita d'un bond dans le jardin et s'arrêta, hors d'haleine.

— Adam ! Reviens ! appela sa mère.

Le prunier se dressait, tortueux dans la pénombre contre le muret. Adam courut vers l'arbuste, posa brusquement la lanterne et s'agenouilla. La terre près des racines avait été récemment retournée, et il commença à l'enlever à mains nues. Avec ses doigts, il griffait le sol, tandis que des larmes coulaient le long de ses joues. Il les essuya, maculant son visage. Soudain, il sentit la main de sa mère sur son épaule.

— Ce n'est pas le moment, dit-elle. Rentre à la maison.

Adam se dégagea et continua de creuser. Il toucha quelque chose de dur et fouilla, rejetant la terre. Il leva la lanterne et vit que c'était le bulbe d'une fleur. Il le lança au loin et recommença à chercher.

— Elle n'est plus là, dit-il. Elle a disparu !

Il reprit sa lanterne et la brandit pour éclairer le jardin.

— Il n'y a pas d'autres arbres. Elle doit être ici !

— Adam, murmura sa mère. Gerrit délirait. Nous l'avons tous entendu, ce ne peut-être que la douleur qui l'a fait parler.

— Non ! Gerrit m'a dit qu'il avait acheté une perle. Un trésor rare ! Et qu'il l'avait cachée sous le prunier... Mais elle n'y est plus. Envolée !

Il tapa du poing sur le sol. Souffrance et frustration le submergèrent.

— J'ai eu de mauvaises pensées contre lui, gronda-t-il. J'ai cru qu'il nous volait. Je me trompais. Il est même mort en me sauvant la vie !

Il se redressa.

— C'est moi qui devrais être allongé sous le linceul. Pas lui ! Tout cela est ma faute.

Sa mère l'attrapa par le bras et le secoua avec rudesse.

— Arrête ça ! Arrête ça tout de suite ! lui ordonna-t-elle. Tu n'y es pour rien, Adam. Les hommes m'ont raconté que les soldats ont fouillé l'entrepôt. Le capitaine a conclu que c'était un accident, juste un terrible accident.

Elle l'enlaça et lui parla avec plus de douceur.

— Nous devons rester calmes. Nous devons rester unis. Ensemble, les Windjammer peuvent affronter n'importe quoi. Est-ce que tu me comprends ? N'importe quoi !

Elle se recula pour le regarder.

— J'ai fait une promesse à Gerrit, protesta Adam.

Il se sentait si faible, à présent.

— Gerrit a dit que je devais sauver la Maison Windjammer. C'est pour ça qu'il a acheté la perle.

— Regarde la vérité en face, Adam. Il n'y a pas de perle. Comment veux-tu qu'il y en ait une ? Et si c'était le cas, pourquoi Gerrit l'aurait-il enterrée ici ? Il délirait, c'est tout.

Adam refusait d'abandonner. Il se remit à quatre pattes et attaqua la plate-bande à côté de l'arbre. Il s'acharnait, le souffle court. Des larmes ruisselaient le long de ses joues.

— J'ai envoyé chercher ton oncle, déclara sa mère. Je vais lui parler. Va dans ta chambre et essaie de te reposer.

— Non ! la supplia Adam. Ne lui faites pas confiance, Mère ! Plus jamais !

Il essaya de lui expliquer ce qui s'était passé dans la maison de Hugo van Helsen, rue des Couteaux, mais ses propos étaient confus et embrouillés.

— Ça suffit, Adam ! l'arrêta-t-elle. Auguste est capable de beaucoup de choses, mais pas d'une telle trahison ! C'est le frère de ton père. C'est un Windjammer.

Adam secoua la tête.

— Ce n'est pas ce qu'on est qui compte, Mère, rétorqua-t-il, c'est ce qu'on vaut. Gerrit nous a au moins appris cela.

Il se tut, pantelant, et lui lança un long regard. Puis il se pencha pour creuser de nouveau. Il entendit qu'elle faisait demi-tour, et aperçut Rose et Viola sur le seuil. Deux paires d'yeux qui l'observaient, choqués, l'air interrogateur.

— Tu n'aurais pas dû leur faire de mal, dit Rose.

— Aux fleurs, expliqua Viola.

Adam arracha une poignée de tiges flétries.

— Elles sont mortes, vous ne le voyez donc pas ? Pourries, comme nous !

Il jeta les fleurs vers elle.

— Fichez-moi le camp !

Les fillettes se réfugièrent dans les jupes de leur mère qui tentait de les faire rentrer. Mais soudain, Rose se libéra et se sauva en courant dans le jardinet. Elle ramassa le bulbe abandonné sur les dalles et le serra contre elle, comme si c'était un véritable trésor. Puis, ensemble, les jumelles se précipitèrent dans la maison.

Ce n'était pas un accident. Si Adam avait au moins une certitude, c'était celle-là. Peu importait ce que le capitaine avait dit. Il s'agissait d'un meurtre.

Les soldats avaient fouillé l'entrepôt, en effet, et n'avaient rien trouvé. Le capitaine en avait conlu que la barrique, mal calée, était tombée. Selon lui, une série tragique de coïncidences l'avait envoyée rouler jusqu'à la trappe ouverte... Un terrible accident, rien de plus.

— La main de Dieu, avait-il ajouté.

Un frisson parcourut Adam, recroquevillé en chien de fusil sur son lit. Il savait combien un individu comme le prédicateur avait pu facilement se cacher dans l'entrepôt et en ressortir un peu plus tard, sans être vu.

L'obscurité de sa chambre l'enveloppait. Il était trop épuisé pour ôter ses vêtements, et trop nauséeux pour s'endormir. Il restait étendu, luttant contre la douleur dans son ventre et aux reins. Sa tête lui faisait mal, et il était tourmenté par une soif qu'il ne parvenait pas à étancher.

Il se leva et se dirigea vers la table de toilette. Le pichet était vide, mais il le porta jusqu'à ses lèvres pour en boire les dernières gouttes. Il fut de nouveau pris de frissons et les braises de l'âtre l'attirèrent. Il s'assit sur la chaise, essayant de capter ce qu'il restait de chaleur. Ses mains tremblaient.

Boum ! Un bruit déchira le silence. Adam leva les yeux, l'oreille aux aguets. La grande demeure crépitait, fidèle à elle-même. Sa vieille carcasse gémissait, comme si son toit était devenu une charge trop lourde à supporter.

Un coup fort, suivi d'éclats de verre cassé, le fit se lever d'un bond. Il se rua dans le corridor, s'arrêta et écouta. Des voix parvenaient jusqu'à lui : sa mère et son oncle discutaient. Puis de nouveau : *Boum !*

La discussion s'interrompit.

Adam avait emprunté l'escalier des milliers de fois – les marches, les paliers, les craquements étaient toujours les mêmes. Pourtant, à cet instant, il lui parut sans fin, comme s'il plongeait en colimaçon dans une fosse obscure aux dangers tapis.

Trois étages plus bas, il traversa le couloir qui menait à la pièce où Gerrit avait été allongé sur un lit. Puis il se dirigea à pas rapides vers la chambre de sa mère.

La porte était entrouverte ; il la vit se déplacer et prendre quelque chose dans une boîte en cuir. Il poussa la porte. Elle se retourna brusquement avec un cri de surprise. La lueur de la chandelle se refléta sur l'objet qu'elle tenait à la main. Le canon brillant d'un pistolet.

En voyant son fils, Mary Windjammer se détendit et se concentra sur le lourd pistolet à silex. Adam constata qu'elle avait déjà rempli le bassinet de poudre et enfoncé la balle bien au fond. Elle bascula en arrière le marteau en forme de S.

— Tu avais raison au sujet de ton oncle, dit-elle sans le regarder. J'aurais dû me douter qu'il ferait n'importe quoi. Je le savais veule, mais je ne soupçonnais pas ses ambitions et sa cupidité.

— Il vous a tout raconté ? demanda Adam, interloqué.

— La boisson lui a délié la langue, expliqua-t-elle. Nous discutions, et soudain, il s'est moqué de moi en me disant que j'étais faible. Puis il m'a tout raconté, y compris le rôle joué par Willem. Il estime que maintenant, ça n'a plus d'importance, puisque Hugo van Helsen va tout nous prendre.

Elle secoua la tête.

— Comment ai-je pu lui faire confiance ?

— Où est-il, maintenant, Mère ?

— Dans la bibliothèque. Il est ivre mort.

Elle leva le pistolet et prit sa mire.

— Je sais comment m'en servir. Ton père m'avait montré au cas où les Espagnols nous attaqueraient. Il est chargé et amorcé.

Boum ! Ils entendirent un craquement, suivi d'un juron, puis le raclement d'un objet lourd qu'on traînait par terre.

Mary Windjammer saisit une chandelle et se dirigea vers la porte, l'air déterminé.

— Je ne le laisserai pas monter cet escalier, dit-elle simplement. Il est trop soûl pour entendre raison, et je ne lui fais pas confiance. Je le tuerai s'il menace les filles.

— Je vais descendre, mère.

— Pas seul.

— Mais on ne peut pas le laisser en bas. Qui sait ce qu'il est capable de faire ?

— Allons-y ensemble, alors.

Ils atteignirent l'étage inférieur et s'arrêtèrent à l'endroit où l'escalier se divisait en deux. C'était le point de non-retour, Adam le savait. En dessous, à droite, la porte de la bibliothèque était ouverte, et l'immense malle-cabine trônait au milieu du hall. À gauche, la lumière qui s'échappait de la salle à manger dessinait une nappe sur les carreaux noirs et blancs. Le reste de la maison était plongé dans l'obscurité, et Adam songea qu'il valait mieux se tenir dans la pénombre. Il moucha la chandelle, et tous deux se tinrent immobiles.

— Il peut être dans l'une ou l'autre pièce, Mère, souffla-t-il. Vous devriez rester ici. Il ne faudrait pas qu'il monte l'escalier sans qu'on le voie.

Mary Windjammer hésita, partagée entre son désir de protéger les jumelles et sa réticence à abandonner Adam.

Elle étreignit le pistolet.

— Je vais te couvrir.

Adam se dirigea à pas de loup vers le hall.

Il risqua d'abord un œil dans la bibliothèque. N'y voyant aucune trace de son oncle, il s'avança vers la malle-cabine, qui avait été à l'évidence malmenée. Le couvercle ne tenait plus fermé sur les gobelets, les livres et les cartes empilés à la hâte. Il devina qu'Auguste avait voulu la traîner jusqu'à la porte d'entrée, mais n'en avait pas eu la force.

— Était-ce si répréhensible ? dit la voix de son oncle.

Adam fit volte-face vers les doubles portes de la salle à manger. Sa mère, qui avait aussi entendu, entreprit de descendre les marches. Adam lui fit signe de s'arrêter et traversa le hall. Émergeant soudain dans la lueur des chandelles, il scruta la grande pièce. La Longue Table s'étirait devant lui jusqu'à un candélabre chargé de bougies dont la cire coulait.

— N'ai-je pas bien servi cette Maison ? grommelait Auguste.

Il était assis, tournant le dos à Adam, affalé sur la grande chaise en chêne au bout de la table. Une bouteille noire était posée devant lui.

— Était-ce si répréhensible de vouloir quelque chose pour moi, après tout ce temps ?

Adam sentit la douleur le tenailler de nouveau. Un frisson l'élança sous son bras gauche, puis se répandit dans son dos, sa nuque, sa tête. La crampe empira, et, cette fois, la sensation de vertige mit plus de temps à se dissiper.

Son oncle attrapa la bouteille et avala une généreuse rasade à même le goulot. Il s'essuya la bouche du revers de la main, inspira bruyamment, puis, soudain, sembla deviner la présence d'Adam.

— Tiens, tiens, ne serait-ce pas l'héritier et chef légitime de la Maison Windjammer ? ricana-t-il en reprenant les termes qu'avait employés Gerrit.

— Vous êtes ivre, répondit calmcmcnt Adam.

Auguste jeta un œil à la bouteille. Approuva. But une autre gorgée d'alcool brut et lâcha un rot.

— Et alors ? balbutia-t-il. J'ai bien le droit d'être soûl après ce qui m'est arrivé aujourd'hui.

— Après ce qui *vous* est arrivé ? s'exclama Adam. Et Gerrit ? Il est là-haut, allongé mort sous un drap, tandis que vous...

— Gerrit est mort, c'est vrai, l'interrompit son oncle. Peut-être que si tu m'avais écouté, il serait encore vivant. Mais tu as renvoyé la garde. Tu as laissé ces canailles s'en aller. Alors s'il y a quelqu'un à blâmer, c'est bien toi !

L'image du corps brisé de Gerrit vint hanter Adam.

Son oncle rit. Il savait qu'il avait marqué un point. Il but encore et se tourna vers son neveu.

— À qui le tour, maintenant ?

Il repoussa sa chaise et regarda enfin Adam.

— Le dirigeant de la Maison Windjammer, peut-être ?

— Que voulez-vous dire ?

— Allons, allons, mon neveu ! rétorqua Auguste avec un plaisir évident. Toi et moi savons que la barrique n'a pas roulé toute seule. Ce n'est pas par hasard qu'elle est tombée là où elle est tombée. Est-ce que tu n'étais pas à côté de Gerrit ? Ta mère m'a dit qu'il t'avait sauvé. Il t'a poussé et a été frappé à ta place !

Adam savait que c'était la vérité.

Son oncle sourit.

— On dirait que quelqu'un t'en veut, mon neveu. Oui, oui, le temps court plus vite que tu ne crois. Chaque jour, tes ennemis deviennent plus forts pendant que cette Maison...

Il s'arrêta et jeta un coup d'œil autour de lui, comme si la demeure était vivante...

— ... pendant que cette Maison s'affaiblit.

Il but une grande rasade, grimaça et poursuivit en soufflant bruyamment entre chaque mot :

— Le prêteur a accordé une semaine à la Maison Windjammer. Mais, à ton avis, combien de temps te restera-t-il une fois que la nouvelle de la mort de Gerrit se sera répandue ? Les rumeurs vont vite. Les gens parleront. Oui, oui, c'est sûr. Ils diront que la Maison Windjammer est désormais condamnée, et rien de ce que tu pourras dire ne les persuadera du contraire. Ils se jetteront sur vos portes comme une bande de loups affamés sur un daim à l'agonie.

Il hocha la tête, l'air convaincu.

— Alors qu'importe Gerrit, à présent ? Ce sont les vivants qui devraient t'intéresser, pas les morts, se moqua-t-il. Il te faudra davantage que l'anneau de ton père pour sauver cette Maison. Et quand le prêteur viendra, je ne serai plus ici. Je n'attendrai pas que les huissiers viennent frapper à la porte ! Je vais embarquer ma famille et ce qu'il me reste à bord d'un navire qui lèvera l'ancre à la marée du matin... Peu importe où ! Le Nouveau Monde, peut-être. Et quand nous serons en sécurité, je penserai à toi, mon neveu, assis à cette Longue Table. Je penserai à toi et je rirai de ton infortune.

Auguste se leva avec difficulté et chancela tandis qu'il contemplait sa chaise.

— C'est vrai, mon neveu. Autrefois, j'ai voulu que cette place soit la mienne. Était-ce donc si répréhensible d'avoir de l'ambition ? Était-ce si répréhensible de demander quelque chose en échange de tant d'années passées à regarder mon frère récolter gloire et honneurs ?

Il ricana.

— Mais tu es l'aîné. Comment pourrais-tu savoir ce que signifie vivre dans l'ombre de deux frères ?

Il leva la bouteille, but au goulot et respira fort.

— Ah ! Tu dois trouver ça drôle ! reprit-il comme s'il parlait à la maison. Mes frères ont toujours été les vedettes. Hercule le héros ! Lucien le courageux aventurier ! Et moi ?

Il lâcha un rire acerbe.

— Moi ? Je n'ai jamais été qu'Auguste. Auguste le maladroit. Auguste, le frère du milieu. Ni chair ni poisson.

Il avala une longue rasade.

— Eh bien, je suis peut-être maladroit, mais je ne suis pas fou. Je suis encore vivant, moi, et j'entends le rester ! Je ne demeurerai pas plus longtemps parmi les ombres de cette maudite maison...

Il but encore et jeta la bouteille qui se brisa contre le mur. Des gouttelettes éclaboussèrent la pièce. L'alcool semblait allumer des flammes dans les yeux d'Auguste. Il s'empara du candélabre et se dirigea en titubant vers la porte.

Pris de vertige, Adam dut s'appuyer de tout son poids sur le chambranle. Auguste Windjammer jaillit de l'ombre, trébuchant, comme s'il essayait de se libérer du poids de la maison.

— Pousse-toi ! cria-t-il. Laisse-moi passer !

Il leva le candélabre, la mine menaçante, et la lumière vint éclairer les traits de son neveu. Il se figea et leva plus haut le chandelier, aveuglant Adam, le forçant à reculer.

— Tu n'as pas l'air bien, mon neveu. Tu as attrapé la fièvre !

Il s'avança, attrapa son neveu par le col de sa veste et le secoua.

— C'est bien ça : aussi faible qu'un chiot !

Avec un sourire cruel, il poussa violemment le jeune maître dans la pénombre du hall.

— Regarde-toi !

Il pointa en riant la flamme des bougies vers le visage d'Adam.

— Ç'aurait pu être si différent ! Mais tu as tout gâché ! Tout... Je vais te donner une petite leçon...

Les flammes crépitèrent et trouèrent l'obscurité en un éclair flamboyant. Adam trébucha au moment où de la cire brûlante l'éclaboussait au visage. Il heurta la malle-cabine et tomba comme une masse sur le sol. Auguste se pencha, menaçant. La clarté tremblotante du chandelier illuminait sa figure et projetait son ombre sur les murs jusqu'au plafond. On aurait dit un géant – une silhouette grotesque, déformée – aux yeux pleins de folie, comme si la rage et la jalousie le consumaient de l'intérieur.

— Oui, oui, mon neveu, je vais te donner une leçon

pour m'avoir fait passer pour un idiot ! Je vais t'apprendre le respect !

Adam leva les bras pour se défendre. Son oncle brandit le lourd candélabre. Les bougies enflammées oscillaient au-dessus de lui comme un fer rouge. Son regard était dénué de pitié.

Un cri d'avertissement résonna, suivi d'un déclic, et une pluie d'éclats d'acier vola. Une lueur bleutée déchira l'obscurité, accompagnée d'une détonation.

Mary Windjammer avait visé haut. La balle fusa dans l'obscurité au-dessus de leurs têtes et se logea dans le bois de la porte d'entrée.

Auguste lâcha une exclamation de stupeur. En se retournant, il aperçut sa belle-sœur dans l'escalier et lui lança le candélabre, qui se fracassa au pied des marches. Les bougies crachotèrent, puis s'éteignirent.

La voix de Mary Windjammer cingla la pénombre :

— Sortez, Auguste ! Sortez, et ne revenez plus jamais !

Son beau-frère s'éloigna d'elle en titubant. Il voulut donner un coup de pied à Adam, mais rata sa cible. Il ouvrit grand la porte et se tint sur le seuil. Les lumières du Herengracht scintillaient derrière lui.

— Soyez maudits, vous et cette Maison ! gronda-t-il, et il s'enfuit dans la nuit.

19

Un pied dans la tombe

La grisaille froide du jour naissant chassait la nuit. Adam se réveilla en tremblant et resta allongé, les yeux rivés au plafond. Il avait dormi quelques heures seulement, dérivant d'un rêve à l'autre, jusqu'à ce que l'aube l'accueille au seuil d'une autre terrible journée.

Tandis qu'il s'habillait pour les funérailles, il fut de nouveau pris de vertige. Il savait que les hommes arriveraient bientôt avec un cercueil pour Gerrit, et il se demanda s'il aurait la force de suivre le cortège jusqu'au cimetière. Il avait mal dans les os ; il était couvert de sueur et frissonnait. Il ressentit des picotements dans les épaules et la nuque, et mit un haut col. La potion d'Inga n'avait pas eu l'effet désiré – il souffrait de la fièvre. Cependant, Adam était décidé à rendre les derniers hommages au clerc.

Il retrouva sa mère et ses sœurs au pied de l'escalier. La malle-cabine avait été traînée dans la bibliothèque et le candélabre ramassé. Des éclaboussures de cire maculaient le sol dallé.

— Nous marcherons seuls derrière Gerrit, annonça Mary Windjammer. Votre oncle, votre tante et vos cousins, Willem et Angelica, sont partis pour un long voyage, expliqua-t-elle aux jumelles. Ils ne reviendront pas avant longtemps.

Rose et Viola ne posèrent pas de questions. On aurait dit, en dépit de leur jeune âge, qu'elles en avaient déjà assez vu pour savoir que plus rien désormais n'était stable dans leur vie.

Soudain, Adam se rendit compte qu'il se tenait presque exactement au même endroit que son père le jour où ils avaient appris la nouvelle de la disparition de la flotte. Il observa le carreau noir devant lui. Il avait l'impression d'avoir été conduit au bord d'un trou obscur – comme son père. Un simple mouvement, un faux pas, et il chuterait vers son destin.

— Il vous faudra être fortes et courageuses, et me tenir par la main sur le chemin de l'église... disait sa mère aux jumelles.

Sa voix sembla s'affaiblir quand elle expliqua que l'enterrement serait très simple. Puis Adam perçut un froissement d'étoffe. Il leva la tête et la vit s'avancer vers lui.

— Pas là ! s'exclama-t-il. Ne vous mettez pas là, Mère !

Elle s'arrêta, regarda par terre, leva les yeux sur son fils.

— Tu es pâle, Adam ! Tu n'es pas bien.

— Ce n'est rien. La fatigue, voilà tout.

Il était fasciné par le carreau noir entre eux.

Mary Windjammer resta un instant immobile, puis, délibérément, avança le pied. Elle ne disparut pas dans le trou. Elle tendit la main et Adam sentit qu'elle lui soulevait le menton.

— Qu'allons-nous faire, Mère ? demanda-t-il.

— Nous allons rendre hommage à Gerrit.

— Et après ?

La bouche d'Adam était sèche, et sa voix enrouée.

— Après, nous continuerons... Nous sommes des Windjammer, nous n'abandonnerons jamais.

Elle le serra contre elle, puis s'écarta pour l'observer. Elle parut inquiète.

— Gerrit m'a sauvé la vie, Mère, déclara Adam en lisant dans ses pensées. Je dois l'accompagner à sa dernière demeure.

— Mais tu es malade, Adam.

— Ce n'est rien, Mère, juste une banale fièvre. De quoi auraient l'air les Windjammer si je vous laissais suivre seule le cercueil avec les jumelles ? Les gens comprendraient que quelque chose ne va pas. La rumeur court déjà. Mon oncle avait raison, les nouvelles sont suffisamment mauvaises comme ça.

Mary Windjammer hésita. Son instinct lui soufflait qu'Adam était trop souffrant pour assister aux obsèques. Néanmoins, elle savait aussi qu'il n'était plus seulement son fils. Il était Adam Windjammer, le chef de cette Maison.

— Allons rendre hommage à Gerrit, dit-elle enfin. Ensuite, tu m'obéiras et prendras du repos.

Un vent frais soufflait du nord-est, et des nuages bas filaient au-dessus de la mer. Adam, sa mère et les jumelles suivirent le cercueil vers le cimetière, au-delà des murs de la ville. Un glas solitaire sonna dans le clocher de la petite église alors qu'ils se dirigeaient vers le caveau des Windjammer. Ils savaient que la meilleure façon de rendre hommage au clerc était de le traiter comme un des leurs.

Le trousseau de clefs de Gerrit, symbole de son autorité, avait été placé sur le cercueil. Adam, en tête du cortège, franchit les grilles en fer menant à la sépulture. Du haut des quatre murs, des anges en pierre veillaient sur le repos des ancêtres Windjammer. Ils ôtèrent les clefs et installèrent le clerc pour le sommeil éternel.

Quand tout fut fini, et comme si ce dernier acte avait épuisé les ultimes forces qui lui restaient, Adam sentit la fièvre l'assaillir. Elle descendit sur lui telle une chape de plomb, l'entraînant vers le bas. Le vertige revint, et il lui sembla que les anges se libéraient. Il les regarda prendre leur envol et grimper haut dans le ciel, puis redescendre vers lui en criant, réclamant vengeance.

Il recula en titubant.

— Ne vous approchez pas !

Sa mère leva les yeux. Elle lui disait quelque chose qu'il n'entendait pas. Les jumelles étaient agenouillées côte à côte devant la tombe de leur père. Adam vit qu'elles plantaient un bulbe. Les anges continuaient de tournoyer dans le ciel alors qu'il battait en retraite. Une obscurité de plus en plus épaisse envahit sa tête.

— Adam !

Du sein des ténèbres grandissantes, il distingua Jade van Helsen. Il se demanda vaguement ce qu'elle faisait là.

Il sentit qu'elle lui touchait le bras, et il s'appuya de tout son poids sur une tombe. Jade lui parlait, mais les mots ne correspondaient pas au mouvement de ses lèvres.

— Tu es souffrant, disait-elle.

Puis il entendit qu'elle appelait sa mère.

— Il a besoin d'aide ! Vite !

Adam se laissa glisser sur la terre dure et gelée. La pierre sous sa tête était aussi grise et froide que le ciel. Le noir s'intensifia encore autour de lui, et les anges tombèrent du ciel comme des étoiles filantes. La douleur se dissipa jusqu'à se transformer en une étrange sensation de fourmillement. L'obscurité s'avança jusqu'au bord de son champ de vision, grignota peu à peu ce qu'il restait de lumière et l'enveloppa d'un coup. Il perdit conscience.

Adam rêvait. Il le savait, mais cela n'avait pas d'importance.

Il marchait dans un jardin magnifique, réchauffé par le soleil. Il se sentait en sécurité. Pourtant, d'une certaine manière, il savait que le jardin lui était interdit.

C'était comme s'il flottait, porté par les parfums d'innombrables fleurs. Les couleurs étaient éclatantes. Les tulipes, les roses et les marguerites ondoyaient doucement dans la brise, tel un océan de flammes rouge et jaune baigné par des vagues vert tendre et blanc. Au-dessus, les rayons du soleil ruisselaient sur les feuillles comme de l'or liquide.

Puis une voix, dans son rêve, l'appela.

— Adam !

Il aperçut un homme, une silhouette floue dans la vive luminosité. Adam s'abrita les yeux.

— Père ?

Sans un mot, la silhouette l'invita à le suivre. Elle s'éloigna vers un passage voûté dans la haie et disparut.

— Père, attendez !

Adam lui emboîta le pas. Deux rangées d'ifs se dressaient de chaque côté. Taillées avec netteté. Touffues. Esquissant un chemin en projetant au sol leurs ombres émeraude dans un dédale de lumière et d'osbcurité.

La silhouette se déplaçait, aussi silencieuse qu'un fantôme. Adam ne cessait de l'appeler en la suivant à l'intérieur de ce formidable labyrinthe tournant et tournant encore, se rapprochant du cœur. Puis les haies se dressèrent telles des tours, les ombres s'épaissirent, et il eut l'étrange impression de descendre en vrille dans un gouffre.

Puis, tout à coup, il atterrit en trébuchant dans un lieu ouvert au cœur même du labyrinthe. Là, il aperçut des gens autour d'un lit.

Adam reconnut son lit et se faufila pour voir qui était allongé dessus. C'était un garçon de son âge environ, le teint cireux, les yeux à demi fermés et fiévreux. Il lui fallut un moment pour se rendre compte que c'était lui-même qu'il regardait.

Un médecin, penché sur lui, appliquait des sangsues sur son corps. Adam observa les créatures semblables à des limaces lui sucer le sang et sentit la succion des bouches molles sur sa propre chair.

— Est-ce qu'il va mourir ?

— Elle veut dire comme Père.

Les voix étaient ténues et effrayées.

— Non ! hurla Adam. Non ! Non ! Non !

Il eut l'impulsion d'avoir été ramené dans son corps et, brusquement, il ouvrit les yeux.

Rose et Viola se tenaient près de la porte avec leur mère. Leurs visages ondulaient devant lui. Il voulut leur dire d'arrêter, mais quand il ouvrit la bouche, aucun son n'en sortit. Il brûlait de fièvre. Sa peau était en feu. Il repoussa drap et couvertures, puis, de nouveau transi, les serra autour de lui.

— De l'eau ! supplia-t-il.

Sa gorge était sèche. Ses lèvres craquelées. Il suffoquait.

— N'ai-je pas dit que cette maison était maudite ?

Il vit avec horreur le visage du prédicateur s'approcher du sien. Abner Heems éclata de rire en rejetant la tête en arrière, sa bouche grande ouverte révélant la pourriture à l'intérieur.

— Ne vous approchez pas de moi ! l'implora Adam.

Des silhouettes s'avançaient – difformes, comme réfléchies par un miroir déformant.

— Tu ne peux pas m'aider, Adam Windjammer.

Le visage de Jade van Helsen était divisé en trois.

— Je veux que tu me promettes de t'en aller et de ne plus jamais revenir.

— La honte est sur moi, maître Adam ! geignait le fantôme de Gerrit en se faufilant dans la pièce. J'ai fait une chose terrible ! La honte ! Oui, la honte !

— Ne vous approchez pas de ma fille ! Elle épousera un prince, pas un indigent !

— Tu n'es qu'un idiot, mon neveu ! Oui, oui ! Tout cela est ta faute !

— Est-ce qu'il va mourir ?

— Elle veut dire comme Père.

— Des nouvelles de la flotte. Perdue, tout est perdu.

— Je l'ai cachée, maître Adam.

— Elle épousera un prince, pas un indigent !

— Et le *Draco* ?

— Sauvez la Maison Windjammer ! Promettez-le-moi !

— Adam ! Adam ! Adam !...

Un long moment plus tard, Adam rouvrit les yeux, Pourtant, il lui sembla que c'était l'instant d'après, tant il n'avait aucune idée du temps écoulé.

La fièvre était tombée.

Allongé sur le dos, il fixait, l'air absent, le baldaquin de son lit. La clarté du jour entrait par la fenêtre, et il devina que c'était soit très tôt le matin, soit la fin de l'après-midi. Il tenta de bouger, mais son corps était faible et inerte, drainé de ses forces.

En tournant la tête, il vit sa mère endormie sur une chaise à côté de lui. Il serra sa main et elle remua, encore assoupie, avant de se réveiller complètement.

— J'ai soif, Mère.

— Adam !

Mary Windjammer avait les yeux embués de larmes quand elle lui apporta un bol rempli d'eau. Il le but, en demanda un autre, avant de s'adresser à ses oreillers, épuisé par l'effort. Il essaya de se rappeler ce qui s'était passé, mais en vain.

— Tu as eu une forte fièvre, lui expliqua-t-elle en lui passant sur le visage un linge parfumé à la lavande. Il n'y avait plus rien à faire, sinon garder espoir. Mais n'en parlons plus ! Tu dois te reposer et retrouver des forces, avant que le docteur vienne te saigner de nouveau.

Et c'est ce que le docteur fit. Trois fois de suite.

— Nous vous avons cru perdu, maître Adam, lui avoua-t-il en appliquant des sangsues sur les veines de son bras. Mais vous êtes un garçon solide, et c'est une chance ! Il y en a beaucoup que la fièvre a emportés et qu'aucune saignée n'aurait pu sauver...

Adam supporta les sangsues avec une résignation horrifiée.

— Il n'y a rien de tel qu'une bonne saignée pour soulager le corps d'un trop-plein de mauvais sang, poursuivit le docteur, qui prenait plaisir à effectuer son traitement. Les *Hirudo medicinalis*, appelées plus communément sangsues, sont des créatures magnifiques ! Elles soignent tout, du mal de dents à la peste. Je ne jure que par elles !

Elles étaient peut-être magnifiques, mais Adam n'aurait su le dire. Il les regarda avec dégoût se gorger de son sang jusqu'à ce que le docteur déclare qu'il était assez purgé, et qu'un peu de repos suffirait à le remettre en forme. Ce fut avec un immense soulagement que le jeune maître vit les sangsues regagner leur récipient en forme de cloche.

Il avait dû se rendormir un long moment, parce que, lorsqu'il se réveilla, c'était le début de soirée du quatrième jour. Quelque part dans la maison, les jumelles chantonnaient des comptines, d'une voix lointaine et vaguement irréelle.

— Tu as eu une visite pendant que tu dormais, dit sa mère en lui donnant une potion préparée par l'apothicaire.

— Une visite ? s'écria Adam avec surprise. Qui ?

— Jade van Helsen.

— Que voulait-elle ?

— Prendre de tes nouvelles et apporter ce remède. Elle a appris ce qui est arrivé à Gerrit et est venue nous présenter ses condoléances. Elle nous a aidés à te mettre dans la carriole. Elle est bonne et gentille.

— Ce n'est qu'une van Helsen ! affirma-t-il, comme pour signifier qu'elle n'avait que de mauvaises raisons de s'intéresser à eux.

Sa mère soupira.

— Voilà le résultat quand on ne peut même plus croire à la gentillesse ! N'as-tu pas dit toi-même, ce n'est pas *qui* tu es qui compte, mais *ce que* tu vaux ?

— Dans son cas, c'est différent, rétorqua Adam, sans pouvoir préciser pourquoi.

Sa mère se leva et se détourna brusquement. Il vit la façon dont ses mains tremblaient quand elle les porta à ses joues. Elle resta ainsi un moment, le dos tourné. Soudain, il se rendit compte qu'elle pleurait. En voyant ses épaules se soulever, il eut un choc. Sa mère avait toujours été si forte !

— Tout ira bien, Mère, essaya-t-il de la rassurer.

Elle acquiesça et essuya ses yeux avec un long doigt mince.

— Mais il nous reste peu d'amis, déclara-t-elle d'une voix qui trahissait l'effort qu'elle faisait pour parler avec calme. J'ai eu des nouvelles de ton oncle. Il a embarqué sur un navire avec ta tante et tes cousins. Il a emporté tout ce qu'il a pu, et abandonné sa maison sur le Prinsengacht. J'ai entendu dire que le bateau faisait voile vers la Nouvelle-Amsterdam, dans les Amériques.

Elle se tourna pour le regarder.

— Peut-être devrions-nous le suivre ?

— Et renoncer, Mère ? Non, c'est impossible. Nous devons tenter de sauver le *Draco*. Nous devons sauver la Maison.

Il y eut un long silence.

— Nous irons donc chez Barhélemy de Leiden, dit-elle pour qu'il comprenne que sa décision était arrêtée. C'est un de nos plus vieux et fidèles amis. Il nous prendra sans doute sous sa protection. Je sais qu'il ne peut pas faire grand-chose contre Hugo van Helsen, mais je suis sûre qu'il examinera les livres de comptes et nous conseillera.

Elle sembla puiser des forces neuves dans cette idée et se redressa de toute sa taille. Elle leva le menton, puis hocha la tête.

— Tu vas te reposer, et dimanche, si tu te sens assez fort, nous irons à la Nouvelle Église, comme d'habitude. Oui, nous prouverons que nous n'avons pas peur de nous montrer à Dam Square.

— Je serai rétabli, promit Adam, avant d'avaler une longue gorgée de la potion.

20

Une visite importune

— Ma chère Mary ! s'exclama Barthélemy de Leiden. Vous rendez-vous compte de ce que vous me demandez ?

Ils s'éloignèrent de la Nouvelle Église et traversèrent Dam Square en direction du marché et du Waag, vers les bateaux sur le Damrak.

— Pourquoi ne pas essayer de lui parler en notre nom ? insista Mary Windjammer. Il ne nous reste que deux jours, mais peut-être pourrions-nous encore trouver un accord.

— Vous ne connaissez pas Hugo van Helsen, rétorqua le vieil homme d'une voix chevrotante, le souffle court. Il ne m'écoutera pas. Et, à mon âge, je ne tiens pas à m'en faire un ennemi.

Une seule cloche avait appelé les fidèles chrétiens à la messe ce dimanche matin. Les Windjammer étaient allés à pied jusqu'à la Nouvelle Église et avaient pris place sur leur banc habituel. Ils n'étaient plus guère nombreux, à présent : Adam, sa mère et ses deux sœurs. Ils avaient écouté le sermon sur le pardon lancé de l'immense chaire, comme un défi.

Mais Adam trouvait difficile de pardonner, alors qu'il ne désirait rien d'autre que rendre à ses adversaires la monnaie de leur pièce.

— Vous nous avez soutenus un jour contre lui, fit remarquer Adam. J'étais là, je vous ai entendu prendre la parole en faveur de mon père à la Longue Table.

— Mais, Adam, se récria le vieil homme avec un regard peiné, tant de choses ont changé à la Maison Windjammer ! Si je pouvais compter sur le soutien d'autres marchands, je pourrais peut-être vous aider. Or tout le monde vous tourne le dos.

Il secoua la tête.

— La Maison Windjammer n'a plus guère d'amis, et à supposer que je trouve d'autres personnes désireuses de vous aider, je crains qu'elles ne soient trop occupées à dépenser leur argent en tulipes pour rembourser vos dettes à Hugo van Helsen.

La mère d'Adam s'arrêta et se tourna vers lui.

— Dans ce cas, je pense qu'il vaut mieux qu'on ne vous voie pas en notre compagnie.

Les yeux du vieil homme s'embuèrent – et ce n'était pas seulement dû à son âge. Il saisit les mains de Mary Windjammer, se pencha légèrement et les baisa. Adam remarqua les regards furtifs des marchands et de leurs femmes alentour.

Le vieil homme aperçut alors Rose et Viola, qui attendaient poliment derrière leur mère. Il sourit avec indulgence et chercha quelques pièces pour chacune dans la bourse accrochée à sa ceinture.

— Prenez cela, dit-il, et allez vous acheter des crêpes ! Celles qui sont saupoudrées de sucre sont les meilleures, croyez-moi !

Mary Windjammer voulut refuser. Le vieil homme insista. Il glissa l'argent dans les mains des jumelles, à la grande joie des fillettes. Il sourit en les regardant s'éloigner en sautillant vers les échoppes aux peintures éclatantes alignées autour du Nouveau Marché. Puis son expression redevint grave. Il inclina légèrement la tête et prit congé. Au bout de quelques pas, cependant, il se retourna.

— Permettez à un vieillard de se raviser, dit-il. Je viendrai chez vous cet après-midi. Mon clerc et moi-même examinerons vos livres de comptes. C'est le moins que je puisse faire pour de vieux amis.

Soucieuse de maintenir leurs habitudes pour sauver les apparences, Mary Windjammer ne les fit pas regagner leur vieille maison tout de suite. Elle envoya Adam elle-même s'assurer que les jumelles ne s'empiffraient pas à s'en rendre malades, et elle prit le temps de s'arrêter pour bavarder ici et là, ignorant les regards gênés des femmes des marchands.

Adam trouva Rose et Viola devant une échoppe. Souriant jusqu'aux oreilles, elles agrippaient leurs crêpes enroulées dans des cornets en papier, la bouche pleine de sucre.

— Maître Windjammer !

Adam se retourna et tomba nez à nez avec Saskia.

— J'ai un message pour vous, dit la servante.

Il suivit son regard, et vit Jade devant un étal, non loin de là. Elle lui tournait le dos, sa robe en soie vert et doré chatoyant dans la lumière d'hiver. Elle faisait mine d'observer un pâtissier en train de préparer ses crêpes sur une plaque de métal chauffée par un brasero.

— Elle ne peut donc pas délivrer elle-même ses messages ? demanda Adam.

Il n'avait pas oublié l'aigreur de leur dernière rencontre.

Il se détourna, et il y eut un court silence avant que Saskia le supplie de nouveau.

— Je vous en prie, jeune maître ! Prenez ce mot et lisez-le ! C'est important pour vous.

Adam se pencha pour essuyer le sucre sur le visage des jumelles. Saskia s'éloigna. Adam risqua un œil par-dessus son épaule et observa la réaction de Jade quand la servante lui rapporta son refus d'un signe de tête. Les yeux de la jeune fille brillèrent de colère, et elle regarda Adam. Celui-ci feignit d'aider ses sœurs à choisir d'autres crêpes. Mais sa rancune ne lui procurait guère de plaisir.

Quand il releva la tête, Jade et Saskia avaient disparu.

La profondeur de sa déception le surprit. Ignorant le babillage de ses sœurs, il chercha la jeune fille du regard. C'est alors qu'il remarqua le banquier, non loin de là. Hugo van Helsen discutait avec un groupe de marchands, mais Adam vit la façon dont il observait régulièrement les étals de crêpes.

— Une crêpe, jeune maître ?

La femme d'un pâtissier s'approcha de lui avec un plateau plein de crêpes enveloppées dans des cornets en papier.

Adam secoua la tête avec irritation.

— Il est offert, jeune maître, insista la femme.

Il la regarda, surpris.

— Offert ?

— Par la demoiselle. Celle qui était juste là.

Stupéfait, Adam regarda alentour. Jade n'était nulle part. Pourtant, il était certain qu'elle l'observait. Il hésita, puis avança la main pour se servir.

— Celle-ci est plus sucrée que les autres, déclara la femme en en désignant une au bord du plateau. Elle a même un petit extra !

Elle glissa la friandise dans sa main, hocha la tête et lui sourit d'un air complice. Puis elle fit volte-face et se faufila dans la foule. Adam observa la crêpe avec suspicion. Il songea même qu'elle était peut-être empoisonnée, et allait la jeter quand il remarqua le billet glissé à l'intérieur du cornet. Il le déplia :

Prends garde au prédicateur –
tu es en très grand danger.
JvH.

Adam le lut. Le relut. Et soudain, sa peur se transforma en colère. Il en oublia les jumelles et partit à la recherche de Jade. Elle achetait du pain, Saskia à ses côtés. Sans réfléchir, aveuglé par sa rage, il se précipita vers elle. Il ne mesura ni la folie de son geste, ni les ennuis qu'il risquait de causer à la jeune fille.

Stupéfaite, Jade vit Adam surgir devant elle. Elle regarda rapidement à gauche et à droite, et tenta de s'enfuir, mais il l'attrapa par le poignet, le serrant avec force.

— Qu'est-ce que ça veut dire ?

Il agita le mot sous ses yeux.

— Tu me fais mal, siffla-t-elle.

— Dis-moi ! Je veux savoir ! Tout de suite !

Saskia s'avança, menaçante. Jade l'arrêta.

— C'est bon, je m'en occupe, Mimi. Surveille mon père.

Saskia s'écarta à contrecœur pour faire le guet. Jade libéra son bras et se frictionna.

— Je ne dois pas être vue en ta compagnie.

— Je ne partirai pas tant que tu ne m'auras pas appris ce que tu sais.

Jade jeta de nouveau un œil alentour, aussi inquiète qu'un daim poursuivi par des chiens, et fixa de nouveau le pain sur l'étal.

— Je voulais te prévenir.

— Me prévenir ?

— J'ai appris ce qui s'est passé dans votre entrepôt, dit-elle à voix basse, comme si elle craignait que quelqu'un ne l'entende. Je sais ce qui est arrivé à votre clerc, Gerrit. Je suis venue au cimetière aussi. Mais tu étais malade, tu avais la fièvre. Je n'ai pas pu te parler.

Elle s'interrompit et prit une profonde inspiration.

— Ce qui est arrivé à Gerrit n'est pas un accident, n'est-ce pas ?

— Pourquoi n'interroges-tu pas plutôt ton père ?

— Mon père n'a rien à voir avec ça.

— J'aurais dû me douter de ta réponse !

— Ne me regarde pas ! siffla-t-elle.

Puis elle soupira et secoua la tête.

— Je sais que mon père est un homme dur, et je comprends ton aigreur à mon égard, Adam Windjammer, mais ni lui ni moi ne sommes des criminels. C'est pour cette raison que je suis venue te prévenir.

— Pourquoi une van Helsen se préoccuperait-elle du sort d'un Windjammer ?

— Écoute-moi, Adam Windjammer ! Et pour une fois, essaie d'oublier qui je suis !

Elle lança un regard par-dessus son épaule. Saskia semblait de plus en plus nerveuse.

— Je ne peux plus rester très longtemps.

Adam croisa les bras.

— J'écoute.

La jeune fille hésita, comme si ce qu'elle s'apprêtait à lui dire la mettait profondément mal à l'aise. Elle déglutit avec peine et déclara :

— C'est vrai, mon père a payé le prédicateur. Il espionnait sur le quai pour son compte.

— Ton père a de belles fréquentations !

Jade fit de son mieux pour ignorer la remarque.

— J'ai dit « espionnait » ! Le prédicateur avait l'habitude de nous rendre visite, mais c'est fini. La dernière fois qu'il est venu, il y a eu une dispute. Je n'ai pas pu entendre tout ce qui s'est dit, mais Abner Heems a expliqué à mon père qu'il avait poussé une barrique par la trappe de l'entrepôt et...

— ... il a tué Gerrit ! termina Adam.

Il était bien décidé à ne pas épargner la fille du banquier.

— Oui, acquiesça-t-elle en hochant la tête.

Puis elle poursuivit d'un ton las :

— Mon père était furieux. Il y a eu des cris. Je l'ai entendu dire qu'il n'avait pas payé le prédicateur pour qu'il tue. Abner Heems s'est contenté de rire. Il a rétorqué que, dans ce cas, le prix aurait été beaucoup plus élevé. Mon père lui a ordonné de sortir et de ne plus jamais revenir. Le prédicateur a juré qu'il finirait ce qu'il avait commencé avec ou sans sa permission. Puis je l'ai entendu menacer de tuer tous les

Windjammer et de prendre la Perle Noire que Gerrit a achetée.

— La Perle Noire ?

Adam était ahuri.

— Je t'ai dit de ne pas me regarder !

— Mais que sais-tu au sujet de cette perle ?

Jade haussa les épaules.

— Ce que j'ai pu surprendre, c'est tout. Le prédicateur a suivi Gerrit, et il l'a vu l'acheter. Je me souviens qu'il en a avisé mon père le jour où tu es venu chez nous, rue des Couteaux. Cette nouvelle ne lui a pas fait plaisir ! Plus tard, il a dit à Goltz que Gerrit avait misé sur un coup qui allait peut-être sauver la Maison Windjammer.

— Tu n'as pas perdu ton temps, déclara Adam.

— Je n'ai pas le choix, répondit-elle en le regardant pour la première fois. Tu connais la volonté de mon père de me trouver un mari. Il ne me confiera jamais rien de ses projets ! Alors je garde les oreilles et les yeux grands ouverts. Mon portrait a déjà été envoyé en Angleterre et...

— Maîtresse ! les interrompit soudain la voix de Saskia.

Jade leva les yeux et resta une seconde pétrifiée en apercevant son père qui se frayait un chemin vers l'étal de crêpes.

— Il ne doit surtout pas nous voir ensemble ! souffla-t-elle en cherchant avec empressement la monnaie.

Elle prit le pain, et les deux crêpes que le boulanger lui avait préparées dans un cornet en papier.

— Mon père a payé le prédicateur pour te surveiller, c'est tout, reprit-elle. Mais Abner Heems est un homme mauvais. J'ai peur qu'il ne devienne encore plus dangereux.

— Maîtresse ! appela de nouveau Saskia.

— Sois prudent, Adam Windjammer.

— J'ai besoin d'en savoir plus !

— Je t'ai assez aidé comme ça...

Elle lui tourna le dos.

— Maîtresse Jade !

— Où vit le prédicateur ? demanda Adam. Ton père doit le savoir. Découvre-le et dis-le-moi. Il faut le faire arrêter.

— Je dois y aller ! Mon père se méfie déjà de moi.

Elle le bouscula pour passer devant lui, puis s'arrêta, prise d'une impulsion soudaine.

— Je ferai de mon mieux pour découvrir ce que je peux.

— Où nous retrouverons-nous ?

— Saskia et moi sortons toujours l'après-midi. Aujourd'hui, nous irons nous promener sur le pont du Herengracht, près de chez vous. Nous y serons à trois heures. Ne sois pas en retard !

Adam la regarda s'éloigner promptement à travers la place, Saskia sur ses talons. Jade semblait flotter parmi les ondulations de ses jupes délicates ; sa longue chevelure noire miroitait dans la lumière du soleil. Elle s'avança à la rencontre de son père, et lui dit quelque chose. Il rit quand elle lui offrit une des crêpes qu'elle avait achetées.

Adam la vit encore prendre le bras du banquier et l'écarter rapidement des échoppes. Elle était trop occupée à lui parler pour voir celui-ci lancer des coups d'œil à Saskia par-dessus son épaule. Jade ne vit pas non plus la servante hocher la tête, ni son père se retourner vers les étals. Non, elle ne vit que le sourire qui s'était figé sur le visage du banquier. Adam les observa jusqu'à ce qu'ils soient hors de vue. Peu à peu, il sentit ses sœurs le tirer par la manche.

— Je crois que cette fois, ça y est, affirma Rose avec conviction.

— Elle veut dire qu'elle va être malade, expliqua Viola.

— Eh bien, on ne penserait pas que Mme de Hooch a elle-même des enfants, déclara Mary Windjammer tandis qu'ils retournaient vers la vieille demeure au bord du Herengracht.

— Mais je les surveillais, mentit Adam.

Mme de Hooch avait visiblement été trop gentille ou trop polie pour s'inquiéter de l'état des fillettes.

— Mme de Hooch est actuellement en visite chez des parents à elle et dit beaucoup de bien de Rotterdam, reprit sa mère en changeant de sujet. À sept ans, son fils Pieter montre des talents très prometteurs en peinture.

Tandis que Mary Windjammer trouvait un soulagement à parler de choses et d'autres, la tête d'Adam bourdonnait des informations que lui avait rapportées Jade. Il était certain, à présent, que la Perle Noire n'était pas une invention de Gerrit. Il n'en avait jamais vu, mais ce devait être à coup sûr un trésor rarissime. Il devait mettre la main dessus. Il s'interrogeait sur la façon dont il allait s'y prendre quand il se rendit compte que sa mère s'était brutalement arrêtée.

— Quel est ce bruit ? demanda-t-elle.

Ils étaient à quelques pas de leur maison, et elle fixait le perron. Adam entendit des coups et des cris assourdis.

— On dirait Cook, dit Mary Windjammer, alarmée.

Comprenant que quelque chose de grave était arrivé, elle gravit les marches en pierre et ouvrit la porte. Adam, sa mère et ses sœurs se figèrent sur le seuil, serrés les uns contre les autes, écoutant. Des appels au secours leur parvinrent de la cuisine.

— J'y vais, Mère, dit Adam. Restez près de la porte avec les jumelles. S'il se passe quoi que ce soit, ne m'attendez pas, allez chercher de l'aide. Ne vous inquiétez pas pour moi.

À mi-chemin du hall, il perçut d'autres bruits dans la bibliothèque. Il posa un doigt sur ses lèvres pour signifier à sa mère et à ses sœurs de rester silencieuses, et tendit l'oreille.

Un juron étouffé, une respiration rauque, le raclement de meubles déplacés, le froissement de papiers examinés, des objets soulevés et reposés rapidement...

Mary Windjammer sentit le danger et attira ses filles contre elle.

— Allez voir Cook, Mère, articula Adam à voix basse.

Avant qu'elle ait pu faire un seul geste, il avait traversé le hall. Avec précaution, il poussa la porte entrebâillée. Elle oscilla doucement sur ses gonds pour révéler une pièce mise à sac. Les livres de comptes, les papiers et les parchemins étaient éparpillés par terre. Le couvercle de la malle-cabine était grand ouvert, et le contenu avait été renversé et piétiné. Il comprit que quelqu'un se trouvait dans la salle des comptes.

Il attendit que sa mère et ses sœurs soient en sécurité, et se glissa à l'intérieur. Tout en marchant à tâtons, il remarqua qu'une vitre avait été cassée. Un intrus s'était introduit dans la maison par la fenêtre du jardinet, avait surpris et enfermé Cook dans la cuisine, pour pouvoir voler à son aise. Adam entendit de nouveau la respiration rauque et se recroquevilla. Un homme de haute taille lui tournait le dos, faisant tomber au hasard les livres des étagères.

— Au diable ce clerc ! Au diable cette cuisinière ! Qu'ils aillent tous au diable, et qu'ils rôtissent en enfer ! marmonna l'individu.

De frustration, il balaya les livres et se recula. Il dut sentir la présence d'Adam derrière lui, car avec un sifflement de colère, il fit volte-face et se ramassa sur lui-même, prêt à s'enfuir.

Adam se retrouva nez à nez avec le prédicateur.

— Le Seigneur a envoyé de la lumière pour éclairer mes ténèbres ! lança Abner Heems.

Il se détendit un peu en voyant que le jeune maître était seul.

— Que faites-vous ici ? le défia Adam.

— Je suis venu m'occuper des affaires du Seigneur.

— Vous voulez dire du diable ! Vous n'êtes même pas un prédicateur, Wolfie me l'a dit, vous n'êtes qu'un criminel !

Abner Heems le regarda d'un œil noir.

— Alors comme ça, Wolfie le bègue a parlé, hein ? Voilà qui est intéressant ! Je lui réglerai son compte plus tard. Je vois que j'aurais mieux fait de me débarrasser de toi, avec cette barrique. Je voulais seulement t'effrayer, mais ce maudit clerc s'est mis en travers de mon chemin !

Il vit le regard écœuré d'Adam et éclata de rire.

— Oui, ton oncle, ce lâche, était bien imprudent ! Il a laissé la porte de l'entrepôt ouverte, et je suis entré pendant que tu ne regardais pas.

— Je vais appeler la garde, prévint Adam.

— Tu ne feras pas un pas hors de ce bureau ! Je vais en terminer avec toi et cette affaire ! Le banquier a pris peur. Il a dit qu'il n'aimait pas mes méthodes. Eh bien moi, je n'aime pas les siennes, car maintenant, c'est moi qui perds de l'argent. Sauf que je sais tout sur la Perle Noire ! C'est pourquoi je suis là : pour le paiement. Alors où est-elle ? Dis-le-moi !

— Je ne sais pas de quoi vous parlez.

— Ben voyons ! Je te conseille de ne pas jouer au plus malin, mon garçon ! Réponds-moi, ou la colère de Dieu s'abattra sur ta tête.

Abner Heems s'approcha d'Adam qui recula vers la bibliothèque.

— Votre comptable était intelligent, je lui reconnais au moins cette qualité, reprit le prédicateur. C'est aussi l'avis du banquier. Le clerc a failli gâcher ses beaux projets ! Il lui suffisait de vendre la perle, mais il n'en a pas eu le temps... Elle doit bien être quelque part. Alors donne-la-moi, et je vous laisserai peut-être en paix...

— Je ne l'ai pas. C'est la vérité !

Abner Heems gronda et, d'un bond, vint se mettre entre Adam et la porte.

Et il la ferma avant qu'Adam tente de s'échapper dans le hall. Piégé, le jeune maître fut contraint de battre en retraite au fond de la bibliothèque. Il attrapa une chaise et la brandit au-dessus de sa tête. Le prédicateur sortit un couteau de sa ceinture.

— Espèce d'idiot ! Je te trancherai la gorge si tu ne me donnes pas la perle.

Adam heurta le bureau de son père, à côté de la fenêtre, et chercha une arme. Il aperçut le lourd sablier et s'en empara.

Abner Heems siffla de fureur et s'écarta.

— Ne sois pas stupide, mon garçon, dit-il d'une voix au calme trompeur. J'ai égorgé des hommes pour moins que ça...

Il retroussa les lèvres sur ses dents gâtées.

— Je suis prêt à parier ma vie que tu n'es pas encore un homme pour en courir le risque.

— Où est-il ? s'exclama soudain une voix dans le hall.

Ils sursautèrent. Le prédicateur n'avait pas songé à ce que Cook pourrait faire, une fois libérée.

— Attendez un peu que je lui mette la main dessus ! cria encore la cuisinière. Désolée, maîtresse, mais j'ai été malmenée et enfermée dans un placard, ça me suffit largement !

L'instant d'après, la porte de la bibliothèque s'ouvrit en grand. Cook fit irruption, une casserole en cuivre brandie au-dessus de sa tête.

— Ah ! vous voilà ! Laissez maître Adam tranquille !

Tout alla très vite. Adam aperçut sa mère derrière Cook. Il cria pour la prévenir qu'Abner Heems avait un couteau. Au même instant, celui-ci pivota pour leur faire face et poussa un grondement. Adam saisit l'occasion pour lancer le sablier de toutes ses forces.

Le projectile tourna sur lui-même en fendant l'air. Il heurta le prédicateur au moment où celui-ci se tournait vers Adam. Avec un bruit sourd, il le toucha à la poitrine et au menton, lui cassant les dents. Un filet de sang coula de la bouche d'Abner Heems. Il recula en étouffant une exclamation. Cook en profita pour abattre la casserole sur sa main. Le récipient fit un bruit semblable à celui d'un gong, et le couteau tomba. Aussitôt, Adam se pencha et l'attrapa. Il le lança au hasard, et sentit la lame mordre profondément dans la manche du prédicateur.

Celui-ci hurla. Étreignant son bras blessé, il se réfugia dans la salle des comptes. Une lueur de respect traversa son regard. La vitesse et la détermination de l'attaque l'avaient pris au dépourvu.

— Tu le paieras de ta vie, mon garçon ! gronda-t-il. Personne ne blesse impunément Abner Heems. Personne !

Il sauta tête la première par la fenêtre brisée donnant dans le jardinet. Il roula, rebondit sur ses pieds avec une agilité surprenante et escalada les branches du prunier, comme s'il s'agissait d'une échelle. Une fois en haut du mur, il fit une halte et agrippa la croix en fer attachée autour de son cou. Il jeta un regard aux Windjammer, rassemblés près de la fenêtre cassée.

— « De la mesure dont vous mesurez, on mesurera pour vous », saint Marc, chapitre 4, verset 24, psalmodia-t-il d'une voix menaçante.

Et il sauta dans la rue, de l'autre côté du muret.

Le sablier gisait là où il était tombé, et des éclats de verre étaient éparpillés sur le plancher. Le sable coulait jusque sur les carreaux noirs et blancs de l'entrée. Pour Adam, c'était la preuve que, cette fois, le temps de la Maison Windjammer était révolu.

Debout au milieu de la bibliothèque, il écoutait le crépitement du sable sous les semelles des chaussures des hommes. Des soldats grouillaient dans le hall ; le capitaine s'entretenait avec Barthélemy de Leiden. Les jumelles étaient agrippées aux jupes de leur mère, sous l'œil attentif de Cook. Les volets avaient été refermés sur la fenêtre cassée, et le clerc du vieil homme triait à présent les livres de comptes avant de les poser sur la Longue Table.

— Le garçon a été très courageux, capitaine, dit la voix calme du vieil homme. Il a chassé le prédicateur avant qu'il vole quoi que ce soit.

— Un prédicateur, vous êtes certain ? Ce garçon m'a déjà parlé de cet homme, mais je ne peux pas croire cela de la part d'un ecclésiastique.

Adam avait reconnu le capitaine de l'entrepôt. C'était lui qui croyait que la barrique était tombée par accident. Il y avait peu d'espoir qu'il change d'avis.

— Vous avez le signalement de l'homme et son couteau comme preuve, fit remarquer Barthélemy de Leiden.

— En effet, monsieur, rétorqua le capitaine, sceptique. Je vais dire à mes hommes de le tenir à l'œil. Toutefois, si vous voulez mon opinion, il doit y avoir une erreur. Aucun homme d'Église ne ferait une chose pareille. Et s'il l'a bel et bien fait, il doit être loin, à l'heure qu'il est.

Adam, lui, connaissait la vérité. Il savait que le prédicateur reviendrait bientôt, et qu'il reviendrait tant qu'il n'aurait pas trouvé ce qu'il cherchait. Pourtant, il était décidé à ne pas parler au capitaine, ni à quiconque, de la Perle Noire. Sa propre mère ne l'avait pas cru, alors pourquoi eux le prendraient-ils au sérieux ?

S'il leur racontait son secret, et si ces derniers le croyaient, alors cela revenait à admettre que la Perle Noire était perdue. Le capitaine, les soldats, Barthélemy de Leiden, le clerc du vieil homme, Cook, tous pourraient parler. La rumeur se répandrait vite. Et chaque marchand, chaque négociant d'Amsterdam essaierait d'entrer de force chez les Windjammer, pour en savoir plus.

Non, Adam avait pris sa décision. S'il avait la moindre chance de retrouver le trésor de Gerrit et de s'en servir afin de sauver la Maison Windjammer, il devait se taire, comme l'avait fait le clerc.

Peu de temps après, le capitaine prit congé, promettant de faire tout ce qui était en son pouvoir. Mais à son expression, on devinait qu'il ne bougerait guère. Barthélemy de Leiden se tourna vers Mary Windjammer et lui prit la main.

— Ne vous inquiétez pas, ma chère, la réconforta-t-il. Je suis sûr que le capitaine débusquera ce scélérat, et le pendra, comme il le mérite.

Adam vit sa mère l'observer par la porte ouverte. Il se demanda si elle se rappelait l'anecdote de la Perle Noire. Elle détourna le regard. La cloche de l'église voisine égrena deux heures avec lenteur. Le vieil homme appela son clerc. Celui-ci annonça que tout était prêt. Les livres de comptes les attendaient sur la Longue Table.

— Faisons donc ce pour quoi nous sommes venus ! déclara le marchand. J'aurai besoin de tranquillité et de calme pendant un temps. Je connais Gerrit, il aura tout consigné par écrit. Nous devrions découvrir rapidement ce qu'il en est.

Adam entendit le frou-frou des jupes de sa mère qui entrait dans la salle à manger. Elle réapparut bientôt, laissant le vieil homme et le clerc travailler. Cook prit congé et retourna à ses fourneaux. Mary Windjammer emmena les jumelles afin qu'elles ne dérangent pas les hommes à la Longue Table.

Adam se sentit curieusement vexé de la confiance que sa mère accordait au marchand. Il était venu les aider, et Adam l'enviait de pouvoir faire ce dont lui-même était incapable. Il lutta contre l'envie de tirer sur sa chaîne et de se débarrasser de l'anneau.

Soudain, il se sentit submergé par le poids de la solitude et du désespoir. Il éprouva une sensation de vide, comme si, d'une certaine manière, quelque chose à l'intérieur de lui le vidait de sa substance. Certes, la fièvre l'avait drainé de son énergie, mais il n'y avait pas que ça. Peu à peu, il se rendit compte que c'était un sentiment d'échec.

Il déambula dans la maison, cherchant partout où Gerrit aurait pu cacher la perle. Finalement, il se retrouva dans la chambre du clerc, sous les combles. La pièce était spartiate : une fenêtre, des murs nus et un plancher en bois. Adam ne découvrit rien sinon un lit en fer, un petit bureau et quelques costumes sombres. L'atmosphère de la chambre lui pesa. Il laissa tout comme il l'avait trouvé et retourna à la vie des étages inférieurs.

— Et ici, de nouveau, disait la voix de Barthélemy de Leiden au moment où il atteignait le hall.

Il s'arrêta pour écouter derrière les doubles portes de la salle à manger. Le vieil homme parlait à son clerc.

— Je ne peux pas croire cela d'Auguste Windjammer. Jour après jour, il a dépensé trop ou acheté trop peu. Il n'a montré aucune intelligence du monde des affaires. On a l'impression qu'il a passé son temps à déjeuner !

La cloche de l'église sonna un coup, indiquant la demi-heure.

Adam remarqua ses sœurs, dans l'escalier, en train de l'observer.

— Qu'est-ce que vous voulez ? aboya-t-il. Allez-vous-en !

— Ce n'était pas notre intention, déclara Rose.

— De te créer des problèmes, expliqua Viola.

Adam regretta de s'être emporté.

— Vous n'y êtes pour rien, affirma-t-il.

Elles semblèrent soulagées et remontèrent dans les étages. Adam les regarda, puis se dirigea vers la bibliothèque. La pièce avait tellement changé depuis la partie de cache-cache ! Dans la pénombre, les couleurs semblaient ternies, et l'odeur chaude, soporifique, avait disparu. Seule la menace du prédicateur planait encore comme une vapeur mauvaise.

— Je pourrais chercher pendant un an sans la trouver, dit-il à voix haute. Et je n'ai plus qu'une journée devant moi.

Il entra dans la salle des comptes. À cause des volets fermés à l'une des fenêtres, la moitié de la pièce près de la rue baignait dans l'obscurité. En comparaison, l'autre paraissait lumineuse. La lueur du jour éclairait en plein le bureau. Adam s'assit à la place de Gerrit et jeta un œil autour de lui. C'était comme s'il voyait par le regard d'un homme mort. Tout était tel que le clerc l'avait laissé. Rien n'avait bougé.

Il se tint immobile et fit défiler les événements du matin dans sa tête. La remarque de Barthélemy de

Leiden lui revint à l'esprit : « *Je connais Gerrit, il aura tout consigné par écrit.* » Le sens de ses paroles lui apparut soudain avec clarté. Il se rappela alors le journal du clerc.

Il eut un regain d'espoir – tel du sang neuf – et il se leva vivement. Puis, sans perdre de temps, il poussa le bureau sur le côté et s'agenouilla. Il fut soulagé de voir que les lattes du parquet ne portaient aucune trace du couteau du prédicateur.

Les planches se détachèrent une à une, jusqu'à révéler le trou. Les doigts d'Adam tâtonnèrent et il retira la cassette. Gerrit l'avait fermée. Il chercha la clef pendant quelques minutes. En vain. Il prit sur le bureau une petite lame avec laquelle le clerc taillait la pointe de ses plumes et la glissa dans la serrure. Il y eut un léger crissement, et, à la troisième tentative, la serrure céda. Adam souleva le couvercle. À l'intérieur, il vit le masque et, à côté, un carnet avec une couverture en cuir. Il le prit, regarda le masque, hésita, puis finalement décida qu'il pourrait lui être utile. Il le fourra dans la poche de sa veste et remit la cassette en place. Il s'assit ensuite devant le bureau et entama sa lecture.

Ses mains tremblaient légèrement. L'année 1636 avait été inscrite sur la première page, sous le nom de Gerrit. Chaque nouvelle entrée portait une date. Certaines étaient longues, d'autres courtes. Il tourna rapidement les pages pour trouver les annotations les plus récentes. Son cœur battait la chamade. Bientôt il découvrit, rapportée dans une écriture soignée, la confession de Gerrit.

21

Le pont du Herengracht

La cloche de l'église se mit à sonner. Adam leva les yeux, vaguement conscient qu'il avait oublié quelque chose. Il compta les coups jusqu'à trois, et se souvint de Jade van Helsen.

Il regarda le journal devant lui. Il avait à peine commencé sa lecture, et devait déjà la remettre à plus tard. Jade ne serait pas sur le pont très longtemps encore. Avec une frustration évidente, il referma le carnet, le glissa dans sa poche et se leva.

Un vent fraîchissant brouillait les reflets sur l'eau du Herengracht, provoquant des ondes qui se multipliaient sous l'effet des rafales. Au nord et à l'est, des nuages gris violacés pesaient au-dessus des toits. Le jour déclinait déjà à l'approche de l'averse.

Adam se faufila hors de la maison et referma la porte sans bruit. Du haut du perron, il inspecta les deux côtés de la rue. Une fois certain que le prédicateur ne faisait pas le guet, il descendit les marches, se dirigea vers le canal et se dissimula derrière le tronc d'un vieil orme afin d'observer le pont.

Il y avait peu de promeneurs en ce froid dimanche après-midi. De rares passants, la tête enfoncée dans leurs cols, semblaient pressés de rejoindre un endroit chaud. D'où il se tenait, Adam vit que le pont était désert.

— Elle n'est pas venue, murmura-t-il. Ou bien, je suis trop en retard.

Il quitta son abri, jetant à plusieurs reprises un regard par-dessus son épaule pour s'assurer qu'il n'était pas suivi. Plus d'une fois, il s'arrêta en entendant des pas dans son dos, le cœur battant, jusqu'à ce qu'un piéton le dépasse en hâte sans même lui accorder un regard.

Il se mit à pleuvoir, un léger crachin tombant en fine bruine sur le canal, qui obscurcit le paysage tel un voile crépusculaire. Adam s'approcha du pont, hésitant. Il resserra son manteau autour de lui et vérifia que le journal de Gerrit n'était pas mouillé. Il se demanda ce qui avait pu faire changer d'idée Jade van Helsen.

C'est alors qu'il aperçut un carrosse à l'arrêt sur la rive opposée du Herengracht. L'attelage se mit en branle et s'engagea avec maladresse sur le pont. Les chevaux fumaient sous la pluie. Le cocher, recroquevillé sur son siège, fit claquer son fouet. À mi-chemin, il tira sur les rênes. La voiture s'arrêta.

Adam s'attendait que le cocher fasse repartir l'attelage. Mais il demeurait assis, son chapeau rabattu sur les yeux. Son immobilité était troublante. Seuls les chevaux bougeaient, s'ébrouant et piaffant. Personne ne sortit ni n'entra dans le carrosse – les rideaux masquant la portière ne frémirent même pas.

Elle avait dit qu'elle viendrait à pied. Adam s'en souvenait très bien. Une petite voix lui murmurait de rester sur ses gardes. Il leva les yeux vers le ciel. Jade avait peut-être remarqué les nuages et décidé de prendre une voiture. Pour en avoir le cœur net, il traversa le pont. Les chevaux soufflèrent. Le cocher se tenait toujours assis, le dos rond. L'instinct d'Adam lui criait qu'il s'agissait d'un piège ; pourtant, il se disait que seule Jade connaissait le lieu et l'heure de leur rendez-vous.

Il était tout près du carrosse, à présent. Il s'appuya avec nonchalance contre le parapet du pont, faisant mine de s'intéresser aux bateaux sur le canal en dessous. Mais tout ce temps, il observait du coin de l'œil la voiture et le cocher silencieux. Rien ne se produisit.

Il avança de nouveau prudemment, guettant un signe. Il sentait l'odeur chaude et mouillée des bêtes. Il y avait quelque chose de sinistre dans la manière dont le cocher restait immobile sous la pluie, le regard fixe. Un cheval secoua sa crinière, faisant cliqueter le harnais. Adam regarda les rideaux épais suspendus aux deux fenêtres qui flanquaient la portière. Il était assez proche pour tirer la porte. Il hésitait encore.

— Jade ? chuchota-t-il.

Pas de réponse.

Il déglutit avec peine et tendit la main. Ses doigts touchèrent les ornements sculptés. Il réunit tout son courage et ouvrit la portière.

— Jade ! s'écria-t-il.

La jeune fille était assise à l'angle opposé, blottie sur son siège. Elle portait une cape, dont elle avait rabattu le capuchon sur sa tête. En la voyant, Adam sentit aussitôt la tension le quitter, et un soupir de soulagement lui échappa. Mais à l'expression de la jeune fille, il comprit qu'elle était mal à l'aise.

Il se figea. Quelqu'un était assis en face d'elle – hors de vue, caché par le rideau de la fenêtre.

Hugo van Helsen se pencha soudain.

— Vous êtes en retard, Adam Windjammer.

L'ombre d'un sourire flotta sur ses lèvres.

— Ignorez-vous qu'on ne doit jamais faire attendre une dame ?

— Restez où vous êtes ! s'écria Adam avec hargne. Laissez-moi en paix !

Il lança un regard haineux à Jade, se demandant comment elle pouvait demeurer là sans rien dire, et pivota sur ses talons. Il se retint de courir. Il n'avait pas fait trois pas qu'il entendit Hugo van Helsen clamer un ordre. Le cocher fit claquer son fouet, et les chevaux prirent le trot. Le banquier passa la tête par la porte

— Ne blâmez pas Jade ! cria-t-il par-dessus le grincement des roues tandis que l'attelage ralentissait. Elle n'a pas trahi votre confiance. Elle a même nié en bloc. Pendant un moment, j'ai failli la croire. Puis vous êtes venu...

Adam continuait de marcher en regardant droit devant lui.

— J'ai toujours su qu'elle était têtue et désobéissante, poursuivit le banquier, et depuis quelque temps, je la tenais à l'œil, bien plus qu'elle ne l'imaginait ! Sa chère servante, qu'elle aime appeler Mimi, m'a été d'une aide précieuse. C'est elle qui m'a informé de ses faits et gestes !

Jade, l'air accablé, fixait la rue, de l'autre côté. Adam tourna à l'angle du pont, vers la demeure sur le Herengracht. Il prit un peu d'avance sur l'attelage tandis que le cocher négociait le virage. Il entendit ce dernier fouetter les chevaux, puis Hugo van Helsen fut de nouveau à sa hauteur.

— Maître Windjammer ! Je vous en prie ! Souhaitez-vous que je rende nos affaires publiques comme un vulgaire poissonnier ?

— Je m'en moque pas mal !

— À votre guise ! Malgré les apparences, je suis heureux que ma fille nous ait réunis. Cela me donne l'occasion de vous parler seul à seul.

— Je n'ai rien à vous dire.

— Pourtant, j'ai décidé de vous faire une offre, reprit le banquier. Une offre généreuse. Si vous l'acceptez, vous pourrez sauver votre belle demeure et continuer à vivre en paix au bord du Herengracht.

— Pourquoi devrais-je vous croire ?

Adam lança un regard accusateur à Jade tout en continuant de marcher.

— Comment croire un van Helsen ?

Le père de Jade leva sa canne, et avec le pommeau frappa le toit de la calèche. Le cocher tira sur les rênes et stoppa net l'attelage. Adam traversa la route à grandes enjambées vers le perron de sa maison.

— Prenez au moins la peine d'écouter ce que j'ai à vous dire, maître Windjammer ! cria le banquier. Je suis sûr que votre père l'aurait fait !

Ces paroles entrèrent comme un hameçon dans sa chair. Adam s'arrêta malgré lui.

— Je vous donne une chance de sauver ce qu'il

reste de la Maison Windjammer, ajouta Hugo van Helsen.

Adam resta immobile un instant, puis, faisant volte-face, il se dirigea à pas lents vers la calèche. L'ombre d'un sourire flotta sur les lèvres du banquier ; il avait obtenu ce qu'il désirait.

— Je vous écoute, se contenta de déclarer Adam.

Jade détourna les yeux.

— Venez d'abord vous abriter, Adam Windjammer, l'invita van Helsen. J'ai entendu dire que vous aviez eu une forte fièvre. Je ne voudrais pas que vous attrapiez la mort par ma faute. Venez vous asseoir à côté de Jade...

Hugo Van Helsen s'installa confortablement. Sa tête émergeait du col en fourrure de son manteau, donnant l'impression que seules les parties visibles de son corps avaient forme humaine. Il était facile de l'imaginer mi-homme, mi-bête. Sous le rebord de son chapeau, ses yeux pâles ne cessaient de se déplacer de gauche et de droite. Il avait posé les mains sur le pommeau de sa canne, pliant et dépliant sans arrêt les doigts.

— Peut-être serez-vous surpris d'apprendre que je vous admire, Adam Windjammer, commença-t-il d'un ton désinvolte. Vous avez du cran, et c'est une qualité que j'apprécie chez un jeune homme.

Il soupira et secoua la tête.

— Ah ! Les jeunes d'aujourd'hui ! Ils ont été élevés dans du coton, avec une vie facile. Ils attendent qu'on leur apporte tout sur un plateau !

Il fléchit les doigts, battit des paupières.

— Mais vous, vous irez loin. Je l'ai su la première fois que je vous ai vu, à la Longue Table.

— C'est ce que vous vouliez me dire ? l'interrompit Adam, nullement impressionné.

— Oui, poursuivit van Helsen avec indifférence. C'est fort dommage que votre père n'ait pas pensé à vous enseigner le monde des affaires plus tôt – ce que moi j'aurais fait, si j'avais eu un fils.

Adam sentit Jade se raidir sur le siège à côté de lui.

— Je ne vous autorise pas à parler ainsi de mon père, riposta Adam. C'était un homme bien plus grand que vous ne le serez jamais.

Hugo van Helsen haussa légèrement les épaules, comme si l'opinion d'Adam lui importait peu.

— Vous me reprochez l'attaque cardiaque de votre père, ce qui est normal, je suppose. Si vous étiez plus âgé, vous comprendriez peut-être que la vie est dure, et qu'il est vain de me faire endosser ce qui dépend de la nature.

— J'étais là, j'ai tout vu ! Vous avez frappé mon père alors qu'il était à terre. Vous vous êtes contenté de sourire et de le tourmenter comme un... comme un...

Il chercha le mot juste :

— ... comme un ours !

— C'était les affaires, rien de plus !

— Les affaires ?

Adam se sentit soudain profondément écœuré. Il se tourna vers Jade.

— Et je suppose que tu le crois ?

La jeune fille ne souffla mot.

— La vérité, dit le banquier d'un ton cassant, c'est qu'après le naufrage de la Flotte Étoile, la Compagnie de commerce Windjammer était trop fragile pour remonter la pente. Ce n'était plus qu'une question de temps avant que quelqu'un s'en empare. Votre père le savait. Nous le savions tous. C'est pour ça qu'il a convoqué une réunion d'urgence à la Longue Table. Si ce n'avait été moi, un autre s'en serait chargé à ma place. Le monde des affaires est ainsi. Le plus fort fera toujours sa proie du plus faible.

— C'est faux, rétorqua Adam. Barthélemy de Leiden nous a soutenus. Les autres marchands aussi étaient prêts à nous aider, jusqu'à ce que vous interveniez.

Les yeux de Hugo van Helsen s'étrécirent. Ses lèvres s'étirèrent en une ligne mince, et pour la première fois, Adam vit un éclat de colère briller dans ses yeux.

— Ce petit groupe d'abrutis ! Ils se prétendent hommes d'affaires, mais, en vérité, ce ne sont que des moutons. Ils passent leur temps à bêler et à suivre leur chef aussi faible qu'eux ! Et ils le supplient de les soutenir pour une cause perdue, contre tout bon sens ! J'ai été le seul à voir que la Maison Windjammer était incapable de se tirer d'affaire. Moi seul ai compris que nous allions gaspiller de l'argent.

— Vous ne nous avez laissé aucune chance ! Nous n'avions besoin que de temps. Mon père vous avait donné sa parole que nous paierions.

— Les belles paroles ne valent rien, et une bonne réputation n'est pas une garantie, grogna Hugo van Helsen. Non ! J'ai appris il y a longtemps que seul l'or compte.

Il grimaça.

— Savez-vous à quel point il est difficile de gagner sa vie ? Savez-vous ce que c'est d'économiser sur tout ? D'avoir faim ? De voir ceux que l'on aime s'affaiblir et mourir de fièvre ?

Il parlait vite, comme si les mots lui étaient douloureux.

— D'élever une fille quand on est veuf ?

Il s'arrêta, visiblement gêné d'en avoir trop dit. Mais avec une formidable maîtrise, il se reprit.

— Je suis peut-être né sans les biens et les privilèges des Windjammer, mais je sais gagner de l'argent. Croyez-vous que je serais riche aujourd'hui si j'avais bâti mon affaire selon les règles de ce vieil idiot de Leiden ? Non ! Seuls les plus forts survivent !

— Vous nous traitez comme si nous étions des animaux, protesta Adam. Mais nous sommes des êtres humains !

— Ah ! Vous seriez surpris, maître Windjammer, si vous grattiez un peu le vernis de notre civilisation. Vous constateriez que nous ne sommes guère que des dents et des griffes. La seule différence, c'est que certains d'entre nous sont nés pour être prédateurs.

Il sourit, comme si le terme lui plaisait.

— Le temps est venu de choisir, Adam Windjammer, entre être le chasseur ou la proie.

Adam avait envie de partir. L'étroitesse du carrosse l'étouffait. Il voulait s'enfuir, avaler une bouffée d'air frais pour chasser l'odeur rance qui emplissait ses narines.

— C'est là notre nature la plus noire, poursuivit le banquier, et ses yeux pâles brillèrent en direction de Jade. Quand nous voulons vraiment quelque chose, nous sommes capables de tout pour l'obtenir ! Tout !

— Eh bien, que voulez-vous ? demanda Adam.

Hugo van Helsen leva la main, paume offerte.

— J'ai le pouvoir de vous anéantir, Adam Windjammer. Vos biens, votre santé, votre bonheur, je les tiens là dans ma paume. Mon argent me donne ce pouvoir sur vous, comme sur Leiden, ou ces autres pauvres fous ! Grâce au pouvoir, on peut tout se permettre... Y compris inventer ses propre règles !

— Vous n'avez rien dans votre main !

— Ne soyez pas stupide, maître Windjammer ! Je peux vous écraser aussi facilement que cela !

Et il referma sa paume en poing.

— Je peux vous traîner dans le caniveau et vous y laisser le restant de vos jours ! Imaginez un peu ce que ce serait ! Pensez donc à votre chère mère et à vos adorables petites sœurs...

— Dans ce cas, qu'est-ce qui vous arrête ?

Hugo van Helsen esquiva la question, se contentant de laisser planer sa menace comme une épée de Damoclès.

— Je reconnais que je vous ai jugé un peu vite la dernière fois que je vous ai rencontré, déclara-t-il enfin.

Il lança de nouveau un regard à Jade.

— J'ai eu tort de croire que tous les Windjammer étaient comme votre benêt d'oncle. Auguste, l'orateur verbeux, a pris la poudre d'escampette... Bon débarras ! C'est donc à vous, en tant que dirigeant de la Maison Windjammer, qu'il revient de prendre les décisions, n'est-ce pas ?

Adam acquiesça.

Son interlocuteur parut enchanté.

— Alors si vous êtes aussi brillant que je me plais à le croire, vous comprendrez que je peux devenir votre meilleur ami, plutôt que votre ennemi. Pensez à ce que ce serait de sauver votre mère et vos sœurs ainsi que cette splendide maison ! Il vous suffit pour cela d'écouter ce que j'ai à vous dire ! Écoutez-moi, et je vous aiderai...

— Et pourquoi voudriez-vous nous aider ? demanda Adam, circonspect.

Hugo van Helsen fléchit les doigts.

— J'ai mes raisons. En dépit de ce qu'affirme la rumeur, je ne souhaite pas détruire la Maison Windjammer pour le plaisir.

Il jeta un regard à Jade, comme s'il s'adressait tout particulièrement à elle.

— Je sais ce que les marchands pensent de moi. Ils font des affaires avec ma maison parce qu'ils y sont obligés, non parce qu'ils le veulent. Je crois que je gagnerais à me montrer sous une lumière plus flatteuse. S'ils me voient plus indulgent et compréhensif, alors leur confiance à mon égard grandira, et mes affaires en profiteront. D'où l'intérêt de l'offre que je vais vous faire.

Adam ne crut pas un mot de ce discours, mais n'en laissa rien paraître.

— Une offre ? Quelle offre ?

— Je l'ai consignée par écrit.

Van Helsen fouilla dans sa poche et en retira une lettre.

— C'est simple : vous me cédez le *Draco*, l'entrepôt et ce qu'il contient, ainsi que les intérêts des affaires en cours de la Maison Windjammer, et, en échange, je vous laisse votre belle demeure sur le Herengracht.

Il tendit le parchemin.

— Les termes de notre accord y sont mentionnés et n'attendent que votre signature et le sceau de la Maison Windjammer.

Adam ne bougea pas.

— Prenez-la ! insista van Helsen. Vous verrez, c'est une offre équitable, et si vous signez maintenant, je vous donne ma parole que j'épargnerai à vos sœurs et à votre mère toute souffrance inutile. Je ne suis pas un homme sans cœur. Comme vous le constaterez, j'assure aussi à Mary Windjammer une petite rente annuelle.

Puis, après une pause, il ajouta :

— Quelle offre pourrait être plus équitable ?

Le banquier semblait avoir revêtu un masque : ses pensées ou ses raisons restaient indéchiffrables.

— Pourquoi faites-vous cela ? demanda enfin Adam. Vous-même avez dit que vous aviez le pouvoir de prendre tout ce que nous avions.

— Voilà ce que j'aime en vous, maître Windjammer, répondit le banquier. Vous avez un cerveau, et vous savez vous en servir. Vous êtes un garçon intelligent. Un chasseur-né, comme moi.

Jade en avait entendu suffisamment. Elle s'élança soudain vers la portière.

— Assieds-toi ! lui ordonna son père.

Sa canne jaillit en un éclair, lui coupant la route. Elle se rassit et se recroquevilla sur son siège. De grosses larmes roulèrent sur ses joues.

— Je m'en veux, bien entendu ! dit Hugo van Helsen avec une expression chagrinée. Si je m'étais remarié et si je lui avais donné une mère, elle aurait peut-être évolué différemment. Mais j'étais occupé avec la dure réalité de mes affaires, et je l'ai laissée grandir à sa guise, n'en faisant qu'à sa tête. Ah ! quel fils elle aurait fait !

Hugo van Helsen, en dépit de ses richesses, était à l'évidence incapable d'obtenir la seule chose qu'il désirait vraiment.

— Eh bien, maître Windjammer ? reprit-il. Nous avons assez parlé maintenant, donnez-moi votre réponse !

Adam avança la main et prit la lettre. Les yeux pâles du banquier scintillèrent.

Le jeune maître réfléchit un moment, puis secoua la tête.

— Je ne vous crois pas, dit-il avec calme. Il y a une autre raison, une raison que vous me cachez.

L'expression de Hugo van Helsen restait indéchiffrable.

— Je n'ai pas la journée devant moi, maître Windjammer.

— Alors, qu'est-ce que vous attendez ? demanda Adam en se fiant à son instinct. Vous dites que vous nous tenez dans la paume de la main. Vous dites que vous pouvez nous écraser. Pourquoi ne le faites-vous pas ?

Le banquier ne répondit pas.

La conviction d'Adam se renforça.

— Allez-y ! Faites-le !

Toujours aucune réaction.

Adam contempla la lettre. La levant, il la déchira en deux, puis encore en deux, sous le nez de son interlocuteur.

— Voilà ce que je pense de vous et de votre offre !

Hugo van Helsen ne réagit pas.

— Je le savais ! s'écria Adam. Vous ne ferez rien parce que vous ne le pouvez pas ! Vous avez peur de quelque chose, n'est-ce pas ?

Il tira le rideau et descendit du carrosse. Il jeta les morceaux de parchemin dans le caniveau.

— Vous êtes stupide, Adam Windjammer, déclara van Helsen. Permettez-moi de vous rappeler que vous êtes seul, à présent. Il n'y a plus personne pour vous aider, pas même votre fidèle Gerrit.

— Gerrit ! s'exclama Adam. Mais bien sûr !

Soudain, la réponse lui apparut avec clarté.

— Le prédicateur nous avait prévenus ! Gerrit a pris un énorme risque, et vous craignez à présent que nous ne raflions la mise.

Un léger sifflement s'échappa des lèvres de Hugo van Helsen.

— Vous avez parlé au prédicateur ?

— Oui, il est venu nous rendre visite ! Mais il n'a pas été prudent... il m'a confié beaucoup de choses sur vous avant de partir...

Les yeux pâles lancèrent des éclairs.

— Prenez garde, maître Windjammer ! Je n'apprécie pas les accusations calomnieuses. Je vous conseille de faire bien attention à vos propos.

— Alors, prenez garde, vous aussi, monsieur van Helsen. Les Windjammer ne sont intéressés ni par vous, ni par votre offre. Nous avons encore du temps avant de vous payer, et nous vous rembourserons jusqu'au dernier sou.

— Vous avez donc la Perle Noire ?

Adam savait qu'il devait bluffer.

— Oui ! mentit-il. Et quand nous la vendrons, la Maison Windjammer sera de nouveau riche. Nous serons puissants, comme avant ! Et vous n'aurez plus aucun pouvoir sur nous. Vous verrez alors qui est la « proie », ici !

— Il vous reste peu de temps pour la vendre, fit remarquer Hugo van Helsen. Moins de deux jours...

— C'est suffisant.

Adam se réjouissait de voir le banquier s'agiter sur son siège.

— Je la vendrai, quitte à m'installer sur notre perron pour lancer les enchères ! Oui, vous verrez, je vendrai le bijou au plus offrant !

— Le bijou ? répéta Hugo van Helsen.

— Le plus gros que vous ayez jamais vu ! s'emporta Adam.

Les yeux du banquier s'étrécirent.

— Est-ce que ce... bijou, dit-il après un silence pour faire plus d'effet, est aussi magnifique qu'on le dit ? Une perle pour la main d'un roi ?

— D'un empereur ! le corrigea Adam.

Sur ces mots, il fit volte-face et s'éloigna d'un air triomphant.

Adam espérait que le banquier le suivrait, le suppliant à genoux de réfléchir. Mais il n'en fut rien. Le jeune maître grimpa le perron. En entendant le fouet du cocher, il jeta un regard par-dessus son épaule. Les chevaux bondirent en avant, et le carrosse s'ébranla. Adam eut le temps d'apercevoir le visage de Jade entre les rideaux. Elle lui renvoya un regard empreint de tristesse. Puis il entendit rire Hugo van Helsen – un rire qui lui fit froid dans le dos.

22

La Perle Noire

« *Voici le récit de ma honte.*

Ce quinzième jour d'octobre, en l'an de grâce mil six cent trente-six, moi, Gerrit, clerc de la Maison Windjammer, confie aux pages de ce journal l'entière vérité sur mes actes ignobles... »

Adam lut le carnet jusque tard dans la nuit, à la lueur tremblotante de la chandelle. Gerrit semblait s'adresser à lui d'une voix d'outre-tombe.

« *Aujourd'hui, alors que le mois de deuil de notre vieux maître touche à sa fin, la Maison Windjammer est au plus mal. Les affaires se sont effondrées avec le naufrage de notre Flotte Étoile. Combien il m'a été pénible de devoir demander à ma maîtresse de consentir à des sacrifices au-delà de tout ce que j'avais pu imaginer ! Elle a pris la nouvelle comme je savais qu'elle le ferait – avec force et détermination –, et m'a demandé de n'en rien dire à maître Adam, ni à mesdemoiselles Rose et Viola.*

Elle m'a demandé également de vendre ses bijoux et de précieux objets, ce dont je m'acquitterai le cœur lourd, mais elle a insisté sur le fait que les gages des domestiques devaient être payés. Ils partiront tous, excepté Cook, qui refuse, et moi-même, qui n'abandonnerai jamais cette Maison tant qu'il me restera un souffle de vie. Mais je crains que le pire ne soit à venir.

17 octobre. Je sais à présent que nous avons commis une grave erreur en nous fiant à monsieur Auguste. Ce n'est pas un homme d'affaires, et la situation de la Maison ne fait qu'empirer par sa faute. Chaque jour qui passe, le ressentiment de maître Adam à mon égard est plus vif, et il devient difficile de me confier à lui.

19 octobre. Je crains que nous n'ayons perdu tout espoir de négocier nos dettes. J'ai donc décidé d'entreprendre dans le plus grand secret une action d'envergure. Oh ! La honte que je ressens ! Cela est tellement à l'encontre de ma vraie nature. Moi qui me suis toujours efforcé de maintenir la tradition et de protéger les biens de cette Maison de renom ! Mais c'est un risque que je dois prendre, si je veux la sauver.

22 octobre. La nuit dernière, j'ai pris tout l'argent soigneusement épargné durant mes années de service et, sous les traits du kapistan des tavernes, j'ai tout risqué sur une mise colossale. Oui, à présent, comme tant d'autres ici à Amsterdam, j'ai commencé à vivre d'espoir, spéculant sur les bulbes de cette fleur qu'on appelle tulipe...

Adam se figea, et relut pour vérifier qu'il ne s'était pas trompé.

— Tulipe ! s'exclama-t-il.

Il reprit sa lecture, attiré au fil des pages par des événements qu'il connaissait d'un point de vue totalement différent. Plus il lisait, plus il prenait conscience de sa terrible méprise.

23 octobre. Mon effort a été mieux récompensé que je ne l'espérais. J'ai aujourd'hui acheté et vendu les bulbes de trois tulipes, que j'ai gardés moins d'une heure en main avant que Claes van Hooghelande en personne, l'horticulteur renommé, m'en offre trois fois le prix que j'avais payé quelques heures auparavant. Trois mille pièces d'or. C'était un marché honnête, mais c'est à peine si je pouvais y croire ! J'ai senti le poids de ma honte s'alourdir en même temps que ma bourse. Néanmoins, j'ai maintenu mon cap, et je suis décidé à aller jusqu'au bout.

26 octobre. Une fois de plus, j'ai doublé ma mise. En trois jours, j'ai acheté et vendu deux rares oignons de tulipe – deux Amiraux, *comme on les appelle affectueusement –, et j'ai entendu parler d'autres tulipes à vendre. Puis-je espérer gagner assez d'argent de cette manière ? Oui, et bientôt, peut-être, je serai à même de rembourser nos dettes à Hugo van Helsen !*

27 octobre. Cela est-il possible ? J'ai réussi à acheter le bulbe d'une tulipe rare. Elle s'appelle Viceroy, *et je me suis déjà mis d'accord pour la revendre deux fois le prix que j'ai payé – deux mille pièces d'or ! Un bénéfice énorme, mais je crains que ma chance ne dure pas. Chaque jour, cela devient plus difficile. J'ai peur d'être reconnu dans les tavernes, et qu'on ne découvre ma véritable identité. Alors ma honte sera rendue publique et ma réputation, ainsi que celle de cette Maison, seront ternies à jamais.*

28 octobre. Je suis tombé sous le coup d'un étrange sort ! Hier, j'ai vendu la Viceroy*, et, alors que je venais de décider de ne plus miser, on m'a proposé la tulipe la plus rare – un bulbe connu sous le nom latin de* Semper Augustus*. Je n'ai pas pu refuser. Quelle ironie si l'on songe que cette fleur porte le nom du frère de mon vieux maître ! Un Auguste nous ruine, pendant qu'un autre nous sauve !*

29 octobre. Il s'est produit aujourd'hui un fait étrange. Alors que j'étais dans la salle des comptes, j'ai eu la curieuse sensation d'être observé. C'était le vieux maître, j'en suis certain. J'ai trouvé le sablier retourné sur son bureau, et pourtant il n'y avait personne dans la bibliothèque ! Son fantôme serait-il venu me hanter dans ma honte ? J'y ai vu le signe que le temps m'est compté.

30 octobre. La nuit dernière, je crois que j'ai été suivi en quittant la taverne des Vents du négoce. Je ne sais pas par qui, mais il me faut être prudent. Je crains que ma bonne fortune ne dure pas.

31 octobre. Oh ! Combien mes derniers mots étaient vrais ! J'ai commencé la journée avec tant d'espoirs ! La flotte de la Compagnie Moscovie est rentrée de la Baltique, et j'étais si heureux d'emmener pour la première fois maître Adam sur les quais. Mais quand nous sommes arrivés, nous n'avons rencontré que des ennuis. Les rumeurs courent sur la Compagnie de commerce Windjammer, et peu de marchands osent encore traiter avec nous.

Mais il y a eu pis ! Le Conseil des Marchands s'est réuni. Ma chère et courageuse maîtresse les a affrontés seule. Hélas, ils ont refusé de l'écouter. Bientôt, tout sera perdu en faveur de Hugo van Helsen, à moins que nous ne remboursions nos dettes. Un mariage a été envisagé entre ma chère maîtresse et le banquier, mais j'ai décidé qu'il n'aurait pas lieu. Je retournerai dans les tavernes cette nuit même. Oui, je risquerai ma Semper Augustus *dans une dernière grosse mise. Je dois le faire cette nuit. Que la fortune brille sur la noirceur de mes actes !*

1er novembre. Ça y est ! J'ai tout risqué sur cette dernière spéculation. J'ai mis la main, non sans difficulté, sur un oigon extrêmement rare que m'a vendu un marchand turc, Ahmed. Je lui ai rendu de nombreux services, que j'ai dû invoquer pour lui forcer la main. Néanmoins, j'ai payé le prix fort : quatre bulbes (l'un d'eux était ma Semper Augustus*), et cinq mille florins. Mais quel précieux trésor ! J'ai une aquarelle de la fleur et son certificat d'authenticité. J'espère qu'elle vaudra plus de trois fois le prix que j'ai payé quand je la céderai au plus offrant à la taverne des Vents du négoce. Mais je l'ai cachée cette nuit parce que j'ai vu le visage de l'homme qui me suivait. Je sais qui c'est, à présent : le prédicateur Abner Heems.*

Il n'y avait plus qu'un dernier paragraphe, écrit à la hâte.

Mon secret est découvert ! Maître Adam sait tout. Ce matin, j'allais partir à l'entrepôt, quand il m'a accusé d'être un voleur. Moi ! Voler cette Maison ! Comme il me connaît mal ! Mais j'ai promis de lui dire toute la vérité. Ce soir, quand je rentrerai de l'entrepôt, je convoquerai une réunion à la Longue Table et j'étalerai ma honte aux yeux de tous. Je remettrai mes clefs et mon trésor, et je quitterai cette Maison dans l'ignominie. Je prie pour que ma maîtresse comprenne et accepte de finir ce que j'ai commencé. Car j'ose croire que la Perle Noire peut sauver cette Maison, à présent...

L'extrême solitude de Gerrit transparaissait à chaque ligne. Adam termina sa lecture et contempla l'image peinte de la tulipe glissée entre les pages du journal. Ses pétales étaient aussi noirs que la nuit, bordés de blanc tirant sur le rose. Le certificat était signé et authentifié par l'horticulteur.

Il comprit la grossièreté de sa méprise. La Perle Noire n'était pas un bijou ; il ne s'agissait pas d'un trésor scintillant recueilli dans une huître par un pêcheur de perles sur une lointaine île exotique, comme il l'avait imaginé. Non. Le journal de Gerrit lui avait appris une vérité bien plus stupéfiante que tout ce qu'il s'était attendu à découvrir : la Perle Noire était une fleur.

23

Le chasseur et la proie

— Des tulipes ?

Barthélemy de Leiden sembla surpris par la question d'Adam. Il s'appuya sur le dossier de sa chaise et lui lança un regard interrogateur.

— Méfie-toi de ces fleurs, mon garçon. De nombreuses personnes ont vu en elles un moyen de s'enrichir. Et en achetant un simple oignon, elles se sont ruinées.

Adam s'assit à sa place à la Longue Table. Le petit déjeuner avait été débarrassé, et les livres de comptes apportés en prévision de la réunion matinale demandée par le vieil homme.

— Je me demandais comment des fleurs pouvaient valoir autant, dit Adam, profitant que sa mère se soit absentée à la cuisine.

— La valeur d'un objet, répondit le vieil homme, ne dépend pas tant de la chose elle-même que de sa rareté. C'est cette qualité, le fait de se dire que peu de gens ont les moyens d'avoir ce qu'on possède soi-même qui incite à payer des sommes élevées. Ce peut être un bijou précieux ou un cheval magnifique, une maison ou... un oignon de tulipe.

Il laissa échapper un petit rire.

— Quand je pense que j'en achetais autrefois pour les planter dans mon jardin ! Aujourd'hui, hélas, les prix ont grimpé de façon spectaculaire ! Certaines ont atteint une valeur inouïe. La *Semper Augustus*. Cette année, le bulbe de cette tulipe rouge et blanc coûte le prix d'une maison sur le Herengracht – treize mille florins !

Adam avait calculé que la Perle Noire valait trois fois cette somme.

— Oui, ces fleurs semblent exercer un étrange attrait sur les gens, reprit le vieil homme. Elles sont même prisées des rois. Les riches les amassent, et les pauvres les convoitent. Pas seulement à cause de leur beauté et de leurs couleurs, mais pour l'argent qu'on peut gagner en les achetant et en les vendant. La cupidité est parfois plus forte que la potion d'un apothicaire. Même en cette période frileuse, des gens sensés semblent prêts à tout risquer pour tirer un profit de l'achat et de la vente de ces fleurs. On les appelle les *kapistan* – des hommes cagoulés qui traitent leurs affaires dans les tavernes et les auberges de la ville. Ils ne reculent devant rien.

Les pensées d'Adam s'enflammèrent, mais cet enthousiasme retomba vite, quand il se rappela qu'il devait encore trouver la Perle Noire et la vendre.

— Méfie-toi des *kapistan* ! l'avertit le vieil homme, au moment où Mary Windjammer entrait dans la pièce pour s'asseoir à la Longue Table. Là où on rencontre des hommes désespérés, il y a toujours des actes désespérés.

La corne du veilleur avait résonné plusieurs fois avant qu'Adam s'endorme vraiment. Il avait passé la plus grande partie de la nuit à fixer son baldaquin. Ses pensées étaient allées de son profond désespoir à son espoir naissant. Il n'y avait qu'une chose à faire : trouver la Perle Noire.

Il y réfléchissait encore, assis à la Longue Table, attendant le verdict de Barthélemy de Leiden sur la situation de la Maison Windjammer. Une vision le hantait, perdue dans le brouillard de sa fièvre et de la terrible nuit de la mort de Gerrit. Il avait beau se creuser la tête, le souvenir restait cruellement hors d'atteinte.

Et le temps filait.

Adam regretta de ne pas avoir pris en compte les conseils de maître Bloem.

« Combien de fois devrai-je vous répéter de réfléchir avant de parler, maître Adam ? » l'avait souvent sermonné son vieux professeur.

Par inadvertance, Adam avait perdu l'avantage sur Hugo van Helsen. Il lui avait révélé ce que le banquier voulait savoir : il n'avait pas la Perle Noire.

— Pardonnez-moi, je vous en prie, mais c'est une nouvelle difficile à annoncer, commença Barthélemy de Leiden.

Il les dévisagea par-dessus les registres empilés sur la Longue Table. Son expression était froide. Le message qui se lisait dans son regard larmoyant de vieil homme était empreint de gravité.

— Mon mari croyait à la franchise, répliqua la mère d'Adam. Nous aussi.

— Bien. J'ai examiné les livres de comptes, et ce que j'y ai découvert est particulièrement désastreux.

Il est clair que Gerrit a fait de son mieux, mais Augustus Windjammer a manqué de prudence. En quelques mois, il a gaspillé le peu d'argent qui restait en dépenses extravagantes, et accru la dette de la Compagnie de commerce Windjammer. Le Conseil des Marchands a eu raison d'intervenir et il me revient de les informer sur la situation. Je crains que seul un miracle puisse encore sauver votre Maison.

— Nous sommes donc ruinés, conclut Mary Windjammer.

Il acquiesça.

— À moins que vous ne parveniez à trouver un accord avec Hugo van Helsen. Peut-être que si vous lui donniez le *Draco* et l'entrepôt, il accepterait de vous laisser la maison...

Adam ne dit rien. Il se sentait incapable de leur avouer que le banquier lui avait déjà fait cette offre.

— Non, répondit sa mère après un moment de réflexion, notre situation est trop déplorable pour être négociée. Hugo van Helsen peut prendre tout ce que nous avons, nous n'avons aucun moyen de l'arrêter.

Le regard de Barthélemy de Leiden s'illumina.

— Alors je lui parlerai. Je suis sûr qu'il m'écoutera. Je pourrai peut-être lui faire entendre raison...

— Non, mon ami, l'arrêta Mary Windjammer. Si vous le faites, il se retournera contre vous. Son argent fait de lui un homme dangereux, et vous nous avez suffisamment aidés. Dorénavant, vous ne devez plus engager vos responsabilités qu'envers votre famille et vos affaires.

La lueur de défi s'évanouit dans les yeux du vieil homme. Il baissa la tête.

— Nous n'avons plus qu'à attendre, ajouta la mère d'Adam.

L'attente ne dura guère.

Des coups précipités à la porte d'entrée annoncèrent l'arrivée de Hugo van Helsen. Avant même que l'écho s'évanouisse dans les profondeurs de la maison, le battant s'ouvrit brusquement, et le banquier s'engouffra dans le hall comme un courant d'air froid. Il ôta son chapeau et s'arrêta au milieu de l'immense damier. Mais il ne s'en tint pas là. En les voyant autour de la Longue Table, il se dirigea à grands pas vers la salle à manger. Tout alla si vite qu'aucun d'entre eux n'eut le temps de bouger.

— Où est-elle ? s'écria-t-il. Où est ma fille ?

— Qu'est-ce que cela signifie, van Helsen ? s'exclama Barthélemy de Leiden en repoussant sa chaise pour se lever.

— Rasseyez-vous, vieil homme ! tempêta le banquier. Je vous conseille de vous taire, si vous voulez préserver vos intérêts ! Je vois trop bien de quel côté vous êtes dans cette affaire !

Barthélemy de Leiden resta figé un instant, puis il s'effondra sur son siège. Hugo van Helsen, ignorant Mary Windjammer, s'avança vers Adam.

— Je vous ai posé une question, jeune homme. Répondez-moi ! Où est-elle ?

— Qu'est-ce que vous racontez ? demanda la mère d'Adam. Mon fils a passé toute la matinée avec nous à la Longue Table.

Hugo van Helsen se tourna vers elle.

— Ma fille a disparu, et je sais que votre fils y est pour quelque chose. Je l'ai prévenu de ne pas s'approcher d'elle, mais il ne m'a pas écouté. Hier, il s'est arrangé pour la rencontrer sur le pont. Jade a toujours été encline à des caprices ridicules, avec des idées qui conviennent à un garçon, pas à une fille ! Et aujourd'hui, il semble qu'elle a fugué pour le prouver !

— Fugué ? répéta Mary Windjammer.

Elle regarda Adam.

— C'est vrai ?

— Je ne sais pas, Mère.

— Il ment !

Adam protesta.

— En tout cas, ce n'est pas moi qui blâmerai Jade ! ajouta-t-il. Il la traite comme une marchandise !

Hugo van Helsen éclata de rire.

— Voilà qui est comique de la part du neveu d'Auguste Windjammer ! Celui-là même qui est venu ramper à mes pieds pour me vendre ses propres enfants, rien que pour sauver cette misérable Maison, et uniquement dans son intérêt !

Mary Windjammer prit la parole avec calme et fermeté.

— Si Adam affirme qu'il n'a pas vu votre fille, vous devez le croire.

— Comme la plupart des femmes faibles, vous ne voyez pas les défauts de votre fils, madame, déclara Hugo van Helsen avec mépris. Il ment. Tout comme il m'a menti hier.

— Que voulez-vous dire ? demanda Mary Windjammer.

— Il ne vous a pas parlé de notre rencontre ? Je comprends pourquoi ! J'ai fait une proposition à votre fils, madame, qui aurait sauvé cette maison et ce qui est dedans, mais il l'a déchirée sous mes yeux !

— Adam ? l'interrogea sa mère, dans l'attente d'une explication.

— C'est vrai, Mère, reconnut celui-ci. Il a essayé de me forcer à lui céder le *Draco*. Mais j'ai refusé, parce que j'avais trouvé le journal de Gerrit. Tout est écrit dedans, Mère ! Je sais maintenant comment Gerrit a acheté la Perle Noire.

Il montra du doigt le banquier.

— Lui sait ce qu'elle vaut. Demandez-lui !

— Je ne sais pas de quoi vous parlez, affirma Hugo van Helsen.

— C'est faux, Mère, insista Adam. Il sait tout au sujet de la Perle Noire. Sauf que ce n'est pas une perle, mais une tulipe.

— Une tulipe ! s'exclama Barthélemy de Leiden, interloqué.

— Il ment, insista le banquier.

— Je ne suis peut-être qu'une faible femme, répliqua Mary Windjammer, en insistant sur les mots, mais je veux entendre mon fils jusqu'au bout.

Elle regarda Adam.

— Où est la tulipe, à présent ?

Adam hésita.

Un sourire flotta sur les lèvres de Hugo van Helsen.

— Oui ! Pourquoi ne nous la montrez-vous pas ?

— Je ne peux pas, répondit Adam.

— Vous voyez, madame, s'exclama Hugo van Helsen avec un petit rire sec, il ne l'a pas ! Cet enfant n'est qu'un vulgaire menteur.

Mary Windjammer observa longuement son fils. Puis elle se tourna vers le banquier, une lueur froide dans le regard.

— Adam est le dirigeant de la Maison Windjammer, déclara-t-elle d'un ton ferme et poli, et s'il a refusé votre offre, si généreuse soit-elle, c'est qu'il avait une bonne raison de le faire. Il parle en notre nom à tous, désormais.

Elle lui fit comprendre que le sujet était clos.

— En ce qui concerne votre fille, monsieur van Helsen, peut-être feriez-vous mieux de vous demander pourquoi elle a fugué. Vous vous rendriez alors compte que ce ne sont pas toujours les autres qui sont à blâmer. Si jamais elle vient ici, nous nous assurerons qu'elle est saine et sauve. Mais, à présent, je dois vous prier de quitter notre maison.

— Votre maison, madame ? siffla avec dédain le banquier. Pour une journée encore ! Demain, au douzième coup de midi, elle sera mienne ! Oui, mienne, et tout ce qui va avec !

Il pivota vers Adam.

— S'il arrive quoi que ce soit à ma fille par votre faute, Adam Windjammer, je vous promets que je vous ferai souffrir pour le restant de votre vie. Je vous en donne ma parole. Et contrairement aux Windjammer, moi, je tiens mes promesses !

Il lança un dernier regard méprisant à Barthélemy de Leiden. Puis il jeta un bref coup d'œil à Mary Windjammer et à Adam. Seulement alors, il fit volte-face, passa devant les jumelles et Cook que le bruit et les cris avaient attirées dans le hall.

La porte d'entrée se referma avec bruit.

— Vous étiez au courant de l'existence de cette tulipe, Mary ? demanda Barthélemy de Leiden, rompant le silence.

— J'ai cru que les propos de Gerrit au sujet de la Perle Noire étaient le délire d'un homme mourant, répondit-elle. Il semble que j'ai eu tort.

Elle tendit la main.

— Montre-nous ce journal, Adam.

Il le tira de sa poche et le lui remit. Il s'assit et la regarda lire. Elle passa ensuite le carnet à Barthélemy de Leiden. Un peu plus tard, quand le vieil homme eut fini sa lecture, il se pinça l'arête du nez d'un geste las. Il leva la tête, et, pour la première fois, Adam vit une lueur d'espoir poindre dans ses yeux fatigués.

— Eh bien, maître Adam, qu'attends-tu ? s'écria le vieil homme en refermant le journal. Tu ferais mieux de chercher cette tulipe, la Perle Noire, et de la trouver sans tarder !

Adam s'accroupit dans le jardinet, les yeux fixés sur le prunier, comme si l'arbuste détenait la réponse dans ses branches noueuses. Ils avaient cherché partout, mais en vain : la Perle Noire était restée introuvable.

Ses pensées se tournèrent vers Jade. Il avait eu tort de croire qu'elle l'avait trahi, et il regretta de l'avoir jugée trop vite. Elle l'avait prévenu que son père avait des yeux et des oreilles partout. Il se demanda comment elle avait pu s'échapper, et si elle avait découvert un navire sur lequel embarquer jusqu'au bout de la terre.

— Il n'y a plus d'espoir, déclara sa mère. Même si nous trouvons la tulipe de Gerrit, nous ne pourrons jamais la vendre à temps. Préparons-nous plutôt au pire et empaquetons nos affaires.

Adam fut soudain submergé par un sentiment d'échec.

— Où irons-nous, Mère ?

— Barthélemy de Leiden a offert de nous héberger, mais je crains que Hugo van Helsen ne s'en prenne à notre ami si nous logeons chez lui. Nous irons donc chez nos parents de Hoorn ou d'Édam. Après ? Qui sait... peut-être irons-nous chez moi, en Angleterre. Je n'y suis pas retournée depuis des années, mais au moins Hugo van Helsen ne pourra rien contre nous là-bas !

Adam sentit l'immense pouvoir que cet homme détenait sur eux. On aurait dit qu'il resserrait son étau sur leur famille comme les mailles d'un filet.

Sa mère s'éloigna de quelques pas, puis s'arrêta pour ajouter :

— Ce n'est pas ta faute, Adam. Personne n'aurait pu faire ce que tu as fait pour sauver la Maison Windjammer.

Adam resta seul un moment, puis il se leva et retourna lentement vers la maison. Elle était froide et humide. On aurait dit qu'elle était en train de mourir. Il traversa les dalles noires et blanches du hall vers la salle à manger, et alla s'asseoir à sa place à la Longue Table. En apercevant la grande chaise en chêne, il porta la main à la chaîne autour de son cou. Puis il l'enleva et prit l'anneau au creux de sa paume. Il refusait de porter plus longtemps le fardeau de la Maison Windjammer. Il voulait de nouveau être simplement Adam. Adam le garçon. Adam le fils. Rien de plus, rien de moins.

Le désespoir l'enveloppa comme un vieux vêtement familier. Il regarda l'emblème de la Maison Windjammer, et se souvint des derniers mots que son père lui avait adressés avant la réunion à la Longue Table.

— Je suis désolé, dit-il en s'adressant à la demeure.

Délicatement, il posa l'anneau et la chaîne en face de la chaise de son père. Il s'attendait que le poids s'allège, mais il ne se sentit pas plus léger.

Des pas résonnèrent derrière lui. Il leva les yeux et sursauta. Ses sœurs l'observaient.

— Que voulez-vous ? leur cria-t-il. Qu'est-ce qui se passe ?

— Il y a quelqu'un, dit Rose.

— À la porte d'entrée, expliqua Viola.

— Qu'est-ce que ça peut me faire ? s'exclama Adam. Dites-lui de s'en aller. Dites-lui qu'il n'y a personne ! Dites-lui que les Windjammer sont partis et ne reviendront jamais !

Après un court instant, les fillettes disparurent dans le hall. Adam écouta et les entendit répéter mot pour mot le message, puis refermer la porte. Seulement alors il songea à ce qu'il venait de faire et se leva.

— On le lui a dit, annonça Rose.

— À la demoiselle, expliqua Viola.

— Et elle est partie.

— Une demoiselle ?

Adam se précipita en courant vers la fenêtre la plus proche. Une carriole chargée de tonneaux passa dans la rue en cahotant. Quand elle se fut éloignée, Adam aperçut Jade, en face, sur la berge. Elle était vêtue comme le jour où il l'avait vue sur les quais : ses longs cheveux noirs étaient attachés, elle portait un châle en laine sur la tête et une longue robe marron.

— Jade !

Son nom dessina un rond de buée sur la vitre. Il frappa à la fenêtre avec la paume de la main.

— Jade van Helsen ! Attends !

Adam se rua sur la porte d'entrée, sauta d'un bond les marches du perron et courut vers la jeune fille. En l'apercevant, Jade pivota en direction du pont. Il la rattrapa et s'arrêta, sans même remarquer que les jumelles l'avaient suivi.

Il lui fallut quelques secondes pour reprendre son souffle.

— Je suis désolé, dit-il. Je ne savais pas que c'était toi.

Elle le regarda droit dans les yeux.

— Tu vas le faire ? demanda Rose.

— Elle veut dire l'embrasser, expliqua Viola.

— Taisez-vous ! pesta Adam. Rentrez à la maison !

Les jumelles battirent en retraite, mais au bout de quelques mètres, elles se ravisèrent.

— J'aurais aimé que ce soit différent, déclara Jade. Mais ce n'est pas le cas.

Adam ne comprit pas le sens de ses propos.

— Tu pars ? demanda-t-il. Tu as trouvé un navire ? Qu'est-ce qui se passe ? Dis-moi, Jade !

Elle détourna les yeux sans répondre. Un homme en long manteau traversa le pont et tourna dans leur direction. Elle attendit qu'il soit passé pour parler.

— Je ne peux pas, répondit-elle, et un soudain regret traversa son regard. Si mon père l'apprend, alors il...

Elle laissa la phrase en suspens.

— Il vaut mieux que je m'en aille.

— Il est venu.

— Je sais.

— Si tu pars, il te cherchera encore. S'il te trouve, il te ramènera. Et ce sera pire.

— Que puis-je faire ? s'écria-t-elle, mais c'est surtout à elle qu'elle posait la question. Il gagnera, il gagne toujours. Il va vous détruire, comme tous les autres. Non pas parce qu'il déteste les Windjammer, non pas parce qu'il a besoin d'argent, mais parce qu'il en a le pouvoir. C'est un jeu pour lui.

Elle laissa échapper un petit rire forcé.

— Sais-tu le pire ?

Elle se tut comme si elle attendait une réponse. Puis elle observa les bateaux sur le canal.

— C'est de l'entendre dire, jour après jour, qu'il fait cela pour moi ! Oui, pour moi ! Pour que je puisse avoir une vie confortable, contrairement à ma pauvre mère. Je ne suis plus sa fille, je suis son prétexte !

Elle serra les bras contre sa poitrine.

— Peux-tu comprendre l'effet que ça me fait, Adam Windjammer ? De savoir ce qu'il fait aux gens ?

L'eau clapotait contre la berge. Quelque part, au loin, un batelier en appela un autre. Les deux embarcations se rapprochèrent. Un silence gêné s'installa.

— Je pourrais le vaincre, affirma Adam. Si seulement je trouvais la Perle Noire. Tout ce dont nous avons besoin, c'est du bulbe de cette fleur.

Il remarqua que la jeune fille se raidissait légèrement.

Il s'approcha d'elle. Il brûlait de la réconforter, de la prendre dans ses bras, mais il ne savait pas comment. Il se tint là, embarrassé, observant les bateliers. Les hommes tiraient quelque chose hors de l'eau. Soudain, il se rendit compte que ses sœurs lui parlaient.

— Il ne nous a pas crues, dit Rosa.

— Quand on lui a dit pour Gerrit, approuva Viola.

— Mais nous, on l'a vu.

— À côté de l'arbre.

Adam ouvrit des yeux ronds. Soudain, il lui sembla qu'un brouillard se dissipait dans sa tête au fur et à mesure que les bribes d'une scène lui revenaient en mémoire.

— Vous étiez là. Dans le jardin. Je cherchais une perle, un bijou, et vous...

Il s'interrompit pendant qu'une image se formait dans son esprit : Rose étreignant le bulbe d'une fleur comme un précieux trésor.

— Vous l'avez trouvé, dit-il. Tu l'as ramassé, Rose !

Adam attrapa les jumelles, chacune par un bras. Il s'accroupit sur ses talons et les regarda.

— Où est-il, Rose ? demanda-t-il en essayant de rester calme. Dis-le-moi, Viola ! Qu'as-tu fait de la fleur ?

Quatre yeux lancèrent des éclairs pleins de mystère.

— Je vous promets de vous donner des milliers de fleurs si vous me le dites ! promit Adam en grinçant des dents.

Rose lança un regard incrédule à sa sœur.

— S'il vous plaît, les supplia Adam. Je regrette de ne pas vous avoir écoutées. Je vous promets que je le ferai toujours, à l'avenir.

— On l'a mis dedans, répondit enfin Rose.

— Elle veut dire dans la terre, expliqua Viola.

— Où, Rose ? Dis-moi, Viola !

— À côté de la tombe de père, répondirent-elles en chœur.

Adam les serra contre lui. En entendant un bruit dans son dos, il leva les yeux.

— Tu as entendu, Jade ? Je sais où est...

Mais la jeune fille n'était plus là.

Il se redressa et regarda autour de lui. Il la vit tourner sur le pont et le traverser d'un pas rapide. Il l'appela pour qu'elle l'attende, mais elle ne s'arrêta pas.

— Rentrez à la maison, ordonna-t-il à ses sœurs. Répétez à Mère ce que vous venez de me dire. Je vais chercher la Perle Noire. Qu'elle m'attende. Je reviendrai dès que possible, c'est promis.

Elles opinèrent, et Adam veilla à ce qu'elles soient en sécurité de l'autre côté de la porte d'entrée. Puis il se lança à la poursuite de Jade. Il voulait la rassurer, lui dire que tout se passerait bien. Elle lui avait semblé préoccupée.

Elle avait atteint l'autre rive et descendait vers les quais à toute allure. Son châle avait glissé et ses cheveux volaient dans son dos. Elle disparut au coin de la rue.

Adam était au milieu du pont quand, soudain, il entendit un cri en provenance du canal. Il s'arrêta, jeta un coup d'œil par-dessus le parapet, et vit des hommes hisser dans une embarcation ce qui ressemblait à un ballot de chiffons. L'eau ruissela, et peu à peu le tas prit forme. Adam s'agrippa à la rambarde, horrifié.

Les bateliers, certains debout, d'autres assis, leurs rames à la main, tendirent le cou pour voir. Un homme traîna le paquet informe jusqu'au fond de sa barque. Le tas roula et une main retomba au-dessus de l'eau, les doigts repliés comme une araignée morte. Une seconde plus tard, Adam distinguait le visage.

— Wolfie ! souffla-t-il.

24

Les Vents du négoce

Arrivé devant l'enceinte du cimetière, Adam fit une pause. Il haletait dans l'air froid. L'obscurité commençait à tomber, et de l'autre côté du muret, les tombes étaient noyées d'ombre. La soirée était claire. L'étoile Polaire apparut dans le ciel, minuscule point brillant, et la lune pointa à l'horizon, grandissant à mesure que la lumière du jour déclinait.

Adam n'avait cessé de courir à travers les rues bruyantes et animées. Les passants lui avaient donné l'impression de surgir au dernier moment devant lui. Chaque fois, son cœur faisait un bond dans sa poitrine. Des gens s'étaient même arrêtés pour le regarder, comme s'ils pressentaient la menace du danger. Adam avait poursuivi son chemin parmi les émanations de fumées et les odeurs, les éclats de voix, les plaintes et les cris de la ville, jusqu'au cimetière.

Il jeta un regard par-dessus son épaule, et sa main vint se poser instinctivement sur le pistolet dans sa ceinture, sous son manteau. Il était content de l'avoir pris. Cela n'avait pas été facile de le dérober dans la chambre de sa mère sans être vu. Il l'avait trouvé à côté du lit, dans son étui en cuir, chargé et prêt à servir. Il lui suffisait de garnir le bassinet avec la poudre qui se trouvait dans le sac dans sa poche et d'appuyer sur la détente. Il s'était juré de ne l'utiliser que s'il se retrouvait face au prédicateur.

L'horreur de ce qu'il avait vu du haut du pont du Herengracht resterait à jamais gravée dans sa mémoire. Depuis qu'il avait quitté la maison, il avait l'impression qu'on le suivait. Des pensées se bousculaient dans sa tête.

— C'est le prédicateur, je sais que c'est lui.

Il franchit avec agilité le muret du cimetière et s'accroupit de l'autre côté. Sa respiration laborieuse résonnait à ses oreilles. Il retint son souffle et expira au moment où il lui parut que ses poumons allaient exploser. Des gens passaient dans la rue. Quelqu'un s'arrêta près du muret, jura, puis s'éloigna en entendant un attelage approcher.

Abner Heems. Adam en était sûr, à présent. Il rampa, puis se mit à courir entre les tombes, prenant garde à rester dans la pénombre jusqu'au portail en fer de l'imposant tombeau des Windjammer.

La froideur des barreaux de la grille quand il les toucha le saisit. Autour de lui, les anges, immobiles dans la clarté de la lune, contemplaient tristement les tombes silencieuses, camaïeu d'ombres et de lumières. Il ouvrit le portail. Les gonds grincèrent. Il regretta de ne pas avoir apporté de lanterne. L'obscurité était profonde, et il ne voyait pas distinctement. Il s'agenouilla devant la dalle au nom de son père et se mit à chercher dans le sol autour de lui. Le canon de son pistolet lui rentrait dans les côtes. Il creusa la terre froide, et, avec les doigts, arracha des touffes de mauvaises herbes. Il fouillait encore à l'aveuglette quand il aperçut une lueur, derrière lui.

Accroupi derrière le bloc de marbre, il observa la lumière qui oscillait de l'autre côté de la grille. Quelqu'un avançait avec une lanterne. Il se demanda si le veilleur l'avait vu. Il préférait ne pas imaginer qui pouvait fréquenter le cimetière, la nuit.

La lueur s'approchait de façon régulière, et se figea devant la grille. Adam tira le pistolet de sa ceinture. Un poids mort dans sa main. Adam se dissimula quand le rond de lumière s'éleva derrière les barreaux. Les gonds grincèrent, et la porte fut ouverte et refermée rapidement. Puis la lanterne sembla se diriger droit vers lui. Il se recroquevilla. Il n'avait nulle part où aller.

C'est alors qu'il vit son visage.

— Jade ! dit-il en se redressant d'un bond.

Elle cria et faillit lâcher la lanterne.

— Que fais-tu ici ? siffla-t-il. J'ai cru mourir de peur !

Il lui fallut un moment pour qu'elle se reprenne.

— Je... je devais savoir, répondit-elle. J'ai entendu ce que tes sœurs ont dit. Je voulais juste... eh bien...

Elle s'arrêta et lui lança un regard gêné.

— Je voulais t'aider.

Adam plissa les yeux sous l'éclat de la lumière.

— Est-ce qu'on t'a suivie ?

Elle secoua la tête.

— Je ne crois pas.

Il la vit regarder le pistolet.

— Wolfie a été retrouvé dans le canal, expliqua Adam. Le crâne fracassé. Le prédicateur avait dit qu'il lui broierait la tête. À moi aussi. Je suis sûr qu'il était là, en train de m'épier, et qu'il m'a suivi jusqu'ici.

Jade bougea, mal à l'aise, et lança un regard alentour.

— Ne t'inquiète pas, je sais m'en servir, dit-il en remettant le pistolet dans sa ceinture et en boutonnant son manteau par-dessus. Approche cette lanterne ! Nous devons chercher.

Elle fit ce qu'il lui avait demandé, et un cercle jaune pâle tomba sur le sol, au pied de la tombe de Hercule Windjammer. Adam trouva l'endroit où ses sœurs avaient creusé, et fouilla avec ses doigts parmi les mottes froides jusqu'à ce qu'il trouve le bulbe de la tulipe. Il retint sa respiration et dégagea avec précaution la terre autour. Puis il le brandit dans la lumière.

— La Perle Noire, murmura-t-il dans un souffle.

— Tu en es sûr ?

Il ôta délicatement la terre du bulbe pour révéler la petite pousse verte.

— J'en suis sûr !

Il le contempla d'un air admiratif.

— Comment cela peut-il valoir autant ?

Le bulbe était minuscule, pas plus grand qu'un oignon. Il s'évasait à partir de sa base, puis s'arrondissait en forme de poire, serré dans un corset de feuilles écailleuses.

— Que vas-tu faire, maintenant ? demanda Jade.

Son visage était pâle à la lueur de la lanterne.

— Ce que Gerrit aurait fait. Je vais la vendre cette nuit.

— Cette nuit ? Où ça ?

— Dans une taverne, les Vents du négoce, un peu plus bas sur le quai.

— Je la connais, répondit-elle. C'est un endroit malfamé. Tu ne peux pas y aller !

— Je n'ai pas le choix.

La jeune fille sembla hésiter. Elle scruta le chemin par lequel elle était venue, puis soupira.

— Alors je viendrai avec toi, Adam Windjammer. Ou tu risques de te mettre dans un sale pétrin.

Ils se faufilèrent dans les allées étroites. Sous la lumière oscillante, les ombres semblaient bondir entre les tombes. Du haut d'une stèle, un visage squelettique les observait quand ils passèrent, symbole de la Mort. Ses orbites vides les suivaient, comme si seule la Faucheuse percevait quelque vérité cachée... Ils se rapprochèrent l'un de l'autre et accélérèrent le pas.

Jade franchit le muret, suivie d'Adam, et ils sautèrent dans la rue. Un chien aboya. Ils s'arrêtèrent, écoutant et observant, puis s'engouffrèrent dans les ruelles venteuses et boueuses du Jordaan.

La fumée des cheminées épaississait l'air froid de la nuit, l'emplissant de l'odeur du monde des vivants. Il y avait des bruits partout. Derrière les volets, une chanson ou un rire enroué jaillissaient soudain ; le martèlement des pas, dans leur dos, résonnait à intervalles réguliers. Ils se dirigèrent vers le marché et le quai sans échanger un mot, regardant droit devant eux.

Tout à coup, Adam se figea.

— Pourquoi fais-tu cela ?

Jade le fixa.

— Qu'est-ce que j'ai à perdre ?

— Tout, peut-être...

— Je tente ma chance, si tu veux. Tu as un navire, Adam Windjammer, n'est-ce pas ?

— Le *Draco* ?

Elle approuva.

— Si je reste à Amsterdam, mon père me trouvera, tôt ou tard. Il me ramènera à la maison et me mariera à un vieux marchand. Je suis prête à tout pour ne pas connaître ce genre de vie. Même à aider un Windjammer, ajouta-t-elle en haussant les épaules. J'aurai au moins le sentiment de vivre un peu avant de mourir.

Adam l'observait, essayant de lire la vérité dans ses yeux. Non loin, un chat siffla et cracha. Son miaulement aigu les fit sursauter.

— Viens ! dit-elle. Avant que je change d'avis.

Ils coururent sans s'arrêter jusqu'au marché, près du Brouwersgracht. La place était déserte, et les étals en bois, sombres et vides. Ils les longèrent d'un pas rapide, prenant garde de rester dans la pénombre. Bientôt, le pont du Brouwersgracht se dressa face à eux. Ils firent une halte pour reprendre leur souffle, l'oreille aux aguets, puis pénétrèrent dans le dédale tortueux des ruelles entourant le quai. La nuit était peuplée d'ombres mouvantes : des hommes rôdant en quête de femmes, ou des passants dérivant d'une taverne à l'autre. Autant d'épaves flottantes échouées là comme par une marée humaine. Soudain, ils se retrouvèrent devant les Vents du négoce.

La vieille taverne était située entre le quai et le canal. Tel un navire depuis longtemps oublié sur ses cales, ses étages s'élevaient en rangées de fenêtres crasseuses jusqu'à un toit semblant fait de voiles déchirées qui s'étaient doucement gonflées pour recouvrir tant bien que mal les creux et les bosses des solives[1]. Une lanterne était accrochée au linteau de la porte, et une enseigne en forme de rose des vents rouillée par le sel portait son nom. Le brouhaha à l'intérieur résonnait de façon assourdie. Les éclats de voix et les chants tapageurs faisaient palpiter le vieux bâtiment, jaillissant chaque fois que quelqu'un entrait ou sortait.

— Qu'est-ce qu'on fait maintenant ? demanda Jade en posant la lanterne à côté de la porte.

Le journal de Gerrit était resté sur la Longue Table. Adam n'en avait plus besoin à présent. Un nom était resté gravé dans sa mémoire :

— Gerrit a acheté la Perle Noire à un marchand turc qui s'appelle Ahmed, dit-il.

Il fouilla dans sa poche et sentit le masque sous ses doigts.

— Nous allons entrer et demander s'il est là.

— Et s'il n'est pas là ?

Adam haussa les épaules.

— Alors nous n'aurons plus qu'à croiser les doigts et à prendre garde au prédicateur.

Ils poussèrent le battant. Un nuage de fumée s'échappa dans l'air froid comme une bouffée de mauvaise haleine. Les Vents du négoce étaient bruyants et enfumés. Des barriques de bière étaient empilées sur trois rangées contre le mur du fond, derrière une longue table en bois qui faisait office de bar. Les bancs

1. Solive : partie de la charpente qui sert à fixer les planches du plancher et les lattes du plafond. *(N.d.T.)*

et les tables, sciés dans des planches grossièrement découpées, avaient été usés par des générations de clients qui s'y étaient assis et accoudés pour boire un verre. Le bois, poli par le frottement des innombrables manches sales, était couvert de taches sombres d'alcool. Ici et là, des filles aux joues rouges servaient de la bière dans des chopes en étain débordant de mousse, leurs robes aussi maculées que les tables. Les hommes buvaient, riaient, et buvaient encore, pendant que le maître des lieux surveillait la salle en fumant sa pipe.

Adam repéra un banc vide. Ils s'assirent en se serrant l'un contre l'autre. Tout en essayant de ne pas se faire remarquer, ils observèrent les clients. Une servante s'arrêta devant eux.

— Un peu jeunots pour venir ici, non ? Des tourtereaux en fuite ? À la recherche d'un navire, à coup sûr !

— Nous sommes venus voir quelqu'un, dit Adam en espérant qu'elle baisserait le ton.

— Oh, vraiment ? Et qui venez-vous voir dans un endroit pareil ?

— Un marchand turc appelé Ahmed.

L'expression de la fille changea brusquement.

— Jamais entendu ce nom-là !

Mais à son air, on voyait bien qu'elle mentait.

Elle pivota et se faufila entre les tables vers l'aubergiste, qui remplissait une chope à l'un des tonneaux alignés contre le mur. Ils échangèrent quelques mots. L'homme leva les yeux vers les deux intrus. Puis il hocha la tête, et la fille, les chopes de bière à la main, se glissa derrière une toile de sac déchirée qui dissimulait une ouverture entre les barriques.

Quelques clients franchirent à leur tour ce rideau de fortune. Adam donna un coup de coude à Jade et, du menton, lui désigna l'entrée.

— Il faut aller là.

— Mais comment veux-tu qu'on l'évite ? demanda-t-elle en indiquant l'aubergiste.

L'homme était costaud – à cet instant précis, il leur paraissait aussi gigantesque qu'une montagne –, avec une barbe piquante de plusieurs jours. Sa pipe entre les dents, il ne les quittait pas des yeux en essuyant ses mains sur le tablier en cuir sale tendu sur sa bedaine.

— Laisse-moi réfléchir, dit Adam.

Il n'était pas très sûr de lui, et se creusait encore la tête quand un vacarme retentit soudain derrière le rideau. L'aubergiste se redressa, saisit un gourdin en bois suspendu à un crochet au mur et disparut derrière l'ouverture. Quelques instants plus tard, il réapparut, tirant par le col de son manteau bordeaux un homme de haute taille, aux cheveux blonds. Adam reconnut Valentino, qu'il avait entrevu dans la cuisine d'Inga.

— C'est comme ça qu'on traite un gentleman ? cria Valentino. Un homme fortuné ?

— Je t'avais prévenu, grogna l'aubergiste. On veut pas de types comme toi ici !

— Vous ne faisiez pas tant d'histoires quand j'avais de l'argent ! rétorqua le jeune homme.

L'aubergiste traîna Valentino vers la porte, quand tout à coup ce dernier reconnut Adam. Il l'attrapa par la manche.

— Ne viens pas là, mon ami ! C'est l'antre du diable ! dit-il. Sauve-toi, tant qu'il est encore temps !

L'aubergiste fixa Adam d'un œil mauvais et jeta Valentino dehors, à la grande joie de ceux qui s'étaient approchés pour observer la scène.

— Vite ! souffla Adam.

Il entraîna Jade derrière le bar où ils s'accroupirent, avant de franchir le rideau de fortune. À la lueur d'une lampe à huile fumeuse, ils distinguèrent à leur gauche une porte, et à leur droite le pied d'un escalier en bois étroit. Adam tendit l'oreille.

— Par là, dit-il en ouvrant la porte. Reste près de moi !

En pénétrant dans l'arrière-salle des Vents du négoce, ils ne virent pas l'homme qui, assis à une table d'angle, guettait dans l'ombre.

La pièce n'avait rien à voir avec la précédente. Des hommes aux mines graves y étaient réunis pour affaires. Certains étaient assis dans de petits boxes en bois bordant la pièce, d'autres assemblés autour d'une table en forme de fer à cheval, au centre. Tous étaient trop occupés pour remarquer Adam et Jade qui prenaient place dans un boxe vide, près de la porte.

C'est là que, pour la première fois, Adam vit les *kapistan*.

Ils se déplaçaient dans la pénombre : des hommes portant des masques, comme celui de Gerrit, négociant, achetant. Déguisés. L'air sinistre. Des hommes anonymes cachés derrière des sortes de cagoules qui couvraient leurs visages jusqu'au menton. Seuls leurs yeux et leurs bouches étaient visibles, brillant à la lueur de la lanterne.

— Les Cagoulés ! souffla Adam.

Il se demanda combien de fois Gerrit s'était trouvé parmi eux, à faire le commerce des tulipes.

Les négociations étaient rapides et animées. Les hommes attablés, l'œil vif derrière leurs masques, observaient les transactions notées à la craie sur des ardoises au mur. Ici et là, des bulbes comme celui de la Perle Noire circulaient de main en main, évalués selon leur poids avec des mesures de moins d'un demi-gramme – appelées aussi des *perits*. La plupart du temps, ce n'était que la notion de fleur qui se trouvait en jeu. Les bulbes eux-mêmes étaient en sécurité dans des jardins protégés par des murets chez les horticulteurs, choyés et protégés comme des bijoux.

— Est-ce que tu vois l'homme qui s'appelle Ahmed ? demanda Jade.

Adam haussa les épaules.

— Comment vas-tu le retrouver si tu ne sais même pas à quoi il ressemble ?

— Laisse-moi réfléchir !

L'aubergiste entra en trombe.

— Dépêche-toi ! souffla Jade. J'ai l'impression qu'il a remarqué notre disparition.

Ils s'accroupirent sous la table, à hauteur des jambes de l'aubergiste. Ses genoux ressemblaient à des nœuds sur des troncs d'arbres. Ils les virent s'approcher tandis que l'homme jetait un coup d'œil dans leur box, puis s'éloigner.

Adam émergea de dessous la table avec prudence. Jade se rassit. Ils prirent garde à rester dans l'ombre. Ils crurent que le danger était passé, mais Jade poussa du coude son compagnon. Elle lui désigna du menton une table, dans un coin de la pièce. Deux individus regardaient dans leur direction, et la lueur de la lanterne révéla leur profil.

— Il est avec le prédicateur, murmura Adam dans un souffle.

Il tira Jade dans la pénombre. Un moment s'écoula.

— Tu crois qu'il nous a vus ? demanda-t-elle.

— Même si c'est le cas, Abner Heems n'osera rien entreprendre contre nous ici. Il y a trop de témoins. Restons là et espérons que cet Ahmed vienne.

— Alors tu te lèveras et tu diras : « Qui veut acheter la Perle Noire ? », c'est ça ?

— Oui, quelque chose de ce genre, répondit Adam. Mais avant, j'enfilerai ceci.

Il tira le masque de sa poche.

— Je savais bien que les Windjammer étaient fous ! s'exclama Jade.

Un bourdonnement d'excitation parcourut la pièce. La rumeur se répandit qu'un homme important était arrivé.

— Laissez passer ! Laissez passer Ahmed le Turc ! cria un *kapistan*.

Le marchand, entouré de ses gardes du corps, fit une entrée majestueuse dans la salle.

Il portait un turban et un cafetan fluide en soie pâle et délicate. Les clients s'écartèrent, et il l'invitèrent à prendre la meilleure place à la table en forme de fer à cheval.

— Quel trésor nous apportez-vous aujourd'hui, Ahmed ? cria quelqu'un.

Toutes les affaires en cours furent suspendues et chacun se pressa autour du Turc.

— Messieurs ! S'il vous plaît ! Un peu d'air ! demanda Ahmed.

Les gardes du corps repoussèrent la cohue des parieurs impatients, et Adam aperçut la rangée de bulbes posée sur la table.

— Mes amis, dit-il, j'ai promis de vous apporter quelque chose d'exceptionnel ! Et Ahmed tient toujours sa parole...

Il s'arrêta pour accentuer l'effet de son discours.

— Venues des contrées les plus éloignées, à l'est de l'immense Empire ottoman, cultivées sur les berges du puissant fleuve Euphrate, voici des tulipes autrefois destinées aux jardins du Grand Sultan en personne, qu'Allah le bénisse et le protège !

D'un geste, il désigna les tulipes devant lui.

— De la meilleure qualité, bien entendu !

Un murmure parcourut la pièce. Le nom européen de chaque tulipe fut mentionné puis inscrit à la craie sur l'ardoise : une *Childer* de 106 *perits* estimée à 1 615 florins ; une *Viceroy* de 400 *perits* estimée à 3 000 florins ; une *Admiral Liefkin* et une *Admiral Van der Eyk* estimées respectivement à 4 400 et 1 260 florins ; et deux *Semper Augustines*... Les enchères étaient lancées. Partout, les regards pétillaient.

Adam observait la scène, incrédule, tandis que les spéculateurs faisaient des offres, marquant leurs propositions sur de petites tablettes de bois qui circulaient de table en table à une rapidité étonnante. Les paris étaient notés à la craie, effacés, notés de nouveau : chaque fois plus élevés. L'annonce des sommes toujours croissantes emplissait l'atmosphère de tension. Une maison était pariée. Une maison et six chevaux blancs. Une maison, six chevaux blancs et une terre près de Delft. Et toujours des florins, des milliers de florins en or, jusqu'à ce que, enfin, l'enchère finale soit clamée. Seulement alors, l'accord était scellé, et, par respect pour la religion d'Ahmed, conclu d'une poignée de main, au lieu de la traditionnelle coupe de vin.

— C'est de la folie, souffla Jade. De la folie pure !

La main d'Adam chercha la Perle Noire dans sa poche. Soudain, il sentit le frisson du parieur l'envahir. Il comprenait à présent les risques qu'avait pris Gerrit pour acheter une tulipe aussi rare. Il enfila le masque et se leva. À ce moment précis, il crut – il crut vraiment – qu'il allait sauver la Maison Windjammer. Mais soudain, derrière lui, la porte s'ouvrit. Une main se plaqua contre sa bouche, et, au milieu des bruits et de l'agitation croissante, il se sentit entraîné dans l'ombre.

25

Cupidité et tricherie

Adam reprit peu à peu conscience. Sa tête lui faisait mal, comme si elle avait été fendue en deux, et il battit des paupières face à l'étrange flou autour de lui. Son visage frottait contre un tissu rugueux, et avec un sursaut, il comprit que sa tête était enfermée dans un sac, dont l'ouverture était resserrée autour de sa gorge. Il voulut bouger, mais il avait les mains et les pieds attachés. Il refoula sa panique grandissante et s'efforça de se tenir immobile.

Il dut faire appel à tout son sang-froid pour rester calme et réfléchir. Il essaya de se figurer la scène autour de lui, fragment par fragment, d'après les bruits ambiants. Le sac les assourdissait, mais peu à peu, il se rendit compte qu'il n'était pas seul.

— Tu crois que c'était vraiment utile de frapper si fort, Abner ? T'aurais pu le tuer, et on aurait été dans de beaux draps !

— Il aura mal à la tête en se réveillant, c'est tout.

— Je n'aime pas ça, Abner. Il n'y a pas que moi qui les ai vus entrer.

— Où est la fille ?

— Avec Maria, en bas.

— Je n'en veux pas. Prends-la, toi, comme serveuse.

— T'as perdu la tête ? C'est la fille du prêteur !

Adam se souvenait à peine de ce qui s'était passé. À un moment, il s'était levé, la Perle Noire à la main, et, l'instant d'après, il avait été tiré brusquement en arrière. Puis plus rien. Il tendit l'oreille. Quelque part, en dessous, des éclats de voix résonnaient, et il devina qu'il était encore dans la taverne. En se déplaçant légèrement, il sentit la rugosité des sacs sous lui. Il estima à l'humidité et à l'odeur qu'ils étaient pleins d'oignons, et en conclut qu'il se trouvait dans le grenier à provisions de la vieille bâtisse.

Il concentra ses pensées sur Jade. Au moins, il savait qu'elle était vivante.

Il se reprocha de l'avoir amenée là. Il avait manqué de prudence. Soudain, il se demanda où était passé le pistolet.

— Si le prêteur découvre le pot aux roses, ça finira mal, dit l'aubergiste.

Son ton était de plus en plus inquiet.

— Il ne me fait pas peur avec tout son argent, répliqua Abner Heems.

— Mais puisqu'on a ce qu'on voulait, pourquoi ne pas les laisser repartir ?

— Et laisser ce Windjammer appeler la garde municipale ? Pas question.

— Je te préviens, Abner ! Je ne veux pas de meurtre dans ma taverne, grogna l'aubergiste. Les soldats t'ont à l'œil. Ils sont venus te chercher ici ! Quelqu'un aura vite fait de parler et d'amener la garde. Tu verras que, bientôt, on se balancera tous les deux à la potence de la place Dam !

Adam essaya de détendre ses liens, s'arrêtant de temps à autre pour écouter les hommes.

— Je vais faire de toi un homme riche, dit le prédicateur. Un quart des bénéfices, après la vente.

— La moitié. C'est ma taverne, n'oublie pas.

Il y eut un silence, puis le prédicateur grogna :

— Très bien. Mais alors, fais ce que je te dis, et sans discuter !

Adam renonça à défaire les nœuds autour de ses poignets et s'attaqua à ceux des chevilles. Ses doigts étaient engourdis, et la douleur dans sa tête s'amplifiait. Un petit cri lui échappa. Il se figea.

— Tu as entendu ? demanda l'aubergiste.

Les deux hommes tendirent l'oreille, puis reprirent leur discussion.

— Je veux que le gamin sorte d'ici dès que possible, dit l'aubergiste.

— J'en fais mon affaire. J'ai un compte à régler avec lui. Il m'a coupé, regarde !

L'aubergiste siffla.

— C'est lui qui a fait ça ? Il est plus courageux que je ne pensais.

— Il va finir comme ce bègue de Wolfie ! Je lui ai réglé son compte, à cet abruti, une bonne fois pour toutes ! Et je l'ai laissé là où les Windjammer verront ce que j'appelle faire des affaires...

En essayant une nouvelle fois de se libérer de ses liens, Adam déplaça son poids sur le côté. Les oignons commencèrent à glisser sous lui. Ils roulaient librement, aussi durs que des boulets de canon, l'entraînant dans leur chute. Adam dévala le tas et atterrit face contre terre, la joue collée contre la toile rêche et le bois dur du plancher.

— Alors comme ça, on est réveillé ? dit la voix du prédicateur.

— Retire la cagoule !

Le sac fut enlevé sans ménagement. Adam respira plusieurs fois à fond, mais son soulagement prit fin quand il aperçut l'aubergiste des Vents du négoce, dressé au-dessus de lui. Un peu plus loin, il vit le prédicateur qui l'observait, assis sur un tabouret derrière une table. Une lanterne était suspendue à une poutre, portant des ombres sur leurs visages et creusant leurs yeux.

Sur la table, Adam reconnut le masque avec le contenu de ses poches. Il tendit le cou pour mieux voir. Le prédicateur sourit et saisit un objet entre le pouce et l'index.

— C'est ça que tu cherches, Windjammer ? demanda-t-il en levant l'objet en question.

La lumière se refléta sur les courbes délicates de la Perle Noire. Abner Heems sourit :

— Tu as fait de moi un homme riche, aujourd'hui.

— Rendez-la-moi ! Vous me l'avez volée !

Adam tenta de défaire ses liens, mais y renonça, épuisé.

— C'est écrit dans la Bible, dit le prédicateur. « Dieu est seul juge : Il abaisse l'un et relève l'autre. »

Adam lança un regard autour de lui, désespéré. Il y avait deux portes. L'une, devina-t-il, donnait sur l'escalier ; l'autre, plus large, devait servir à hisser les marchandises dans le grenier à provisions, à partir du canal. Elles étaient fermées.

Adam était seul.

— Où est Jade ?

— Ne t'en fais pas pour elle, répondit l'aubergiste. Elle est en sécurité, en bas, avec Maria.

Il rit.

— On la jouera peut-être aux dés, le moment venu.

— Si vous lui faites du mal, je...

— Tu ne feras rien ! ricana le prédicateur. Et prends garde à ta langue, ou je te la coupe.

Il sortit un couteau de sa ceinture et le planta dans la table. L'objet brillant oscilla, puis s'immobilisa.

— Apporte-nous de la bière, aubergiste. Cette affaire m'a donné soif.

— Pour que je te laisse seul avec cette tulipe ? M'est avis que ce n'est pas raisonnable ! Tu serais tenté de me tromper, et de l'échanger contre un oignon.

— Fais ce que je te dis ou gare à toi ! grogna le prédicateur.

— Tu ne me fais pas peur, Abner Heems. J'ai rencontré pire que toi dans mon métier, crois-moi, dit l'aubergiste en écartant sa tunique pour montrer le pistolet d'Adam glissé dans sa ceinture à côté du gourdin. Comme tu peux voir, le gamin s'était préparé aux ennuis, et j'ai son pistolet à portée de main. Il est chargé, avec balle et poudre, sois-en certain.

Le prédicateur attrapa son couteau. Il se leva et avança à pas lents. L'aubergiste recula vers la porte, légèrement accroupi, la main sur la crosse du pistolet.

— Je te trancherai la gorge avant que tu aies le temps d'appuyer sur la détente, dit-il.

L'aubergiste cracha et déplaça la main vers son gourdin. Le prédicateur sourit et se pencha vers Adam.

— Ça te rappelle quelque chose ? demanda-t-il d'un ton calme chargé de haine.

Il retroussa la manche de son manteau, révélant une entaille qui avait été grossièrement recousue avec du fil noir.

— Tu as osé me couper avec mon propre couteau ! Mais j'ai une nouvelle lame maintenant, aiguisée spécialement pour toi.

Abner Heems lui posa la pointe sur la gorge. Adam se recroquevilla contre les sacs. Il pouvait sentir l'haleine fétide de l'homme sur son visage.

— Laisse-le, Abner ! intervint l'aubergiste, le front brillant de sueur. On doit se montrer en bas, comme si rien ne s'était passé. Je vais aller chercher une bonne bouteille de cognac, rien à voir avec la camelote de contrebande. On va s'asseoir comme des gentlemen, et discuter tranquillement affaires, toi et moi, sans témoins.

Le prédicateur suspendit son geste et le regarda. Il semblait apprécier sa proposition.

— J'ai une affaire à régler avec ce poltron d'aubergiste, siffla-t-il à Adam. Mais je vais revenir. Parce qu'il est écrit : « Il y a une saison pour chaque chose, et un temps pour tout sous les cieux. Un temps pour naître, un temps pour mourir. »

Il sourit et approcha la Perle Noire du visage d'Adam.

— Oui, et « un temps pour semer et un temps pour récolter ce qui a été semé ».

Il rit, referma le poing sur le précieux bulbe, puis l'enfonça au fond de la poche de son manteau.

— Pas un geste, gamin, prévint l'aubergiste. Si tu tiens à la vie, reste tranquille. Ça ne sert à rien de crier. Personne ne t'entendra !

Les hommes prirent les lanternes et sortirent, livrant Adam aux ténèbres et au désespoir. Il entendit la clef tourner dans la serrure. Le filet de lumière autour de la porte s'affaiblit à mesure que le bruit des pas s'éloignait. Il pensa à Jade et se débattit tant qu'il put, mais les cordes s'enfoncèrent plus profondément dans sa chair. Il abandonna, haletant. L'air était aussi sec que la poussière qui envahissait la pièce. Quelque part, dans le noir, il perçut le couinement d'un rat. Sa détresse le submergea, et il se laissa tomber sur les sacs rugueux.

Un long moment passa avant qu'il entende une voix l'appeler doucement.

— Adam ? Adam ! Où es-tu ?

Il releva la tête. Un rayon lumineux brillait sous la porte.

— Jade ? appela-t-il dans un souffle rauque. La porte est fermée. Trouve la clef !

L'aubergiste, imprudent, l'avait laissée dans la serrure. La jeune fille eut quelques difficultés à la faire tourner, mais, bientôt, la porte s'ouvrit en grinçant. La lueur de la lanterne vint chasser les ombres de la pièce.

— Là ! appela-t-il.

Jade s'approcha de lui jusqu'à l'aveugler.

— Comment as-tu fait pour t'enfuir ?

— Les hommes sont en train de se soûler, dit-elle. Ils ont appelé Maria pour qu'elle les serve. Elle ne m'a pas attachée, et j'en ai profité pour me sauver. Nous n'avons pas beaucoup de temps, Adam. Il faut sortir de là, sinon...

— Le prédicateur a pris la Perle Noire.

— On s'en moque ! L'alcool a rendu Abner Heems encore plus dangereux. Je l'ai entendu discuter avec l'aubergiste. Il a menacé de le tuer avec nous et de garder la Perle Noire pour lui seul.

Elle posa la lanterne et s'agenouilla pour défaire les cordes autour des chevilles et des poignets d'Adam. Les nœuds étaient serrés. Il lâcha un cri de douleur en sentant le sang circuler de nouveau dans ses membres. Il se frictionna avec ses doigts engourdis.

— Je ne peux pas leur laisser la Perle Noire !

— Ne sois pas stupide, Adam ! souffla Jade en reprenant la lanterne. Filons d'ici pendant qu'il est encore temps.

Elle se dirigea vers la porte et s'arrêta pour écouter. Quand elle fut certaine qu'il n'y avait personne derrière, elle se glissa dans l'escalier. Adam la suivit à contrecœur. Ils atteignirent l'étage inférieur. Les cris des deux hommes qui se querellaient dans une pièce en dessous parvinrent jusqu'à eux.

— On ne peut pas la vendre cette nuit ! disait l'aubergiste en tentant de raisonner son interlocuteur. Pas ici ! À coup sûr, quelqu'un posera des questions.

— Je prends le risque, répondit le prédicateur. Tu l'as dit toi-même, les soldats sont à ma recherche. Je dois être parti au petit matin.

— Et le gamin ?

— Je m'occupe de lui. Toi, tu t'occupes de la fille.

— J'en veux pas ! dit l'aubergiste. C'est une sale affaire !

— Alors enferme-la dans le grenier jusqu'à mon départ. Dis à Maria de la monter là-haut. Je m'occuperai d'abord du gamin. Ne t'inquiète pas, je ferai en sorte que ça ressemble à un accident. Quand ce sera fini, nous vendrons la Perle Noire au plus offrant, personne ne posera de questions.

Sur ces mots, il sortit de la pièce et commença à grimper l'escalier.

— Demi-tour ! chuchota Jade.

Ils n'avaient pas d'autre choix que de remonter dans le grenier à provisions. Jade prit la clef et ferma la porte de l'intérieur.

— Ça ne le retiendra pas longtemps, déclara Adam.

Jade scruta la pièce.

— Il faut trouver une autre issue...

Elle passa devant lui et ouvrit grand la porte qui donnait sur le canal. Le battant alla heurter le mur extérieur. L'air froid de la nuit s'engouffra dans la pièce et souleva la poussière. Les toits de la ville s'étendaient devant eux, loin vers le sud, dessinant des courbes de lumière et d'ombre à la clarté de la lune. En dessous, tel un ruban scintillant, le canal interdisait tout espoir de fuite.

— On est piégés ! lâcha la jeune fille.

Elle recula en chancelant dans la pièce.

Soudain, elle s'arrêta et tendit l'oreille, pétrifiée. Les craquements menaçants des pas du prédicateur dans l'escalier se rapprochaient. Tout à coup, le loquet grinça. Elle laissa échapper un petit cri. La porte fut violemment secouée, puis il y eut un juron, suivi d'une pause.

— Cet abruti a emporté la clef ! grommela le prédicateur.

Il redescendit.

Jade fixa de nouveau le canal en contrebas.

— On pourrait sauter, dit-elle.

Adam secoua la tête.

— Trop haut.

La jeune fille remarqua alors le treuil, à l'extérieur, qui s'avançait au-dessus de la porte, jaillissant du mur comme une poutre coupée. À son extrémité, se balançait un lourd crochet en fer au bout d'une corde suspendue à une poulie ; le reste de la corde était enroulé sur le sol du grenier.

— Avec un peu de chance, ce sera assez solide pour moi, assena Jade.

Elle grimpa sur le chambranle de la porte et se hissa tant qu'elle put pour attraper le crochet. Mais celui-ci restait hors de sa portée. Adam essaya à son tour. En vain. Le crochet oscillait doucement, sa forme incurvée et cruelle se détachant à la clarté de la lune.

— J'ai une idée, dit Jade.

Elle attrapa la corde et la pressa entre les mains d'Adam.

— Tiens-la bien ! Ne la lâche pas !

— Que vas-tu faire ?

— Tu vas voir.

Elle prit une profonde inspiration et sauta dans le vide.

Avant qu'Adam songe à l'arrêter, elle avait bondi dans la nuit. La corde se tendit entre ses mains, et il tint bon pendant qu'elle se balançait dans l'obscurité. Elle franchit de nouveau la porte et vint se poser avec légèreté à côté d'Adam, le crochet dans les mains.

— Où as-tu appris à faire ça ? lui demanda-t-il, impressionné.

— Parce que tu crois que les filles passent leur temps à coudre ?

Elle tira plusieurs mètres de corde et chercha un endroit où attacher le crochet.

— Maintenant, on peut descendre.

— Mais on ne sait même pas s'il y a assez de longueur ! Et puis j'ai eu ma dose de baignade dans le canal !

— Tu as une meilleure idée ?

Jade ramassa un oignon et le lâcha dans la nuit. Ils attendirent ce qui leur parut une éternité, puis l'entendirent tomber dans l'eau, très loin.

— Qu'est-ce que ça veut dire ? Tu n'as pas la clef ? s'écria soudain la voix du prédicateur. Elle n'a pas pu disparaître comme par enchantement !

Il y eut un silence, puis :

— Où est la fille ? Où est-elle, bon sang ?

— Elle était là, je vous le jure ! répondit la serveuse.

Une gifle claqua. Suivie d'un cri, et du bruit d'une chute.

— Je te réglerai ton compte plus tard, Maria ! gronda Abner Heems.

Ils entendirent de nouveau les pas des hommes marteler l'escalier. Le loquet cliqueta, et la porte se bomba.

— Vite ! Adam ! chuchota Jade. Suspends la corde à une poutre !

Adam saisit le crochet, tira un peu de corde sur la poulie et laissa filer le reste à l'extérieur. Il soupesa le crochet dans sa main, prêt à le lancer.

Mais c'était trop tard. Le prédicateur martelait de coups de pied la charnière en bois. Il y eut un énorme fracas.

— Va te mettre derrière la porte ! ordonna Adam. Attends qu'il entre et essaie de te glisser derrière lui. Si tu y arrives, file, et ne t'arrête pour rien au monde !

Va chercher de l'aide ! Il doit y avoir les soldats sur le quai.

— Et toi ?

— Je vais récupérer la Perle Noire.

— Mais il va te tuer !

Adam raccourcit l'extrémité de la corde et laissa pendre le crochet. Il oscillait lentement, comme un pendule.

— Il devra d'abord passer par là, murmura-t-il. Va, maintenant ! Et retiens ton souffle, ou il t'entendra !

Jade traversa la pièce en courant et se plaqua derrière la porte. Le prédicateur avait quasiment brisé la serrure, qui branlait un peu plus à chaque coup. Soudain, elle céda. Le battant s'ouvrit à la volée. Abner Heems apparut, brandissant une lanterne dans son poing. Ses yeux s'étrécirent à la vue d'Adam.

— Où est-elle ? demanda-t-il.

Adam déglutit avec peine.

— Si vous voulez parler de Jade, je ne l'ai pas vue, dit-il d'un air qu'il voulait convaincant. Elle est peut-être allée chercher les soldats.

— Cette porte était fermée de l'extérieur. Quelqu'un a dû l'ouvrir.

— C'est bien moi que vous voulez ? dit Adam, pour inciter Abner Heems à entrer. Vous voyez, je suis là, alors qu'est-ce que vous attendez ? Vous avez peur que je vous blesse ?

Sa ruse fonctionna presque trop bien. Abner Heems s'avança en sifflant. Mais soudain il s'arrêta, comme alerté par les ombres alentour. Derrière lui, Jade se faufila vers la porte.

Peut-être perçut-il le mouvement. Peut-être remarqua-t-il le léger éclat dans les yeux d'Adam.

Quoi qu'il en soit, au moment où Jade tentait de s'échapper, le prédicateur pivota, et, d'un geste de la main, il l'attrapa par le poignet. Puis, d'une chiquenaude, il l'envoya tomber lourdement sur le sol.

— Ça va, Jade ? l'appela Adam.

Elle grogna, étourdie, le souffle coupé par sa chute.

— Comme c'est touchant ! s'exclama le prédicateur, refermant d'un coup de pied la porte derrière lui. Un Windjammer se préoccupant d'une van Helsen. Ha ! Je comprends mieux maintenant ! Mais tu es fou, gamin, de lui faire confiance. Je parie qu'elle court après la Perle Noire, comme son père !

— Ne vous approchez pas d'elle, le prévint Adam en balançant le lourd crochet en fer au bout de la corde. Je n'ai pas peur de l'utiliser !

— Je reconnais que tu as du cran. Tu as été assez malin pour me fausser compagnie, au cimetière, mais je savais que tu viendrais ici, puisque Gerrit l'avait fait avant toi. Oui, je savais que tu viendrais parce que c'était ton devoir. Il suffisait que j'attende que tu m'apportes la Perle Noire.

Jade gémit et s'assit.

Le prédicateur prit le couteau dans sa ceinture.

— Et maintenant, je vais tuer deux oiseaux. Toi pour m'avoir blessé, Windjammer. Et elle, pour ce que son père m'a fait.

Il laissa échapper un rire démoniaque. Adam était terrifié.

— « Large est la porte et large le chemin qui mène à la perdition ! » cita le prédicateur.

Il s'avança. Son ombre s'allongeait de façon grotesque dans les chevrons du toit. Elle planait au-dessus d'eux, menaçante, emplissant toute la pièce. Adam maintint la table entre eux, et regarda son agresseur avec méfiance. Soudain, il balança le crochet à hauteur de la tête du prédicateur, l'obligeant à reculer.

— Abner !

L'aubergiste entra en trombe.

— Arrête ça tout de suite !

— Ne te mêle pas de ça, aubergiste ! Tu m'as causé assez d'ennuis ce soir ! répondit le prédicateur. Tu n'obtiendras plus rien de moi à présent, rien que de l'acier froid dans le ventre.

— Ah ! C'est comme ça ! répliqua l'aubergiste.

Il saisit son gourdin et avança d'un pas pesant dans la pièce.

Mais Abner Heems était trop rapide pour lui. D'un geste vif, le prédicateur esquiva et s'accroupit en levant le bras. L'aubergiste lâcha un cri et eut juste le temps d'éviter le couteau qui jaillit en un éclair. Il recula, fit volte-face et se précipita vers la porte.

— Et croise au large, sale bougre ! Ce ne sont pas tes affaires !

— Mais la fille est témoin ! s'exclama l'aubergiste.

— Elle ne parlera pas, tu verras.

— Je ne veux rien à voir avec ce meurtre !

Le prédicateur se tourna vers Adam. La rage et la folie se lisaient dans ses yeux. Il cisaillla l'air avec son couteau, le dos légèrement voûté.

— Je vais te faire battre des ailes comme ce pauvre Wolfie, et après je balancerai ta petite amie, pour faire bonne mesure !

— Laissez-le ! cria Jade. Quand mon père le saura, il...

— Il fera quoi ? ricana le prédicateur, en la repoussant dans un coin. Quand il découvrira ce qui s'est passé, je serai loin.

Il plongea la main dans sa poche et en retira la Perle Noire. Il les incita à l'attraper, tout en brandissant son couteau, prêt à frapper.

— Viens, petit ! dit-il à Adam. Montre-moi combien tu es courageux...

Il se fendit et brandit sa lame en avant. Adam s'écarta avec agilité et balança le crochet en cercle devant lui. Chaque fois, Abner Heems l'esquiva.

— Écarte-toi ! prévint Adam à l'intention de Jade.

Il recommença l'opération, faisant tourner le crochet de plus en plus vite, jusqu'au moment où il le lâcha.

Abner Heems s'accroupit. Le crochet vola au-dessus de sa tête, la corde serpentant derrière, et atterrit sur les sacs pleins d'oignons. Adam tira dessus avec frénésie pour tenter de la reprendre, mais la pointe recourbée s'était fichée dans la toile rugueuse.

— « Le Seigneur donne et le Seigneur reprend », dit le prédicateur en riant.

Adam abandonna et recula tandis que le couteau cinglait l'air devant lui. Le prédicateur avançait, légèrement penché, cisaillant le vide.

— Allez, viens, petit ! Tu voulais la Perle Noire, prends-la !

Il brandit le bulbe.

— Essaie donc de l'attraper !

La Perle Noire était si proche. Adam tendit la main.

« Slash ! » Le couteau allait et venait. « Slash ! » « Slash ! » Abner Heems le forçait à reculer vers la porte grande ouverte donnant sur le canal.

— Attention ! entendit-il Jade crier.

« Slash ! Slash ! Slash ! »

Adam oscillait d'un côté et de l'autre pour éviter les coups. Plusieurs fois de suite, il essaya de contourner le prédicateur, mais en vain.

— « La vengeance est mienne, dit le Seigneur ! »

Abner Heems continuait de l'acculer au chambranle. Sentant qu'il s'approchait du bord, Adam jeta un œil derrière lui, pour s'assurer qu'il ne tombait pas.

— Holà ! Venez m'aider ! Heems est devenu fou ! cria l'aubergiste par-dessus la rampe de l'escalier.

Adam le vit se démener avec le pistolet, tentant désespérément de remplir le bassinet avec de la poudre à canon.

— Allez, assez joué ! dit soudain le prédicateur.

Adam était acculé. Il n'avait nulle part où aller. Abner Heems avait attendu ce moment. Il profita de ce que le jeune maître lançait un regard par-dessus son épaule pour bondir en avant.

— Attention ! cria Jade.

Au même instant, du coin de l'œil, Adam entrevit l'éclat du métal. Instinctivement, il esquiva le coup, fit un pas en arrière, mais rencontra le vide. Tandis qu'il basculait, il vit la corde suspendue à l'extrémité du treuil et l'attrapa. Les toits s'inclinèrent autour de lui, comme autant de pans sombres et clairs, tandis qu'il se maintenait en équilibre.

La silhouette du prédicateur emplissait l'ouverture de la porte, à présent. Il rit en se baissant, fendant l'air de sa lame.

— Heems ! Arrête ou je tire ! cria l'aubergiste.

« Slash ! Slash ! Slash ! »

Un éclair. Une pluie d'étincelles. Suivie un instant plus tard d'un grondement terrifiant. La balle atteignit le prédicateur à l'épaule, qui tournoya sous la force de l'impact. Le couteau vola, et Adam le vit plonger, étincelant à la clarté de la lune, dans le canal.

Abner Heems gronda de douleur. Il jura de se venger et recula en titubant dans les combles envahis par la fumée, la Perle Noire toujours serrée dans son poing.

Adam essaya de s'élancer vers la porte, mais au même moment, la corde sur la poulie au-dessus de sa tête lâcha brusquement. Il sentit l'estomac lui remonter dans la gorge tandis qu'il s'agrippait de toutes ses forces et s'enfonçait dans l'obscurité.

Il eut juste le temps d'apercevoir un sac d'oignons au bout du crochet. C'était son poids à l'autre extrémité de la corde qui l'avait soulevé du sol. En entendant le bruit, Abner Heems se retourna, surpris. Le sac vint heurter sa jambe, lui faisant perdre l'équilibre, et il trébucha vers la porte ouverte. Un instant plus tard, la course d'Adam prit fin. Le sac, prisonnier des mécanismes du treuil, lui cribla la tête d'une pluie d'oignons, le laissant se balancer comme une araignée au bout d'un fil.

Quand enfin il parvint à se stabiliser, il leva de nouveau les yeux. Il vit le prédicateur qui s'accrochait tant bien que mal d'une seule main à l'encadrement de la porte, au-dessus de lui. Son bras blessé pendait à son côté.

Il lâcha le nom de la Perle Noire entre ses dents.

— Je l'ai fait tomber. Elle m'appartient. Donne-la-moi, elle est à moi !

Dans un sursaut de désespoir, il prit son élan pour se hisser à l'intérieur et glissa. Ses ongles s'enfoncèrent dans le bois, tandis qu'il luttait pour ne pas lâcher prise. Brusquement, il dérapa et, avec un cri terrifiant, culbuta dans le vide.

Pendant ce qui sembla durer une éternité, il resta en suspens dans les airs. Puis, soudain, il tomba en hurlant devant Adam. Une fraction de seconde, leurs yeux se croisèrent. Ceux du prédicateur étaient pleins de fureur et de haine. Enfin, l'obscurité engloutit Abner Heemas. Seul l'écho de son cri résonna quand il heurta l'eau.

Il ne refit pas surface.

26

Au douzième coup de midi

— Là, tends le bras ! dit l'aubergiste à Adam en tirant de toutes ses forces sur la corde.

Plusieurs mains s'avancèrent pour le hisser à l'intérieur. Il s'affala sur le sol du grenier à provisions. Une demi-douzaine de personnes l'observaient, accourues à l'appel de l'aubergiste. Son corps entier était endolori. Il avait des crampes aux mains, et ses paumes étaient à moitié brûlées par le chanvre de la corde.

— Il fallait bien que je l'arrête ! s'écria l'aubergiste, clamant son innocence à ceux qui l'entouraient. Dieu m'est témoin, je l'ai prévenu ! Vous m'avez tous entendu ! Seul Abner Heems n'a pas voulu m'écouter !

Adam chercha Jade du regard.

— Tu l'as ? lâcha-t-il. La Perle Noire ?

Elle se tenait immobile, les mains derrière le dos. Elle le fixait, en tremblant légèrement.

— Abner a sauté avec le bulbe, dit l'aubergiste. Je l'ai vu dans sa main. Il a dû l'emporter avec lui.

— Non !

Adam grogna et se cogna la tête plusieurs fois par terre, jusqu'à ce que le mal de crâne revienne et l'oblige à s'arrêter. Un profond sentiment d'échec le submergea. Il ferma les paupières, et le souvenir du visage du prédicateur le hanta aussitôt.

— Je suis désolée, Adam, entendit-il dire Jade.

Il rouvrit brusquement les yeux et se rassit.

— Jade ? Où vas-tu ? Jade ?

Elle s'écarta de lui.

— Tu as dit toi-même que mon père me poursuivrait, siffla-t-elle.

Elle tenait un objet dans la main.

— Tu as dit toi-même qu'il me trouverait et me ramènerait. C'est pour ça que je dois le lui apporter. Pardonne-moi, Adam. Je ne veux pas être piégée par un mariage avec un homme que je ne connais même pas.

— Jade ! S'il te plaît ! la supplia-t-il.

— Il comprendra peut-être que je vaux autant qu'un fils !

Elle pivota sur ses talons et s'enfuit.

— Arrêtez-la ! cria Adam en bondissant sur ses pieds.

Il essaya de se faufiler parmi les clients qui obstruaient l'entrée du grenier à provisions.

— Du calme, gamin ! C'est ton pistolet, pas le mien, dit l'aubergiste en lui glissant l'arme dans la main. Tu es témoin que j'ai été obligé de l'utiliser ! C'est pour toi que j'ai fait ça ! Ne porte pas plainte contre moi, je ne suis qu'un pauvre homme. Je n'ai rien à voir avec tout ça, et je t'ai aidé, souviens-t'en ! Personne n'ira pleurer Abner Heems... personne !

— Laissez-moi ! Vous êtes tous plus horribles les uns que les autres !

Il vit la haine sur les visages autour de lui, et se rua dans l'escalier. Jade avait disparu. Il courut dans la nuit froide, criant son nom, jusqu'à ce que l'écho de sa propre voix résonne sans fin parmi les navires et les entrepôts sur le quai.

Jade ne revint pas.

À l'aube du dernier jour – celui du remboursement de la dette –, Adam se tenait assis sur la rambarde du passage couvert, les yeux fixés sur la coque à moitié construite du *Draco*. Il tenait avec précaution le pistolet. Il était froid ; un poids mort entre ses mains.

Il ne se rappelait pas comment il était arrivé jusque-là, ni depuis combien de temps il y était. Il se souvenait seulement de sa vision floue des rues, et du poids de son désespoir tandis qu'il cherchait en vain Jade van Helsen. Le coup du prédicateur expliquait son mal de tête, mais pas la terrible douleur qu'il ressentait au fond de lui. Il se demanda si Jade avait depuis longtemps comploté de le trahir.

À l'est, sur la ligne d'horizon, la lumière jaillissait, jetant des reflets dorés sur la pointe rose du Zuiderzee. Les pensées d'Adam se focalisèrent sur sa mère et ses sœurs. Il ne souhaitait pas rentrer à la maison au bord du Herengracht, pourtant il savait qu'il le devait. Il contempla un goéland argenté qui volait dans la brise et envia sa liberté. Il glissa le pistolet dans sa ceinture, descendit le long du parapet et se dirigea lentement vers les bateaux amarrés. Il ne se retourna pas pour jeter un dernier regard au *Draco*.

Non loin de là, un batelier repéra quelque chose qui flottait sur le canal. Au moment où Adam atteignait le quai, l'homme posa ses rames et se pencha pour tirer un pan du manteau. Adam passa devant les Vents du négoce sans même un coup d'œil à la taverne. Il remontait les ruelles tortueuses quand le batelier en appela un autre.

— C'est Abner Heems ! cria-t-il.

Adam continua de marcher, le regard fixe. Il ne vit rien, n'entendit rien, ni ne s'inquiéta de quoi que ce soit.

La vieille maison sur le Herengracht était calme. Il grimpa le perron et s'arrêta. Une immense lassitude l'envahit. Il prit une profonde inspiration, puis poussa lentement la porte.

— Adam !

Sa mère descendit l'escalier en courant. Elle l'avait attendu toute la nuit.

— Le prédicateur est mort, dit-il en tendant le pistolet. Il est tombé, Mère. Je l'ai vu.

Mary Windjammer se précipita vers lui dans un froissement de jupes et le serra contre elle. Il y avait des larmes dans ses yeux et sur ses joues.

— J'ai perdu la Perle Noire, Mère, dit-il. J'ai échoué.

— Quelle importance, souffla-t-elle, quand tu me reviens vivant !

Une foule avait commencé à s'assembler devant la vieille demeure sur le Herengracht. La rumeur s'était répandue, et nombre de gens qui connaissaient les Windjammer s'étaient déplacés pour assister au dernier acte. Adam les regarda par la fenêtre et se souvint du jour où le messager avait apporté la nouvelle de la disparition de la flotte. Sa vie avait alors complètement changé.

Juste avant midi, un carrosse apparut sur le pont. Deux rangées de soldats le suivaient : des hommes armés qui attendaient les ordres. Le cocher négocia le virage et s'arrêta en bas de la rue, près de la maison. La foule s'écarta tandis que les soldats avançaient pour dégager le passage. Hugo van Helsen se baissa sous la porte en tissu, et sortit. Goltz le suivait, portant une écritoire en bois et des rouleaux de parchemin. Le banquier se tourna vers la voiture, avec un geste d'impatience. Un instant plus tard, Jade van Helsen en descendit.

Adam l'observa derrière la vitre. Curieusement, même en ce moment, il ne parvenait pas à la haïr. La jeune fille le vit aussi, et un court instant, leurs yeux se rencontrèrent. Elle avança le menton, comme par défi, mais il ne lut que de la tristesse dans son regard. Elle se détourna.

— Sur l'ordre du Conseil des Marchands, annonça Goltz pendant que Hugo van Helsen promenait un regard impassible sur la foule, cette maison et tout ce qu'elle contient sera confisquée à ses créditeurs à midi, ce dixième jour de novembre en l'an de grâce mil six cent trente-six. Avant cette heure, les Windjammer doivent rembourser leurs dettes ou prouver qu'ils possèdent l'argent...

La foule s'agitait, mal à l'aise, en écoutant le verdict.

— ... Si l'argent n'est pas détenu ni payé au douzième coup de midi, poursuivit le clerc, alors tous ceux parmi vous qui détiennent de l'argent dans la Maison Windjammer devront se présenter à M. Hugo van Helsen qui enregistrera les demandes...

— Allons-y, Adam, dit sa mère en posant une main sur son épaule.

— Elle a volé la Perle Noire, Mère, dit-il calmement. Jade nous l'a volée pour la lui donner, à lui.

— N'aurais-tu pas fait la même chose pour ton père ? demanda-t-elle.

Il nia, bien sûr. Il assura que ce n'était pas pareil. Mais dans son cœur, il savait que sa mère avait raison.

— J'avais espéré que Barthélemy de Leiden viendrait, dit Mary Windjammer.

Elle paraissait toujours aussi solide et forte, mais à présent, Adam connaissait sa fragilité. C'était comme si elle était faite de verre et se craquelait. Elle tendit la main vers lui.

— Tu as laissé cela sur la Longue Table.

C'était l'anneau de la Maison Windjammer. Il hésita.

— Prends-le !

Il obéit et enfila la chaîne autour de son cou. L'anneau tomba, froid, contre sa poitrine, et il fut surpris de le trouver si léger.

— Je ne laisserai personne dire qu'il a fallu nous traîner dehors tellement nous avions honte, déclara Mary Windjammer.

Elle fit signe aux jumelles d'avancer. Celles-ci lâchèrent le tablier de Cook pour s'agripper aux jupes de leur mère.

— Je veux que vous gardiez la tête haute et que vous restiez polies, leur commanda-t-elle. Nous devons montrer aux gens que nous sommes encore des Windjammer, quoi qu'il arrive.

Goltz arrêta sa lecture à la moitié du verdict quand la porte s'ouvrit. Mary Windjammer apparut sur le seuil avec les fillettes. Elle contempla l'assistance.

— Je suis très sincèrement désolée que les Windjammer vous aient causé du tort, déclara-t-elle d'une voix claire. Cela n'a jamais été notre intention. Nous avons essayé d'honorer nos promesses, mais cela s'est avéré impossible. J'aurais aimé que ce soit différent, et certains parmi vous diront que ça l'aurait été si j'avais été un homme. Peut-être ont-ils raison. J'ai pu constater qu'il n'y avait pas encore de place pour les femmes dans le monde des affaires. Si aujourd'hui je n'ai plus guère d'espoir, j'espère néanmoins de tout cœur que cela, un jour, changera.

Adam vit sa mère et ses sœurs descendre le perron. Il jeta un dernier regard dans le hall. La maison était silencieuse, comme une immense coquille vide. Sans vie, sans eux. Il sortit.

La foule avait les yeux levés vers lui. Il se tenait en haut des marches, comme son père, jadis. Jamais il ne s'était senti aussi proche de Hercule Windjammer qu'en ce moment. Il reconnut nombre des visages présents. Borch, de l'entrepôt, le charpentier, et Jacob, le joueur de cartes du *Draco*, et, à côté d'eux, dépassant d'une tête la foule, Hobe, le maître charpentier.

Adam voulait leur parler. Il voulait leur dire comment les Windjammer avaient été traqués et trahis. Mais il savait que c'était inutile. Hugo van Helsen avait gagné. Il avait tout pris, même leur nom.

— Tout cela est ma faute, dit-il en regardant Hobe droit dans les yeux. Je ne suis pas aussi fort que mon père.

Il aperçut Jade, à côté du banquier. Jamais il n'oublierait ce qu'elle lui avait fait. Elle l'avait trahi, lui, pour son père. Cette pensée embrasa de nouveau sa détermination. Il sentit la colère monter en lui. C'était une colère froide. La jeune fille détourna les yeux, et il y puisa de la force. Parce qu'il savait

– même s'il avait tout perdu –, qu'il venait de remporter là une petite victoire sur elle. D'autant qu'il n'y avait aucune honte à essayer. Il prit une profonde inspiration, et plein d'une autorité nouvelle, s'adressa à l'assemblée.

— Tout n'est pas fini ! Comment cela serait-il possible alors que je suis encore vivant ? Mon père a juré qu'il n'abandonnerait jamais, et moi non plus je n'abandonnerai pas ! Il avait promis de renforcer la Maison Windjammer. Il a donné sa parole, et avec, il a engagé celle de la Maison Windjammer. Eh bien, je vous donne ma parole, moi aussi ! Et même si nous avons perdu le *Draco* et le reste, je trouverai un moyen. Je n'abandonnerai jamais ! *Jamais !*

Il regarda Jade et ajouta :

— Vous verrez !

Il lâcha la rambarde du perron et descendit les marches. Sa mère tendit la main vers lui, et il la rejoignit aux côtés de ses sœurs. La foule s'écarta sur leur passage, et révéla Hugo van Helsen qui les attendait, près de sa calèche.

— Ma chère Mary ! s'écria une voix nasillarde.

Barthélemy de Leiden arrivait. Il se fraya un chemin à travers la foule, et saisit la main de Mary Windjammer.

— Je reviens à l'instant du Conseil des Marchands. Je leur ai parlé. En ce moment même, ils se réunissent pour discuter de votre cas. J'ai laissé des instructions à mon clerc pour envoyer la nouvelle par messager...

— Merci, mon vieil ami. Mais c'est trop tard. Vous avez fait tout ce que vous avez pu. Je vous en prie, ne prenez plus de risques avec Hugo van Helsen en nous soutenant, maintenant qu'il a gagné.

Le vieil homme voulut discuter, mais elle refusa de l'entendre. Elle rassembla Adam et les jumelles autour d'elle et, la tête haute, se dirigea vers Hugo van Helsen.

Le banquier l'accueillit en inclinant légèrement le buste.

— Comprenez, madame, que je ne vous en veux aucunement, dit-il. Ce sont les affaires, uniquement les affaires.

Adam fixa Jade.

— Adam, je... commença-t-elle.

— Tu l'as volée ! l'interrompit-il. Tu voles tout !

— Non... voulut-elle répondre, mais, d'un geste, son père lui intima le silence.

— Si les Windjammer ont tout perdu, vous ne pouvez vous en prendre qu'à vous-mêmes, dit Hugo van Helsen. C'est une infortune, mais ce qui est perdu est perdu. On ne le regagne jamais.

Il baissa la voix et poursuivit :

— Vous comprendrez peut-être aussi, maître Windjammer, que je connais ma fille mieux que vous...

Adam comprit soudain que Jade avait été manipulée.

— Vous l'avez laissée fuir pour me piéger, moi ?

Hugo van Helsen se raidit légèrement.

— Combien cela aurait été plus facile pour moi si j'avais eu un garçon ! dit-il.

Tdoom. La cloche de la tour de l'église voisine sonna l'heure. Un son grêle et isolé, qui sembla planer étrangement au-dessus d'eux.

— Assurez-vous que la maison est vide ! ordonna Goltz au capitaine de la garde.

Sur les ordres de leur chef, quatre soldats grimpèrent le perron et disparurent à l'intérieur de la demeure.

Tdoom.

Un soldat réapparut en tirant Cook par le bras. La cuisinière se débattait avec courage, mais en vain.

Tdoom.

— Vous devriez avoir honte de vous ! cria Cook.

Elle s'agrippa à la rambarde du perron et s'y tint fermement.

— J'y connais peut-être rien en affaires, poursuivit-elle, mais je sais la différence entre la noix de muscade et la sciure ! Et de la sciure, c'est tout ce que vous obtiendrez jamais de cet homme !

Elle regarda Hugo van Helsen.

Tdoom.

— J'ai vu de mes propres yeux ce que les Windjammer ont enduré. Ils ont tout perdu ! Mais jamais je les ai entendus dire qu'ils abandonneraient ou trahiraient la parole du vieux maître pour vous...

Tdoom.

— Faites-la descendre de là ! siffla Hugo van Helsen.

Les soldats la forcèrent à lâcher prise, et la poussèrent à coups de pied en bas des marches.

— Laissez-la ! dit Hobe en faisant un pas en avant.

Tdoom.

— Reculez ou je demande aux soldats de vous arrêter ! cria Hugo van Helsen.

Tdoom.

L'humeur de la foule se retournait contre le banquier. Le capitaine de la garde reconnut Hobe, le fauteur de troubles de l'entrepôt, et ordonna aux soldats de se mettre en rang pour protéger la voiture.

Tdoom.

La cicatrice de l'immense maître charpentier s'empourpra sous l'effet de la colère.

— Vous m'avez bien traité, maître Windjammer, alors que vous aviez une bonne raison de ne pas le faire, dit-il. Je regrette sincèrement que ça se termine comme ça pour vous.

Tdoom.

— Le temps des discussions est terminé, dit Hugo van Helsen. Le temps de la Maison Windjammer est révolu. À présent, elle m'appartient.

Tdoom... Tdoom... Tdoom...

La foule se tut. Les dernières notes de la cloche retentirent avant de s'évanouir.

— Midi a sonné, dit Goltz en élevant la voix. Par les droits dont je suis investi, je déclare, sur l'honneur de M. Hugo van Helsen, que tous les biens et les titres de la Maison Windjammer recouvriront les dettes...

Le banquier fit un pas en avant. Derrière lui, Jade s'esquiva rapidement vers les jumelles. Son père la rappela avec impatience. La jeune fille saisit la main de Rose.

— Laisse mes sœurs tranquilles ! siffla Adam.

Jade leva les yeux vers lui, puis regarda les fillettes.

— Dites à Adam que je suis désolée. Dites-lui que je ne pouvais pas garder le secret plus longtemps...

Elle glissa un billet dans la main de Rose et referma les doigts de la fillette par-dessus. Puis elle se redressa, et, l'air obéissant, suivit son père.

— Votre temps est passé, vieillard, dit le banquier

en voyant Barthélemy de Leiden lui barrer le passage. J'aurai au moins prouvé cela aujourd'hui.

Il sourit.

— Vous faites bien peu de cas de l'honneur, à présent !

— Je suis un vieillard, c'est vrai, répondit le marchand. Mais je vivrai sans doute assez longtemps pour vous montrer que vous avez eu tort.

Hobe choisit ce moment pour se faufiler vers Adam. Il saisit une bourse à sa ceinture et la lui tendit.

— Je ne suis pas riche, maître Windjammer, dit-il. Mais vous en aurez besoin si vous voulez honorer la parole de votre père. Je sais maintenant que vous le ferez, parce que c'est votre devoir. C'est dans votre intérêt comme dans celui de mon fils.

Il lança un regard à Hugo van Helsen, hocha la tête comme pour signifier qu'il en avait assez entendu, et, sans un mot, s'éloigna. L'instant d'après, ce fut Jacob, le joueur de cartes, qui l'imita.

— J'ai gagné ça en jouant aux cartes, dit-il en donnant l'argent à Adam.

— Attendez ! Arrêtez ! s'écria Hugo van Helsen. Qu'est-ce qui vous prend ? Pourquoi gaspiller votre argent ?

Le maître charpentier soupira et secoua la tête.

— Je suis peut-être pas très intelligent, comme on dit, mais moi aussi, j'ai vu assez de sciure dans ma vie pour la reconnaître.

Il retira sa bourse et la pressa dans la main de Mary Windjammer.

Les uns après les autres, les hommes suivirent son exemple.

Barthélemy de Leiden les observa.

— Il aura donc fallu que j'attende ce jour pour y voir clair ! s'exclama-t-il soudain en secouant la tête, incrédule. Un simple maître charpentier vient de me montrer combien j'ai été sot et lâche.

— Je vous préviens, Leiden ! siffla Hugo van Helsen. Ne faites rien que vous pourriez regretter.

— Mon seul regret est de ne pas l'avoir fait plus tôt, répliqua le vieil homme. Vous possédez peut-être cette maison, van Helsen, mais à mon tour de donner ma parole ! Je m'engage solennellement à soutenir les Windjammer, devant vous tous ! Le *Draco* naviguera. Oui ! Sans doute sous mon commandement et mon pavillon, mais les bénéfices seront partagés de façon égale avec les Windjammer. Si c'est le dernier geste que je dois faire, je le ferai de mon vivant !

Hugo van Helsen le regarda. Ses yeux pâles s'étrécirent légèrement, comme si, pour la première fois, il voyait quelque chose à admirer chez cet homme.

Mais, très vite, un mince sourire revint flotter sur ses lèvres.

C'était fini. Tout était perdu. Adam s'assit au bord du canal. Il tenait l'anneau de la Maison Windjammer dans la main. Le symbole, comme un souvenir gravé dans l'or, était tout ce qu'il leur restait à présent.

Une brise soudaine vint rider la surface de l'eau, brouillant son visage dans le reflet de la ville. Puis le courant se stabilisa, et il aperçut ses sœurs, derrière lui.

— Laissez-moi tranquille !

Rose et Viola hésitèrent.

— Elle nous a donné ça, dit Rose.

— Elle veut parler de la demoiselle, expliqua Viola.

— C'est pour toi.

— Elle a dit que tu devais la lire, et que tu comprendrais.

Rose tendit la lettre.

Adam la prit à contrecœur. Ses sœurs reculèrent. En retournant le billet, il vit le sceau intact de Jade van Helsen.

— Encore des mensonges, dit-il à voix haute.

Son poing se referma sur la lettre, froissant le papier.

Puis il rouvrit la main et laissa tomber le billet. Il atterrit près de son reflet et flotta un court instant avant que le courant l'entraîne au loin. Adam s'attarda, le temps de le voir disparaître dans l'eau. Puis il se leva et s'éloigna.

27

Une fin et un commencement

Au début du printemps 1637, le *Draco* fut mis à l'eau. Six mois s'étaient écoulés depuis qu'Adam Windjammer, les pieds dans la boue du chantier de construction, avait contemplé le dragon doré sur le bec d'enclume de la proue. À présent, debout sur le quai, il admirait le galion.

Ses trois mâts se dressaient, immenses, dans le ciel bleu. Les ponts et le gréement grouillaient d'animation et de bruit. L'imagination d'Adam s'envola comme les oiseaux de mer qui tournoyaient autour du nid-de-pie[1]. Il comprit alors qu'il avait cela dans le sang : la passion de la mer.

Il observa les bras des grues en bois qui hissaient les marchandises depuis le quai, puis les descendaient jusqu'aux cales. Il aperçut le capitaine Lucas sur le pont principal. Le marin était impatient d'en terminer avec le chargement pour mettre les voiles. Une attente immense planait sur le *Draco* et sur son voyage vers les Amériques.

1. Nid-de-pie : poste d'observation sur le mât avant de certains navires où se tient l'homme de vigie. *(N.d.T.)*

— Ah ! Te voilà, mon garçon ! s'exclama Barthélemy de Leiden.

Quelques riches marchands, ceux qui avaient investi dans l'expédition du *Draco*, entouraient le vieil homme. Une nouvelle compagnie pour un nouveau départ. Ils l'avaient appelée *La Compagnie de commerce et d'expédition Octant*.

Les hommes parlaient des affaires en cours, et du récent effondrement du prix des tulipes.

— Nous vivons une période d'instabilité, dit Leiden. Certains ont perdu leur fortune, comme je savais qu'ils le feraient. Même la Perle que tu n'as pas pu vendre vaut beaucoup moins, à présent.

Il prit Adam à part et lança un regard par-dessus son épaule.

— Demain, tu navigueras avec le capitaine Lucas...

— Vous avez choisi un capitaine anglais, monsieur ? s'étonna Adam.

— Oui, acquiesça le vieil homme. J'ai réussi à racheter le *Draco* à Hugo van Helsen, mais cela ne veut pas dire qu'il nous laissera tranquilles, expliqua-t-il. J'ai fait une mise colossale, et il a bonne mémoire. Van Helsen a beaucoup à gagner et nous, beaucoup à perdre. Je crains la façon dont il achète la loyauté des hommes, et l'enjeu est trop important pour prendre le risque de t'envoyer en mer avec un de ses hommes au gouvernail. J'ai cherché en Angleterre un marin de confiance. Le capitaine Lucas a navigué quand il était jeune avec Henry Hudson. Il fera de toi un vrai marin, et nous apportera la fortune, j'espère. Vous aurez quelques passagers pour les Amériques et, dit-il en se léchant les doigts comme s'il y avait du sucre dessus, j'ai dans l'idée que la cargaison que vous rapporterez fera aussi plaisir à vos sœurs...

L'affection et le respect d'Adam à l'égard de Barthélemy de Leiden n'avaient fait que croître, et pas seulement à cause de la gentillesse dont il avait fait preuve pour sa mère et ses sœurs.

Il leur avait trouvé une petite maison près de la Vieille Église. Elle était modeste, comparée à la demeure sur le Herengracht, mais le vieil homme s'était assuré qu'elle leur convenait.

— Ta mère et tes sœurs sont bien installées, j'espère.

Le vieil homme observa le ciel.

— Vous devriez avoir bon vent demain... Tu ferais mieux de rentrer chez toi pour les voir avant de partir. Je vais m'occuper du reste du chargement.

Adam le remercia. Il prit congé et s'éloigna le long du quai.

« Poisson frais ! » « Eau potable ici ! » « Alors, marin, tu as envie de voir de jolies filles ? »

Les rires et les cris des mouettes rebondissaient dans l'air salé.

Jaillissant de toutes parts, les bruits semblaient glisser sur Adam tandis qu'il avançait dans la foule. Un ours dansait près de la taverne des Vents du négoce. Il s'arrêta pour le laisser passer et se demanda comment la vie pouvait ainsi continuer son cours, alors que, pour lui, tant de choses avaient changé.

— Maître Windjammer !

Adam se figea en reconnaissant la voix de Hugo van Helsen.

— Je crois savoir que vous naviguerez demain sur le *Draco*, dit le banquier. J'espère que votre voyage sera profitable, dans votre intérêt comme dans celui des Leiden.

Un petit sourire flotta sur ses lèvres, comme s'il en doutait fortement. Il lança un regard vers le galion.

— Joli navire !

Adam opina, mais ne pipa mot.

Le banquier allait partir quand il se ravisa et lança un regard songeur à Adam :

— Peut-être aimerez-vous savoir que Jade va partir pour l'Angleterre. Nous voyagerons à bord du *Salamander*. Son portrait a reçu bon accueil à Londres, et nous sommes invités à la cour du roi Charles. J'ai grand espoir qu'un des cousins du roi en personne la remarque. Si ce n'est pas Lord John Stewart, alors ce sera peut-être son jeune frère, Lord Bernard. J'ai cru comprendre que Lord Bernard est d'une nature douce, courtoise et affable.

Cette nouvelle fit l'effet d'un choc à Adam.

— Vous l'envoyez là-bas ? Mais elle a tout fait pour vous plaire, elle m'a même volé la Perle Noire !

— Une tulipe qui n'était qu'un vulgaire oignon ! s'exclama Hugo van Helsen.

— Un oignon ?

— Oui, et j'ai peine à croire qu'Amsterdam soit devenue aussi célèbre pour ses oignons ! Qu'en pensez-vous, maître Windjammer ?

Adam réfléchissait.

— Cela signifie que le prédicateur l'avait avec lui quand il est tombé, déclara-t-il.

— C'est ce qu'elle a dit. Mais cela n'a plus guère d'importance, maintenant que le cours des tulipes a chuté, conclut Hugo van Helsen d'un air sceptique.

Il soupira et secoua la tête, comme si sa fille ne lui avait jamais procuré qu'une immense déception. Puis son ton devint abrupt.

— Jade connaît son devoir, à présent. Nous irons en Angleterre, et je lui trouverai un mari. Elle fera un bon mariage. Un père digne de ce nom ne peut pas laisser une fille à l'esprit fantaisiste, enclin à l'aventure et à la romance, décider d'une affaire si importante ! On ne sait jamais de qui elle pourrait tomber amoureuse...

Il lança un regard dur au jeune maître Windjammer, puis inclina légèrement la tête dans un au revoir poli.

— Nous nous croiserons de nouveau, Adam Windjammer, dit-il. Je le sais. Vous avez de la force et de l'ambition. Ah ! Si seulement vous étiez mon fils !

Adam regarda le banquier s'éloigner. Il n'avait pas revu Jade depuis ce jour où elle l'avait trahi. Il était tellement convaincu qu'elle avait pris la Perle Noire qu'il n'avait pas imaginé un instant qu'elle avait ramassé un oignon par erreur. Pourtant, elle avait facilement pu se méprendre, après que le prédicateur eut laissé tombé le bulbe, et que le sac d'oignons se fut ouvert.

Il secoua la tête, incrédule.

— Elle a tout risqué pour un vulgaire oignon !

Le lendemain, après s'être rendu à l'église où ils prièrent pour avoir un voyage sain et sauf, Adam accompagna sa mère et les jumelles au cimetière. Debout au milieu des tombes de ses ancêtres, il se demanda si ces derniers avaient été aussi inquiets que lui avant de prendre la mer pour la première fois. Ce n'est que peu à peu qu'il remarqua ses sœurs occupées autour d'une fleur, près de la dalle en marbre de son père.

Une pousse vert tendre sortait de terre, une nouvelle vie qui émergeait sous les rayons du soleil printannier. Un bourgeon s'était formé, qui commençait juste à s'ouvrir. Et là où les jeunes feuilles s'écartaient légèrement, il aperçut des pétales noirs, perlés de blanc à leur extrémité.

Il repoussa les jumelles et s'agenouilla.

— Où l'avez-vous trouvé ? lâcha-t-il, entourant doucement le bourgeon de ses mains.

Rose haussa les épaules.

— On l'a trouvé.

— Quand il commençait à pousser, expliqua rapidement Viola.

— Mais c'est la Perle Noire ! dit Adam, le souffle coupé. Nous sommes sauvés ! Sauvés ! Elle vaut...

Il s'arrêta au souvenir de la remarque de Barthélemy de Leiden. Un grognement lui échappa. La Perle Noire ne valait plus rien, à présent.

Il se laissa tomber dans l'herbe grasse et fixa le ciel. Dans sa tête, Adam revoyait la lettre de Jade plongeant dans le canal. Tout ce que la jeune fille avait essayé de lui dire resterait à jamais englouti.

Au loin, une cloche se mit à sonner.

Post-scriptum

En novembre 1636, la folie de la tulipe, ou « tulipemania », atteignit son apogée. Quelques mois plus tard, au début de l'été 1637, le marché s'effondra, et la Haute Cour de Hollande fut contrainte de déclarer la chute de la valeur de tous les bulbes afin de restaurer l'ordre économique et la stabilité financière.

À cette époque, nombreux furent ceux qui bâtirent ou perdirent des fortunes. Mais, depuis ce jour, Amsterdam est resté le centre d'un commerce de tulipes toujours florissant.

Si tu as aimé ce roman,
tourne la page
et découvre vite un extrait de

L'Empereur pourpre

le volume 2 de

La guerre des fées

de Herbie Brennan

1

La maison de M. Fogarty se cachait au fond d'un petit cul-de-sac. Les fenêtres étaient en partie condamnées, si bien qu'on aurait dit que la bâtisse était vide, voire à l'abandon. Mais Henry savait que M. Fogarty avait condamné ces fenêtres alors qu'il y vivait encore. Objectif : que les voisins ignorent tout de ses allées et venues. Même si aucun être sensé ne se serait risqué dans la maison. Le dernier visiteur indélicat en était reparti avec un bras cassé par un coup de batte.

Henry avait un gros trousseau de clefs, mais il évitait d'utiliser la porte d'entrée. Il préférait passer par la porte de derrière.

L'endroit était sombre. Normal : M. Fogarty avait érigé une palissade, solide et très haute, pour décourager les curieux. Pourtant, il n'y avait pas grand-chose à voir. Juste une pelouse grise, pelée et moussue, ainsi qu'une cabane de jardin, flanquée d'un buisson de buddleia [1]. C'est là que Henry avait rencontré Pyrgus Malvae pour la première fois.

Le garçon marcha vers le buisson autour duquel le gros matou du vieil homme avait l'habitude de rôder.

– Hodge ! appela-t-il. Viens, Hodgie ! C'est l'heure de dîner !

1. Le buddleia est un grand buisson de lilas de Chine. *(N.d.T.)*

Hodge devait traîner dans le coin, car il émergea aussitôt, la queue dressée, et vint se frotter contre la cheville de Henry.

– Salut, Hodge ! murmura celui-ci avec tendresse.

Il aimait bien le félin, bien qu'il transformât le jardin en cimetière pour rats, souris, oiseaux et lapins.

Henry se dirigea vers la porte de derrière – lentement : Hodge faisait des huit autour de ses pieds. Lorsqu'il ouvrit la porte, le chat fila dans la maison, pressé de s'attaquer au festin qu'il lui avait apporté. M. Fogarty le nourrissait d'une espèce de magma puant – on aurait dit du vomi – qui ne coûtait même pas vingt-cinq pence la boîte. Hodge l'avalait faute de mieux. Mais il préférait de loin les mets de luxe que lui offrait le garçon.

Henry ouvrit le placard et en tira la petite écuelle de Hodge.

– Tu ne gâtes plus ce chat, tu le pourris ! grogna quelqu'un dans l'ombre.

Le garçon sursauta, lâchant l'assiette qui vola en éclats. Hodge couina en signe de protestation et bondit vers la porte.

Cet ouvrage a été imprimé par la Société Nouvelle Firmin-Didot
pour le compte des Éditions Pocket Jeunesse
en septembre 2005

POCKET – 12, avenue d'Italie – 75627 Paris Cedex 13 – Tél. : 01-44-16-05-00
N° d'impression : 74926 – Dépôt légal : septembre 2005.

Imprimé en France